清涼國師華嚴經疏鈔

청량국사 화엄경소초

34

승수미산정품 · 수미정상게찬품

청량정관 찬술 · 관허수진 현토역주

운주사

천이백 년 침묵의 역사를 깨고

오늘도 나는 여전히 거제만을 바라본다.

겹겹이 조종하는 산들

산자락 사이 실가닥 저잣길을 지나 낙동강의 시린 눈빛

그 너머 미동도 없는 평온의 물결 저 거제만을 바라본다.

십오 년 전 그날 아침을 그리며 말이다.

나는 2006년 1월 10일 은해사 운부암을 다녀왔다.

그리고 그날 밤 열한 시 대적광전에서 평소에 꿈꾸어 왔던『청량국사
화엄경소초』완역의 무장무애를 지심으로 발원하고 번역에 착수하
였다.

나의 가냘픈 지혜와 미약한 지견으로 부처님의 비단과도 같은 화장
세계에 청량국사의 화려하게 수놓은 소초의 꽃을 피워내는 긴 여정
을 시작한 것이다.

화엄은 바다였고 수미산이었다.

그 바다에는 부처님의 용이 살고 있었고

그 산에는 부처님의 코끼리가 노닐고 있었다.

예쁘게 단장한 청량국사 소초의 꽃잎에는 부처님의 생명이 태동하고
있었고,

겹외의 연꽃 밭에는 영원히 지지 않는 일승의 꽃이 향기를 뿜어내고

있었다.

그 바다 그 산 그리고 그 꽃밭에서 10년 7개월(구체적으로는 2006년 1월 10일부터 2016년 8월 1일까지) 동안 자유롭게 노닐었다.

때로는 산 넘고 강 건너 협곡을 지나고

때로는 은하수 별빛 따라 오작교도 다니었다.

삼경 오경의 그 영롱한 밤

숨쉬기조차 미안한 고요의 숭고함

그 시공은 영원한 나의 역경의 놀이터였다.

애시당초 이 작업은 세계 인문학의 자존심

내가 살아 숨쉬는 이 나라 대한민국 그리고 불교의 자존심에 기인한 것이다.

일찍이 그 누가 이 청량국사의 『화엄경소초』를 완역하였다면 나는 이 작업을 하지 않았을 것이다.

지금도 여전히 완역자는 없다.

더욱이 이 『청량국사화엄경소초』의 유일한 안내자 인악스님의 『잡화기』와 연담스님의 『유망기』도 그 누가 번역한 사실이 없다.

그러나 내 손안에 있는 두 분의 『사기』는 모두 다 번역하여 주석으로 정리하였다.

이 청량국사 화엄경의 소는 초를 판독하지 않으면 알 수가 없다.

그래서 그 이름을 구체적으로 대방광불화엄경수소연의초大方廣佛華嚴經隨疏演義鈔라 한 것이다.

즉 대방광불화엄경의 소문을 따라 그 뜻을 강연한 초안의 글이라는
것이다.

청량국사는『화엄경』의 소문을 4년(혹은 5년) 쓰시되 2년차부터는
소문과 초문을 함께 써서 완성하시고 5년차부터 8년 동안 초문을
쓰셨다.

따라서 그 소문의 양은 초문에 비하면 겨우 삼분의 일에 지나지
않는다 할 것이다.

나는 1976년 해인사 강원에서 처음『청량국사화엄경소초 현담』
여덟 권을 독파하였고,

1981년부터 3년간 금산사 화엄학림에서『청량국사화엄경소초』를
독파하였다.

그때 이미 현토와 역주까지 최초 번역의 도면을 완성하였고,

당시에 아쉽게 독파하지 못한 십정품에서 입법계품까지의 소초는
1984년 이후 수선 안거시절 해제 때마다 독파하여 모두 정리하였다.

그러나 번역의 기연이 맞지 않아 미루다가 해인사 강주시절 잠시
번역에 착수하였으나 역시 기연이 맞지 않아 미루었다.

그리고 드디어 2006년 1월 10일 번역에 착수하여 2016년 8월 1일
십만 매 원고로 완역 탈고하고, 2020년 봄날 시공을 초월한 사상
초유『청량국사화엄경소초』가 1,200년 침묵의 역사를 깨고 이 세상
에 처음 눈을 뜨게 된 것이다.

번역의 순서는 먼저 입법계품의 소초, 다음에는 세주묘엄품 소초에
서 이세간품 소초까지, 마지막으로 소초 현담을 번역하였다.
번역의 형식은 직역으로 한 글자도 빠뜨리지 않고 번역하였다.
따라서 어색하게 느껴지는 곳도 있을 것이다.
예를 들면 소所 자를 "바"라 하고, 지之 자를 지시대명사로 "이것,
저것"이라 하고, 이而 자를 "그러나"로 번역한 등이 그렇다.
판본은 징광사로부터 태동한 영각사본을 뿌리로 하였고, 대만에서
나온 본과 인악스님의 『잡화기』와 연담스님의 『유망기』와 또 다른
사기 『잡화부』(잡화부는 검자권부터 광자권까지 8권만 있다)를 대조하
여 번역하였다.

앞에서 이미 말한 것처럼, 그 누가 청량국사의 『화엄경소초』를
완역한 적이 있었다면 나는 이 번역에 착수하지 않았을 것이다.
지금까지 이 황금보옥黃金寶玉의 『청량국사화엄경소초』가 번역되
지 아니한 것은 나에게 주어진 시대적 사명이고 역사적 명령이라
생각한다.
나는 이 『청량국사화엄경소초』의 완역으로 불조의 은혜를 갚고
청량국사와 은사이신 문성노사 그리고 나를 낳아준 부모의 은혜를
일분 갚는다 여길 것이다.

끝으로 이 『청량국사화엄경소초』가 1,200년의 시간을 지나 이 세상
에 눈뜨기까지 나와 인연한 모든 사람들 그리고 영산거사 가족과
김시열 거사님께 원력의 보살이라 찬언讚言하며, 나의 미약한 번역

으로 선지자의 안목을 의심케 할까 염려한다.

마지막 희망이 있다면 이 『청량국사화엄경소초』의 완역 출판으로 청량국사에 대한 더욱 깊고 넓은 연구와 『화엄경』에 대한 더욱 다양한 연구가 이루어지기를 바라는 것뿐이다.

장세토록 구안자의 자비와 질책을 기다리며 고개 들어 다시 저 멀리 거제만을 바라본다.

여전히 변함없는 저 거제만을.

2016년 8월 1일 절필시에 게송을 그리며

長廣大說無一字 장광대설무일자

無碍眞理亦無義 무애진리역무의

能所兩詮雙忘時 능소양전쌍망시

劫外一經常放光 겁외일경상방광

화엄경의 장대한 광장설에는 한 글자도 없고

화엄경의 걸림없는 진리에는 또한 한 뜻도 없다.

능전의 문자와 소전의 뜻을 함께 잊은 때에

시공을 초월한 경전 하나 영원히 광명을 놓누나.

불기 2567년 음력 1월 10일 최초 완역장

승학산 해인정사 관허 수진

대방광불화엄경수소연의초 제십육권의 일권

大方廣佛華嚴經隨疏演義鈔 第十六卷之一卷

우진국 삼장사문 실차난타 번역

청량산 대화엄사 사문 징관 찬술

대한민국 조계종 사문 수진 현토역주

승수미산정품 제십삼권
升須彌山頂品 第十三卷

疏

初來意者는 先辨會來니 前信此解가 義次第故며 又答十住問이
라 總有二段하니 前信은 是住之方便이요 此明正位일새 故次來也
니라 二는 品來니 前品은 說信究竟이요 此品은 趣後說住일새 故次
來也니라

처음에 여기에 온 뜻은 먼저는 회會가[1] 여기에 온 뜻을 분별한 것이니
앞에 십신과 여기에 십해十解가 뜻이 차례인 까닭이며,
또 십주의 물음에 답한 것이다.
모두 이단二段이 있나니
앞에 십신은 이 십주의 방편이요,
여기에 십주는 정위正位를 밝히기에 그런 까닭으로 다음에 이 회가
여기에 온 것이다.
두 번째는 이 품이 여기에 온 뜻이니

---

1 먼저는 회會가 운운한 것은, 十信의 二會가 끝나고 十住의 三會가 여기에서
  시작된다 하겠다.

앞에 현수품은 십신의 구경을 설한 것이요,
이 품은 뒤를 향하여 십주를 설하기에 그런 까닭으로 다음에 이
품이 여기에 온 것이다.

鈔

信前此解者는 卽疏本意니 以信會로 答第二會初에 所脫信問故니라
次住有二段은 卽古德意라

앞에 십신과 여기에 십해라고 한 것은 곧 소가疏家의 본의이니
십신회로써 제이회의 십주 초에 앞에서 빠진 바 십신의 물음을
답한 까닭이다.
다음에 십주에 이단이 있다고 한 것은 곧 고덕古德[2]의 뜻이다.

疏

二는 釋名이니 亦先辨會名이라 約處인댄 名忉利天會요 約人인댄
名法慧菩薩會요 約法인댄 名十住會니 皆依主釋이라 二는 品名이
니 須彌는 正云蘇迷盧요 此云妙高라 如來가 以自在力으로 不起
覺樹하고 應機現彼일새 故云升也라하니라

---

2 고덕古德이란, 賢首『探玄記』曰, 前信은 但是位前方便이라 方便旣滿에 正位顯
  彰일새 故次來也라하니라. 즉 현수스님의 『탐현기』에 말하기를 앞에 십신은
  다만 이 위전位前의 방편이다. 방편이 이미 만족함에 정위正位를 밝히기에
  그런 까닭으로 다음에 이 회가 여기에 온 것이다 하였다.

두 번째는 이름을 해석한 것이니

또한 먼저는 회의 이름을 분별한 것이다.

처소를 잡는다면 이름이 도리천회요

사람을 잡는다면 이름이 법혜보살회요

법을 잡는다면 이름이 십주회이니, 다 의주석이다.

두 번째는 품의 이름을 해석한 것이니

수미는 바로 말하면 소미로요, 여기에서 말하면 묘고이다.

여래가 자재한 힘으로써 보리수에서 일어나지 않고 중생의 근기에

응하여 저 수미산을 나타내었기에 그런 까닭으로 말하기를 오른다

(昇)고 하였다.

疏

表位漸增일새 不處人間이요 顯位淸淨일새 故居天也니라 若天表

淨인댄 何獨妙高리요 妙有十義하니 如於法故니라 一者는 體妙니

謂四寶所成이라 二者는 相妙니 謂八方四級이라 三者는 色妙니

謂四正色이라 北金東銀이요 南吠瑠璃요 西頗胝迦니 一切草木과

鳥獸等物이 隨所至處하야 則同其色이나 自常不變이라 四者는 德

妙니 謂八方猛風이 不能令動이라 五는 眷屬妙니 謂七金山이 七

重圍繞하며 及七香海가 海印旋流라 六은 依持妙니 唯天依住니

得通者居라 七은 作業妙니 不離本處하고 而鎭四洲하며 映蔽日月

하야 而成晝夜라 八은 生果妙니 謂波利質多가 能益天衆이라 九는

爲首妙니 於四洲地에 最在先成이라 十은 堅固妙니 於輪圍中에

最在後壞라 高者는 高八萬四千由旬이며 入水亦爾하야 下據金
剛하고 上隣空界하며 頂上縱廣도 量亦如之하야 獨出九山일새 故
稱高也니라

지위가 점점 더 높아짐을 표하였기에[3] 인간에 거처하지 않고
지위가 청정함을 나타내었기에 그런 까닭으로 하늘에 거처하는
것이다.
만약 하늘이 청정함만을 표한다면 어찌 홀로 묘고산뿐이겠는가.
묘妙[4]라는 것은 열 가지 뜻이 있나니 법과 같은 까닭이다.
첫 번째는 자체가 묘한 것이니
말하자면 네 가지 보배로 이루어진 바이다.
두 번째는 모습이 묘한 것이니
팔방에 사 계층으로 되어 있다.
세 번째는 색상이 묘한 것이니
말하자면 네 가지 정색正色[5]이다.[6]

---

3 지위가 점점 더 높아짐을 표하였다고 운운한 것은 이 가운데 과목하기를
　응당 법을 표함을 나타내는 가운데 두 가지가 있나니 처음에는 널리 하늘에
　머무는 것을 잡은 것이요, 두 번째 만약 하늘이라고 한 아래는 바로 묘고산을
　잡은 것이라고 말해야 할 것이다. 혹 간략하게 밝히고 널리 해석한 것이라고
　과목하여도 또한 옳다 하겠다. 역시 『잡화기』의 말이다.
4 묘妙란, 一에 妙 자 해석이다.
5 정색正色이란, 원색原色이니 청青 황黃 적赤 백白이다. 그러나 여기서는 금,
　은, 유리, 파지가라 하였다.
6 네 가지 정색正色이라고 한 것은 반드시 그 본방을 따라서 동방은 청색이고

북방은 금색이고 동방은 은색이고 남방은 폐유리색이고 서방은 파지가[7]색이니, 일체 초목과 새와 짐승 등의 동물이 이르는 바 처소를 따라서 곧 그 색상을 같게 하지만[8] 자체는 항상 변하지 않는 것이다.

네 번째는 덕이 묘한 것이니

말하자면 팔방八方의 맹렬한 바람이 능히 하여금 움직이게 못하는 것이다.

다섯 번째는 권속산[9]이 묘한 것이니

말하자면 칠금산이 칠중으로 에워쌌으며 그리고 일곱 향수해가 해인으로 돌아 흐르는 것이다.

여섯 번째는 의지하는 것이 묘한 것이니

오직 하늘만을 의지하여 머무는 것이니 달통함을 얻은 자만이 거처하는 것이다.

일곱 번째는 작업이 묘한 것이니

본래 처소를 떠나지 않고 사주四洲를 누르며 해와 달을 영폐하여[10]

북방은 흑색이라고 한 등은 아니다. 이상은 『잡화기』의 말이다.

7 파지가란, 수정 같은 옥돌을 말한다.

8 곧 그 색상을 갖게 한다고 운운한 것은 저 초목 등 동물이 오면 곧 이 네 가지 정색正色이 각각 그 사물을 따라 곧 그 색상을 갖게 하지만 자체는 항상 변하지 않는 것이 마치 마니주가 다섯 가지 색상을 상대하는 등과 같아서 각각 그 색상을 나타내지만 마니주의 자체는 일찍이 변한 적이 없나니, 아래 법합 가운데를 상대한다면 가히 알아볼 수 있을 것이다. 이상은 『잡화기』의 말이다. 아래 법합 가운데라고 한 것은 영인본 화엄 3책, p.431, 1행 십주의 행도 또한 다시 이와 같다고 한 등이다.

9 권속산이란, 수미산을 에워싸고 있는 여러 산들이다.

낮과 밤을 이루는 것이다.

여덟 번째는 과보를 내는 것이 묘한 것이니

말하자면 파리질다라[11] 나무가 능히 하늘 대중을 이익케 하는 것이다.

아홉 번째는 처음[12]부터 묘한 것이니

사주四洲의 땅에 가장 먼저 이루어진 것이다.

열 번째는 견고한 것이 묘한 것이니

윤위산 가운데 가장 뒤에 무너지는 것이다.

고高[13]라는 것은 높이가 팔만사천 유순이며 물에 들어가 있는[14] 것도 또한 그러하여 아래로는 금강산[15]을 의거하고 위로는 허공계를 이웃하며, 정상의 길이와 넓이도 그 양이 또한 그와 같아서 홀로 구산九山[16]을 벗어났기에 그런 까닭으로 고高라고 이름하는 것이다.

---

10 해와 달을 영폐한다고 운운한 것은 해가 비치고 달이 가린 즉 낮을 이루고, 달이 비치고 해가 가린 즉 밤을 이루는 것이다. 역시 『잡화기』의 말이다.

11 파리질다라 나무는 도리천 제석궁중의 선견성 동북쪽에 있다고 한다.

12 首는 '첫 머리 수' 자이니 사물의 시작이다.

13 고高란, 二에 高 자 해석이다.

14 원문에 입수入水란, 수미산이 물에 잠겨 있는 길이를 말한다.

15 금강산은 철위산이다.

16 구산九山은 사전에 구산입해九山八海를 참고하라. 『잡화기』는 구산의 해석은 『회현기』 칠권 17장과 그리고 광자권光字卷 52장을 보라고 하였다.

鈔

謂七金山者는 俱舍世間品偈云호대 蘇迷盧處中이라하니 蘇卽妙也요 迷盧高也라 次에 踰健達羅는 此云持雙이니 以山頂에 有二道眷거늘 山能持此故로 以爲名也라 伊沙馱羅山은 此云持軸이니 山峯上聳이 猶如車軸거늘 山頂持故라 竭地洛迦山은 俱舍疏云호대 此卽西方樹名이라하니 大疏엔 但依狀翻하고 不出其名하며 頌疏云호대 此方에도 亦有名檐木山하니 山上寶樹가 形似彼故라하니라 蘇達梨舍那는 此云善見이니 見者稱善라 頌濕縛竭拏는 此云馬耳니 山形似彼故라 毘那怛迦山은 此云象鼻니 山形似故라 尼民達羅山은 俱舍疏云호대 魚名이라 其魚觜尖이니 山形似故라하며 華嚴音義釋云호대 此云持邊山이라하니라 於大洲等外에 有鐵輪圍山하니 前七金所成이요 蘇迷盧四寶니 入水皆八萬이요 妙高出亦然하니라 餘八半半減이요 廣皆等高量이라하니라 釋曰上來所引은 正證七金이요 餘因便來니 下疏方要니라 及七香海者는 俱舍頌云호대 山間有八海하니 前七名爲內니 最初廣八萬이요 四邊各三倍며 餘六半半狹이라 第八名爲外니 三洛叉二萬에 二千踰蹐那라하니라 釋曰前七名爲內는 七金內故요 第八名爲外는 七金外故라 外在鐵圍之內일새 亦名山間이라 最初八萬은 卽持雙之內海也라 七金內海가 皆八功德水일새 故云香水旋流라하니라 外海鐵圍는 因便故來니라

말하자면 칠금산이라고 한 것은 『구사론』세간품 게송[17]에 말하기를

---

17 『구사론』은 제팔권第八卷이다. 世間品 偈云호대 蘇迷盧處中하고 次踰健達羅

소미로산이 그 가운데 거처한다 하였으니, 소라고 한 것은 곧 묘의
뜻이요, 미로라고 한 것은 고의 뜻이다.

다음에 유건달라는 여기에서 말하면 두 사람을 호지한다는 산(持雙
山)이니, 산 정상에 두 도인의 무리가 있거늘 이 산이 능히 이 두
도인을 호지하는 까닭으로 이름한 것이다.

이사타라산은 여기에서 말하면 굴대를 호지한다는 산(持軸山)이니,
산봉우리가 위로 솟은 것이 비유하자면 수레의 굴대와 같거늘 산
정상을 호지하는 까닭이다.

갈지락가산은 『구사론』 소문에 말하기를 이것은 인도의 나무 이름이
다 하니, 대소大疏[18]에서는 다만 그 형상만을 의지하여 번역하고
그 이름은 설출하지 아니하였으며

게송의 소문에서는 말하기를 여기 중국에도 또한 유명한 첨목산檐木
山이 있으니[19] 산 정상에 보배 나무가 형상이 저 나무와 같은 까닭이다

와 伊沙馱羅山과 竭地洛迦山과 蘇達梨舍那와 頞濕縛羯拏와 毘那怛迦山과
尼民達羅山이라 於大洲等外 云云하니라. 범어 밑에 해석한 글자는 注로
처리함이 좋다. 교정본엔 그렇게 되어 있다.

18 대소大疏라고 한 것은 담자권淡字卷 하권 23장을 기준한다면 곧 『구사론』에
대소大疏와 소소小疏가 있나니, 위에 『구사론』 소라고 한 것은 분명히 이
소소小疏이다. 다만 그 형상만 의지하여 번역하였다고 운운한 것은 광자권光字
卷 52장 초문에 또한 말하기를 저기에도 또한 번역이 없고 다만 그 모습만
설하기에 그런 까닭으로 중상산衆相山이라 이름한다 한 것이 곧 이것이다.
아래의 니민달라산尼民達羅山을 고기 이름이라고 말한 것은 이것은 모습을
의지하여 번역한 것이고, 지변산持邊山이라고 말한 것은 이것은 그 이름을
설출한 것이다. 역시 『잡화기』의 말이다.

하였다.

소달이사나는 여기에서 말하면 선견산善見山이니, 보는 사람이 좋다고 부르는 것이다.

안습박갈나는 여기에서 말하면 마이산馬耳山이니, 산의 형상이 저 말의 귀와 같은 까닭이다.

비나달가산은 여기에서 말하면 상비산象鼻山이니, 산의 형상이 코끼리 코와 같은 까닭이다.

니민달라산은 『구사론』 소문에 말하기를 고기 이름이다. 그 고기가 입이 뾰족[20]하나니 산의 형상이 그와 같은 까닭이다 하였으며 『화엄경음의』에 해석하여 말하기를 여기에서 말하면 지변산持邊山이라 한다 하였다.

『구사론』 게송에 저 사대주 등 밖에[21]
철륜위산[22]이 있나니,

---

19 여기 중국에도 또한 유명한 첨목산檐木山이 있다고 한 것은 비례하여 해석한 것이니, 그 뜻에 말하기를 여기 중국에도 또한 첨목산이 있으니 이 산 정상에 비록 첨목檐木이 없으나 다만 이 보배 나무가 형상이 저 인도의 첨목과 같다 하니, 갈지락가산을 형상을 의지하여 번역한 즉 첨목산이 됨을 족히 알아볼 수 있겠다. 그런 까닭으로 『대법수』 삼십권 십오에 바로 말하면 첨목이라 하고, 또 말하기를 이 산 형상이 이 나무와 흡사하다 하였다. 역시 『잡화기』의 말이다.

20 觜는 '부리 취' 자이고, 尖은 '뾰족할 첨' 자이다.

21 원문에 어대주등외於大洲等外는 尼民達羅山이라는 말에 이어서 나오는 말이다.

앞에 일곱 산²³은 금으로 이루어진 바요
소미로산은 네 가지 보배로 되어 있나니,

물에 들어가 있는 것은 다²⁴ 팔만 유순이요
묘고산은 나와 있는 것도 또한 그렇다
나머지 여덟 산²⁵은 반반씩 줄어들고
넓이는 다 높이의 양과 같다 하였다.
해석하여 말하면 상래에 인용한 바는²⁶ 바로 칠금산을 증거한 것이요
나머지는 편리함을 인하여 이끌어 왔을 뿐이니,
아래 소문²⁷이 비로소 중요한 것이다.

그리고 일곱 향수해라고 한 것은 『구사론』 게송에 말하기를

---

22 철륜위산은 철위산이니 범어로는 작가라산이니 구산九山 가운데 가장 밖에
   있으며 수미산을 제외하면 제 여덟 번째 산으로 지변산持邊山을 에워싸고
   있다.
23 앞에 일곱 산이란, 게송에서 열거한 소미로를 제외한 칠금산七金山이다.
24 '다'라고 한 말은 칠금산七金山과 수미산 모두를 말함이다.
25 나머지 여덟 산이란, 구산九山 가운데 수미산을 제외한 팔산八山이다.
26 상래에 인용한 바라고 한 것은 『구사론俱舍論』 게송偈頌에 인용引用한 산이
   다 칠금산이라는 것이다.
27 아래 소문이라고 한 것은 『잡화기』에 제 열 번째 가운데 소문과 그리고
   홀로 구산을 벗어났다 한 소문을 가리킨 것(바로 앞 소문으로 영인본 화엄
   5책, p.427, 3행과 5행이다)이니, 구산九山에 윤위산이 있는 까닭이다 하였다.
   원문에 하소下疏란, 고자高者는 고팔만사천유순高八萬四千由旬 운운을 가리
   킨다.

구산九山²⁸ 사이에 여덟 바다가 있나니
앞에 일곱 바다는 이름이 안(內)이 되는 것이니,
최초의 바다는²⁹ 넓이가 팔만 유순이고
사변은 각각 세 배이며

나머지 여섯 바다는 반반씩 좁아지는 것이다.
제 여덟 번째 바다는 이름이 밖(外)이 되는 것이니
삼락차 이만에
이천 유선나³⁰라 하였다.
해석하여 말하면 앞에 일곱 바다의 이름을 안이라고 한 것은 칠금산
안에 있는 까닭이요
제 여덟 번째 바다의 이름을 밖이라고 한 것은 칠금산 밖에 있는
까닭이다.
밖의 바다가 철위산 안에 있기에 또한 이름을 산 사이³¹라고 한

---

28 구산九山은 수미산, 카뎨라, 이사타라, 유건타라, 소달리사나, 안습박갈나,
니민타라, 비나다가, 작가라 산이니 여기 칠금산에 카뎨라와 작가라를 더하면
된다.

29 최초의 바다라고 한 등은 『구사론』 본론에 말하기를 이와 같은 일곱 바다에
최초의 바다에 팔만 유순은 지쌍산 내변의 두루한 양을 잡은 것이요, 그
사면四面은 수가 각각 세 배이니, 말하자면 각각 이억 사만 유선나를 이룬다
운운한 것은 제 여덟 번째 이름이 밖(外)이 되는 것이다. 짠물이 가득 넘쳐나
삼억 이만 이천이라 하니 사면四面이라고 한 것은 곧 그 언덕의 주위이다.
역시 『잡화기』의 말이다.

30 유선나는 유순을 말한다.

것이다.

최초의 바다는 넓이가 팔만 유순이라고 한 것은 곧 지쌍산持雙山
안에 바다이다.

칠금산 안의 바다에 다 여덟 가지 공덕의 물이 있기에 그런 까닭으로
말하기를 향수가 돌아 흐른다[32] 하였다.

바깥 바다[33]와 철위산은 편리함을 인한 까닭으로 이끌어 왔을 뿐이다.

唯天依住者는 俱舍頌云호대 妙高層有四하니 相去各十千이라 傍出
十六千이요 八四二千量이니 堅手及持鬘과 恒憍天王衆이 如次居四
級이요 亦住餘七山이라하니라 釋曰謂始從水際로 盡第一層히 相去
十千이요 傍出十六千이라 上三層級도 向上相去數同이요 傍出漸減
一半이니 第二層八千이요 三卽四千이요 四卽二千이니 向上漸狹이
라 此四層級이 直上하야 方盡妙高下半인 四萬踰繕那니 第一級에
有藥叉神하니 名爲堅首요 乃至第四는 是四天王이요 餘皆四王管일
새 故云唯天依住라하니 妙高頂八方도 復三十三天居일새 故皆天住
라하니라 波利質多羅者는 波利는 此云遍也요 亦曰周匝이라 質多羅
는 此云間錯莊嚴이니 謂此樹를 衆雜色華가 周匝莊嚴이라 或云圓妙
莊嚴이라하니 卽俱舍의 園生樹也니라 故俱舍云호대 東北園生樹요

---

31 원문에 역명산간亦名山間이란, 산간유팔해山間有八海라 한 것을 말하고 있다.
32 향수가 돌아 흐른다고 한 것은 소문疏文엔 해인선류海印旋流라 하였다.
33 원문에 외해外海란, 제팔해第八海이니 소문疏文에서 칠금산七金山이 일곱 겹(七
重)으로 에워쌌고 일곱 향수가 돌아 흐른다고 하였기에 제팔해第八海인 외해外
海와 제팔第八 철위산鐵圍山은 큰 의미가 없다는 것이다.

西南善法堂이라하고 論釋云호대 其園生樹의 槃根深廣이 五十踰蹐
那요 聳幹上昇하고 枝條傍布하야 高廣量等이 百踰蹐那요 挺葉開華
에 妙香芬馥호대 順風熏滿이 百踰蹐那요 若逆風熏이 猶遍五十이니
是諸天衆이 遊樂之所라하니라 餘文可知라

오직 하늘만을 의지하여 머문다고 한 것은『구사론俱舍論』게송에
말하기를
묘고산의 층계가 네 계층이 있나니
서로의 거리가 각각 십천 유순이다.
옆으로 나온 것은 일층은 십육천 유순이고,
이층은 팔천 유순, 삼층은 사천 유순, 사층은 이천 유순 양이니,

견수신과 그리고 지만신과
달교신과 천왕신중이
차례와 같이 네 계층에 거주하고
또한 나머지 칠금산에도 거주한다 하였다.
해석하여 말하면 말하자면 처음 수제水際로 좇아 제일층이 끝날
때까지 서로의 거리는 십천 유순이고 옆으로 나온 것은 십육천
유순이다.
위에 삼 계층도 위로 향하여 서로의 거리는 그 수량이 같고[34] 옆으로
나온 것은 점점 감하여 일층의 반씩이니 제이층은 팔천 유순이고,

---

34 원문에 수동數同이란, 십천유순十千由旬이라는 것이다.

제삼층은 곧 사천 유순이고, 제사층은 곧 이천 유순이니 위로 향하여 점점 좁아지는 것이다.

이 네 계층[35]이 곧게 위로 향하여 묘고의 하반下半인 사만 유선나에서 바야흐로 끝나나니

제일층에 약차[36] 신이 있으니 이름이 견수가 되고, 내지 제사층은 사왕천신이 되고, 나머지는 다 사천왕이[37] 관장하기에 그런 까닭으로 말하기를 오직 하늘만을 의지하여 머문다 하였으니,

묘고산 정상 팔방[38]에도 다시 삼십삼천이 거주하기에 그런 까닭으로 다 하늘을 의지하여 머문다 하였다.

---

35 이 네 계층이라고 운운한 것은 저 『구사론』 장행문에 말하기를 이 네 계층이 묘고산으로 좇아 옆으로 나와 그 묘고산의 아래 반을 다 에워싼다 하였으니, 이 가운데 마땅히 토를 상上"이" 고高"의" 나洲"니라"라고 말할 것이다. 대개 이 네 계층이 다 이 묘고산의 아래 반이고, 제 네 번째 층계 위에 사만 사천 유순이 있나니 말하자면 묘고산의 위에 반이다. 역시 『잡화기』의 말이다.

36 약차藥叉는 야차夜叉를 말함이다.

37 나머지는 다 사천왕 운운한 것은 앞에 삼층에 머문다고 한 것은 하늘 대중이 아닐까 염려한 까닭으로 이 회에 있는 것이다. 나머지는 곧 견수야차신 등을 가리키는 것이다.

38 팔방이라고 한 것은 저 『구사론』 게송에 팔만이라 하였고, 장행문에 말하기를 삼십삼천이 소미로 정상에 거주하나니 그 사면이 각각 팔천 유순이라 하고, 어떤 다른 스님이 말하기를 주위가 팔십천八十千 유순이니 따로 말한다면 사면에 각각 오직 이만 유순이라 하니, 지금에 또한 응당 팔만으로 할 것이다. 게송 가운데 또한 나머지 칠금산에 머문다고 한 것은 『구사론』 장행문에 말하기를 칠금산 정상에 또한 하늘이 거주함이 있나니, 이는 사천왕이 거느릴 바 봉읍封邑이다 하였다. 역시 다 『잡화기』의 말이다.

파리질다라라고 말한 것은 파리는 여기에서 말하면 두루한다는
것이요, 또한 말하기를 두루 돈다는 것이다.

질다라는 여기에서 말하면 사이에 섞어 장엄한다는 것이니,

말하자면 이 나무를 수많은 색상에 여러 가지 꽃이 두루 돌아 장엄하
였다는 것이다.

혹은 말하기를 원만하고 묘하게 장엄한다 하였으니 곧 『구사론』에
원생수園生樹[39]라 한 것이다.

그런 까닭으로 『구사론』에 말하기를 동쪽과 북쪽은 원생수요 서쪽과
남쪽은 선법당이다 하였고, 『구사론』의 해석에 말하기를 그 원생수
의 서린 뿌리가 깊고 넓은 것이 오십 유선나요,

솟은 줄기는 위로 올라가고 가지는 옆으로 퍼져 높이와 넓이와
그 양 등이 백 유선나요,

잎이 솟아나고[40] 꽃이 핌에 묘한 향기가 나되 순풍을 맞으면 향기가
가득한 것이 백 유선나요,

만약 역풍을 맞을지라도 향기가 오히려 오십 유순에 두루하나니
이것은 모든 하늘 대중이 노닐며 즐기는 처소다 하였다.

나머지 문장은 가히 알 수가 있을 것이다.

疏

十住之行도 亦復如是하야 聞思修解로 而爲妙體하며 四德八聖으

---

39 원생수園生樹란, 그곳에 무성하게 난 나무라는 뜻이니, 나무 이름은 아니다.
40 挺은 '솟아날 정' 자이다.

로 以爲妙相하며 四辯爲色하야 令物解同이니 雖同衆音이나 自智
不變하며 八法不動으로 而爲妙德하며 七支奉戒가 金山圍繞하고
七識流轉으로 而爲海印하며 第一義天이 依持而住하니 可以神會
하고 非情能升하며 不離本處하고 遍應十方하야 映蔽佛日과 及菩
薩月하야 而成涅槃의 生死晝夜하며 生敎行果하야 而爲妙樹하며
世界初成에 菩薩先出하야 爲衆生現種種資具하며 世界將壞에
菩薩後沒하야 爲說上定하야 令免三災하니라 高者는 具成八萬四
千諸度法門하야 自在障外하며 爲衆生故로 入生死海하야도 亦具
八萬四千諸度法門하야 據金剛性하야 隣勝義空하며 又智入佛慧
하야 必窮其底하며 德超方便하야 逈出群峯하니라

십주의 행도 이와 같아서 문문·사사·수수·해해로 묘체를 삼으며
사덕과 팔성[41]으로 묘상을 삼으며
사변으로 묘색을 삼아 중생으로 하여금 같은 줄 알게 하나니 비록
중생의 음성과 같게 하지만 자기의 지혜는 변치 아니하며
팔법[42]이 움직이지 않는 것으로 묘덕을 삼으며
칠지七支[43]의 받들 계율이 칠금산을 에워싸고 칠식이 유전함으로
해인을 삼으며
제일의천이 의지하여 머무나니 가히 신神만이 알고 유정은 능히

---

41 사덕四德은 상상常·락락樂·아아我·정정淨이고, 팔성八聖은 팔정도八正道이다.

42 팔법八法은 교교敎·리리理·행행行·과과果·행행行·위위位·인인因·과과果이다.

43 칠지七支는 살살殺·도도盜·음음淫·망망妄·기어奇語·악구惡口·양설兩舌이다. 『잡화
기』는 칠지七支를 칠각지七覺支라 하였다.

오르지 못하며

본래의 처소를 떠나지 않고 두루 시방에 응하여 부처님의 태양과

그리고 보살의 달을 영폐[44]하여 열반의 생사와 주야를 이루며

교·리·행·과를 내어 묘수妙樹를 삼으며

세계가 처음 이루어짐에 보살이 먼저 나와서 중생을 위하여 가지가

지 삶을 도우는 기구를 나타내며

세계가 장차 무너짐에 보살이 뒤에 죽어 중생을 위하여 상정上定[45]을

설하여 하여금 삼재를 면하게 하는 것이다.

고고高[46]라고 한 것은 팔만사천 모든 바라밀 법문을 갖추어 이루어서

장애 밖에까지 자재한 것이며

중생을 위한 까닭으로 생사의 바다에 들어가서도 또한 팔만사천

모든 바라밀 법문을 갖추어 이루어서 금강성을 의거하여[47] 승의공을

---

44 영폐라고 한 것은 부처님의 태양이 비치고 보살의 달이 가리면 열반의 낮을
   이루고, 보살의 달이 비치고 부처님의 달이 가리면 생사의 밤을 이루나니
   보살이 오히려 변역생사가 있는 까닭이다. 대개 이 십주보살이 대비로는
   곧 열반하였지만 그러나 생사가 있고, 대지로는 곧 생사가 있지만 그러나
   열반한 것이다. 역시 『잡화기』의 말이다.

45 상정上定이라고 한 것은 불로써 초선이 무너지려 할 때에 위에 이선정二禪定을
   설하여 하여금 이선二禪에 태어나 화재火災를 면하게 한다는 등이다.

46 고고高란, 묘고妙高의 고고高이다.

47 금강성을 의거한다고 운운한 것은 강사가 말하기를 금강성金剛性은 곧 십신
   이전의 금강 지혜이고, 승의공은 곧 십지 이상의 중도의 진리라 하였다.
   다 『잡화기』의 말이다.

이웃한 것이며

또 지혜가 부처님의 지혜에 들어가 반드시 그 밑까지 다한 것이며 공덕이 방편을 뛰어나 멀리 수많은 봉우리를 벗어난 것이다.

疏

爲顯十住功德妙高일새 是故須升妙高山頂이라 四王處半호대 旁而非正하며 表住不退가 異信輕毛일새 故越彼天하야 居妙高頂이라 善財童子가 於妙峯山頂에 見德雲者도 亦表斯位니 彌顯有由니라

십주 공덕의 묘고를 나타내기 위하기에 이런 까닭으로 반드시 묘고산 정상에 올라가야 하는 것이다.

사천왕은 수미산 중간에 거처하되[48] 옆으로 거처하고 바로 거처하지 아니하며,

십주의 퇴전하지 않는 것이 십신의 가벼운 털과는 다름을 표하기에 그런 까닭으로 저 사천왕을 뛰어넘어 묘고산妙高山 정상에 거처하는 것이다.

선재동자가 묘봉산 정상에서 덕운비구를 본 것도 또한 이 지위를 표한 것이니, 더욱 이유가 있음을 나타낸 것이다.

---

48 원문에 처반處半이란, 수미산須彌山 중간에 있다는 것이다.

鈔

四王處半下는 通伏難이니 謂有難言호대 若以妙高爲表인댄 四王亦
處妙高요 復爲次第어니 何不處此리요할새 故爲此通하니라

사왕천은 수미산 중간에 거처한다고 한 아래는 잠복하여 비난함을
통석한 것이니,
말하자면 어떤 사람이 비난하여 말하기를 만약 묘고산으로써 표한다
면 사왕천도 또한 묘고산에 거처하고 다시 차례도 삼았거니[49] 어찌
여기에 거처하지 않는가 하기에 그런 까닭으로 이 통석을 한 것이다.

疏

然上所釋은 皆圓敎意니 故下發心品云호대 應知此人은 卽與三
世의 諸佛同等하며 與三世佛로 功德平等하야 得如來一身無量
身하니라 纔發心時에 卽爲十方의 一切諸佛이 共所稱歎이라하니
不可同於方便敎說하니라 若觀心妙高者인댄 謂三昧須彌가 寂然
不動하야 無思無心하며 不收不攝하야 任性而定이 稱本心地하며

---

49 원문에 부위차제復爲次第 운운은 차례로 본다면 묘고妙高의 중간에 있는
사왕천四王天에 오르고, 그 뒤에 묘고妙高의 정상頂上에 올라야 할 것이 아닌가
하고 복난伏難하니 소문疏文과 같이 통석한 것이다. 즉 사왕천四王天을 십신十
信의 차례로 보았다는 것이다. 그런데 왜 그곳에는 거처하지 않고 뛰어넘는가
하니 이 통석通釋을 한 것이다.

入佛智海하야 湛然不遷이 是妙法樂이며 觸境自在하야 合本性淨
이 是四德寶로 而自莊嚴이니 斯則本覺如來가 升法須彌之頂이라

그러나 위에서 해석한 바는 다 원교의 뜻이니,
그런 까닭으로 아래 발심공덕품에 말하기를 응당 알아라. 이 사람은
곧 삼세의 모든 부처님으로 더불어 동등하며
삼세의 모든 부처님으로 더불어 공덕이 평등하여 여래의 한 몸에
한량없는 몸을 얻는 것이다.
겨우 발심할 때에 곧 시방에 일체 모든 부처님이 함께 칭탄하는
바이다 하였으니,
가히 방편교의 말과는 같지 않는 것이다.
만약 마음에 묘고산을 관찰한다면 말하자면 삼매의 수미산이 고요히
움직이지 않아서[50] 생각도 없고 마음도 없으며
거두지도 않고 포섭하지도 않아서 자성에 맡겨 결정하는 것이 본래
마음의 땅에 칭합하며
부처님의 지혜의 바다에 들어가서 고요히 옮기지 않는 것이 이것이
묘법의 약이며
경계에 닥쳐도 자재하여 본성의 청정함에 칭합하는 것이 이것이

---

50 고요히 움직이지 않는다 운운한 것은 이 가운데는 다만 움직이지 않는 뜻과
땅에 의거하는 것과 여덟 바다와 체성의 묘한 뜻만 있는 것이다. 역시 『잡화
기』의 말이다. 고요히 운운은 움직이지 않는 뜻이고, 거두지 않고 운운은
땅을 의거하는 뜻이고, 부처님의 지혜 운운은 여덟 바다의 뜻이고, 경계에
운운은 체성의 묘한 뜻이라 하겠다.

사덕의 보배로 스스로 장엄하는 것이니,

이것이 곧 본각의 여래가 진리의 수미산 정상에 오르는 것이다.

疏

三에 宗趣者는 先約會인댄 以十住行德으로 爲宗이요 攝位德果로
爲趣라 二約品인댄 以嚴處請佛赴感으로 爲宗이요 根緣契合說法
으로 爲趣라

세 번째 종취는 먼저는 회를 잡는다면 십주의 행덕으로써 종을
삼고,

지위를 섭수하여 과위를 얻음으로써 의취를 삼는 것이다.

두 번째[51]는 품을 잡는다면 처소를 장엄하고 부처님께 청하여 감응이
다다름으로써 종을 삼고,

근기가 인연에 계합하여 법을 설함으로써 의취를 삼는 것이다.

---

51 二 자 아래(下)에 約 자가 있는 것이 좋다. 『잡화기』에는 二 자와 品 자
사이에 소본에는 約 자가 있다 하였다.

經

爾時에 如來威神力故로 十方一切世界에 ──四天下의 閻浮提
中에 悉見如來坐於樹下하니 各有菩薩하야 承佛神力하야 而演
說法하고 靡不自謂恒對於佛이라하니라

그때에 여래의 위신력인 까닭으로 시방의 일체 세계에 낱낱 사천하
염부제 가운데 다 여래가 나무 아래 앉아 계심을 보니,
각각 보살이 있어 부처님의 위신력을 받아 법을 연설하고 스스로
말하기를 항상 부처님을 대면하지 아니함이 없다 하였습니다.

疏

四에 釋文者에 此會六品을 分爲二分하리니 初二品은 方便發起요
後四品은 當會正說이라 前中에 初之一品은 唯是由致요 偈讚一
品은 義有兩兼하니 一은 是方便이니 謂前品은 化主赴機요 後品은
助化讚佛이니 主伴圓備하야사 方演法故라 二는 是所依니 謂三天
說法에 各有偈讚은 欲顯三賢이 皆依佛智하야 有差別故며 離如
來智하야 無自體故로 獨爲方便하야 甚抑讚詞니라 行向二會도 同
此科判하니라

네 번째 경문을 해석함에 이 회의 여섯 품을[52] 나누어 이분으로

___
[52] 이 회의 여섯 품이란, 제삼회의 여섯 품이니 승수미산정품과 수미정산게찬품

하리니

처음에 두 품은 방편으로 발기한 것이요

뒤에 네 품은 당회에서 바로 설한 것이다.

앞의 두 품 가운데 처음에 한[53] 품은 오직 이유를 이루는 것뿐이요

수미정상게찬품의 한 품은 뜻이 두 가지를 겸하고 있나니

첫 번째는 방편이니

말하자면 앞의 품은 교화하는 주인(부처님)이 근기에 다다르는[54]
것이요

뒤에 한 품은 교화하는 주인을 도와 부처님을 찬탄하는 것이니
주·반이 원융하여야 바야흐로 법을 연설하는 까닭이다.

두 번째는 의지할 바이니,

말하자면 삼천三天[55]에서 법을 설함에 각각 게송으로 찬탄한 것이
있는 것은 삼현三賢이 다 부처님의 지혜를 의지하여 차별이 있는
까닭이며,

여래의 지혜를 떠나 자체가 없음을 나타내고자 한 까닭으로 홀로
방편을[56] 삼아 심히 찬탄하는 말을 누르기도 하고 드날리기도(抑提)

과 십주품과 범행품과 초발심공덕품과 명법품이다.

53 二는 소본엔 一이라 하고, 五行에 上은 二라 하였다. 다 『잡화기』의 말이나
영각사본엔 이미 교정되어 있다.

54 원문에 부기赴機는 수미산정에 오르신 것이다.

55 삼천三天은 도리천忉利天―십주十住, 야마천夜摩天―십행十行, 도솔천兜率天―
십향十向이다.

56 홀로 방편을 운운은 옛날의 뜻을 척파한 것이다. 역시 『잡화기』의 말이다.

한 것이다.
십행과 십회향의 두 회도 여기에서 과판한 것과 같다.

鈔

偈讚一品者는 前是古意요 後是新意니 可知니라

수미정상게찬품의 한 품이라고 한 것은 앞에 뜻은 옛날의 뜻이요
뒤에 뜻은 새로운 뜻이니
가히 알 수가 있을 것이다.

疏

今初一品을 長分十段하리니 一은 本會齊現이요 二는 不離齊升이
요 三은 各見佛來요 四는 各嚴殿座요 五는 皆來請佛이요 六은
俱時入殿이요 七은 樂音並止요 八은 各念昔因이요 九는 同讚如來
요 十은 殿皆廣博嚴淨也라

지금 처음에 한 품을 길게 십단으로 나누리니
첫 번째는 본회에서 가지런히 나타내는 것이요
두 번째는 본래의 처소를 떠나지 않고 가지런히 올라가는 것이요
세 번째는 각각 부처님이 오심을 보는 것이요
네 번째는 각각 궁전의 자리를 장엄하는 것이요
다섯 번째는 다 와서 부처님을 청하는 것이요

여섯 번째는 다 같은 때에 궁전에 들어가는 것이요

일곱 번째는 음악이 다 그치는[57] 것이요

여덟 번째는 각각 옛날에 인연을 생각하는 것이요

아홉 번째는 다 같이 여래를 찬탄하는 것이요

열 번째는 궁전이 다 넓고 장엄하고 청정한 것이다.

鈔

十段科中에 皆有皆俱齊等言者는 以約結通周法界故니라

십단 과목 가운데 다 개皆·구俱·제齊[58]라는 등의 말이 있는 것은 법계에 두루함을 맺어서 통석한 것을 잡은 까닭이다.

疏

言爾時者는 即前二會時니 主伴齊遍하야 演前二會之法也라 今此明遍은 即十重說處中에 第一重也라 何須擧此오 欲明前會不散하고 成後會故며 後必帶前하야 合成法界의 無礙會故며 一一諸會가 無休息故며 後後諸會가 皆同時故며 若散前會인댄 即無後

---

57 원문에 악음병지樂音並止란, 부처님이 제석궁중에 들어오심에 제석궁중의 음악이 모두 그친다는 것이다.

58 개皆·구俱·제齊란, 일단一段과 이단二段은 제齊이고, 오단五段은 개皆이고, 육단六段은 구俱이다.

故니라 所以로 唯約覺樹會者는 此爲本故며 得佛處故니 理實第
二도 亦同此遍하니라 若同時遍인댄 何有九會前後며 若有前後인
댄 何名同時리요 應云호대 卽用之體가 同時頓遍하고 卽體之用이
不壞前後호미 猶如印文이라하리라

그때에라고 말한 것은 곧 앞의 이회二會 때이니

주·반이 똑같이 두루하여 앞에 이회의 법을 연설하는 때이다.

지금 여기에서 두루함을 밝힌 것은 곧 십중설처十重說處[59] 가운데

제일중[60]이다.

어찌 마땅히 여기에서 거론하는가.

앞의 회가 흩어지지 않고 뒤의 회를 이루는 까닭이며

뒤의 회가 반드시 앞의 회를 연대連帶[61]하여 법계무애의 회를 합하여

이루는 까닭이며

낱낱이 모든 회가 쉼이 없는 까닭이며

뒤에 뒤에 모든 회가 다 동시인 까닭이며

만약 앞의 회가 흩어진다면 곧 뒤의 회가 없어짐을 밝히고자 한

까닭이다.

그런 까닭으로 오직 각수회覺樹會[62]만 잡은 것은 이 회가 근본이

---

59 십중설처十重說處란, 『현담玄談』 가운데 '불기수왕不起樹王하시고 나칠처어법
　계羅七處於法界'라는 문장(文)이니 영인본 화엄 1책, p.73이다.

60 제일중은 제일회第一會이다.

61 帶는 영인본 화엄 5책, p.448, 5행에 연대連帶라 하였다.

62 각수회覺樹會란, 일회一會의 보리장회菩提場會이다.

되는 까닭이며 부처님을 얻는 처소인 까닭이니

이치는 진실로 제이회에서도 또한 이 회에서 두루한 것과 같다.

만약 동시에 두루하였다고 한다면 어찌 구회에 앞뒤가 있으며,

만약 앞뒤가 있다면 어찌 동시라 이름하겠는가.

응당 말하기를 작용에 즉한 자체가 동시에 문득 두루하고, 자체에

즉한 작용이 앞뒤를 무너뜨리지 않는 것이 비유하자면 도장의 문체[63]

와 같다[64] 할 것이다.

鈔

今此明遍者는 卽第一疏에 說經緣中에 初此閻浮라호미 是也라 所以
로 唯約覺樹下는 通妨難이라 此通二難이니 一은 有難云호대 旣不散
前인댄 應擧二會어늘 何以로 唯言不起覺樹고할새 故此通云호대 初
會爲本이며 又第二會가 近初會故라하니라 二에 若同時下는 復通一
妨이니 文中先難이요 後에 應云卽用下는 通釋이니 可知라

---

63 도장의 문체라고 한 것은 마치 장부와 문서를 포개어 한 개의 도장으로
   문득 다 찍는 것과 같나니, 저에 말하기를 한 개의 화살이 삼관三關을 깨뜨린다
   한 것이 이것이다. 이상은 『잡화기』의 말이다. 위에 부첩簿牒은 간청의 장부와
   문서이다. 즉 부簿는 장부 부이고 첩牒은 문서 첩이다. 그리고 투透는 투사透寫
   이니 글씨를 얇은 종이 밑에 받쳐 놓고 쓰는 것이다. 즉 복사·등사하는
   것과 같다. 따라서 찍는다고 해석하였다. 만약 박薄 자라면 얇은 문서라
   할 것이다.

64 원문에 불괴전후不壞前後가 유여인문猶如印文이라고 한 것은, 도장은 반대로
   조각해야 바로 찍히는 것이다.

지금 여기에서 두루함을 밝힌 것이라고 한 것은 곧 제일경 소문에 경의 인연을 설하는 가운데 처음에 이 염부제라고 한 것이 이것이다.

그런 까닭으로 오직 각수회만을 잡은 것이라고 한 아래는 방해하여 비난함을 통석한 것이다.
이것은 두 가지 비난을 통석한 것이니
첫 번째는 어떤 사람이 비난하여 말하기를 이미 앞의 회가 흩어지지 않았다면 응당 이회二會를 거론하여야 하거늘 무슨 까닭으로 오직 각수[65]에서 일어나지 않았다고만 말하는가 하기에, 그런 까닭으로 이것을 통석하여 말하기를 초회가 근본이 되며
또 제이회가[66] 초회와 가까운 까닭이다 하였다.

두 번째 만약 동시에 두루하였다고 한다면이라고 한 아래는 다시 한 가지 방해하여 비난함을 통석한 것이니
문장 가운데 먼저는 비난한 것이요
뒤에 응당 말하기를 작용에 즉한 자체라고 한 아래는 통석한 것이니 가히 알 수가 있을 것이다.

---

65 각수覺樹는 곧 보리수菩提樹이다.
66 또 제이회가 운운한 것은 곧 소문의 두 가지 뜻 밖에 따로 한 가지 해석을 지은 것이다. 역시 『잡화기』의 말이다.

經

爾時世尊이 不離一切菩提樹下하고 而上昇須彌하사 向帝釋殿
하시니

그때에 세존이 일체 보리수 아래를 떠나지 않고 위로 수미산에
올라 제석궁전을 향하시니

疏

第二에 爾時下는 明不離覺樹하고 各升釋天이라 問이라 動靜相違
하고 去住懸隔거늘 旣云不離인댄 何得言升이리오 古有多釋하니
一云호대 本釋迦身은 不起道樹하고 別起應化하야 以升天上이라
하며 一云호대 不起是報요 升天是化라하며 一云호대 不起是法身
이요 升天是化用이라하니 並非文意니 以彼此文中엔 俱是毘盧遮
那의 十身雲故니라

제 두 번째 그때라고 한 아래는 각수를 떠나지 않고 각각 제석천에
오르심을 밝힌 것이다.
묻겠다.
움직이고 고요한[67] 것이 서로 어기고 가고 머무는 것이 현격하거늘
이미 떠나지 않았다고 말하였다면 어찌 오른다고 말함을 얻겠는가.

---

67 동動과 거去는 승수미산昇須彌山이고, 정靜과 주住는 불리각수不離覺樹이다.

옛날에 수많은 해석이 있었나니

한 유형은 말하기를 본래 석가의 몸[68]은 도수道樹에서 일어나지 않고 따로 응화신을 일으켜 천상에 올라갔다 하였으며

한 유형은 말하기를 일어나지 아니한 몸은 이 보신이고 천상에 올라간 것은 이 화신이다 하였으며

한 유형은 말하기를 일어나지 아니한 몸은 이 법신의 자체[69]이고 천상에 올라간 것은 이 화신의 작용이다 하였으니,

모두 경문의 뜻이 아니니 저 경문과 이 경문[70] 가운데는 모두 비로자나 십신[71]의 구름인 까닭이다.

鈔

古有多釋下는 次에 敍昔順違라 昔有五義나 而文三節이니 初는 併敍
三師요 二는 敍第四요 三은 敍第五라 以初三師는 並約三身일새 義類

---

68 본래 석가의 몸이란 곧 본래 석가의 화신이다. 역시 『잡화기』의 말이다.

69 화신化身은, 고인古人이 말하기를 법체法體의 잘못(誤)이라 하였고 교정엔 법신法身이라 하였다. 영인본 화엄 5책, p.442, 2행에는 일어나지 않는 것은 이 법신이라 하였다. 고인이란 『잡화기』이다. 『잡화기』에 화신은 소본에 법체라 하니 옳다 하였다.

70 저 경문과 이 경문이란, 초회 보리장회와 제이회 보광회와 제삼회 승수미산정 회의 경문이다. 곧 보리수 아래를 떠나지 않았다고 한 것은 초회이고, 수미산정 에 올라갔다고 한 것은 제삼회이다. 그 원문은 아래와 같다.
彼此文이란, 初會菩提場會와 第二會普光會와 第三會昇須彌山頂의 경문經文 이다. 卽不離菩提樹下(初會)하고, 上昇須彌(第三會)라.

71 십신十身이란, 곧 삼신三身이 아닌 까닭이다.

大同하나니 欲併破故로 先敍於昔이라 並非文意下는 二에 辨違라 通
有二違하니 一은 違現文이니 去住가 皆是遮那佛故요 二는 違經宗이
니 十身은 非三身故라 彼卽是前二會요 此卽今文也라

옛날에 수많은 해석이 있었다고 한 아래는 다음에 옛날의 해석이
순하고 어김을 서술한 것이다.
옛날의 해석이 다섯 가지 뜻이 있지만 문장은 삼절만 있나니
처음에는 세 스님의 해석을 함께 서술한 것이요
두 번째는 제 네 번째 스님의 해석을 서술한 것이요
세 번째는 제 다섯 번째 스님의 해석을 서술한 것이다.
처음에 세 스님은 모두 삼신三身을 잡아서 해석하였기에 뜻의 부류가
크게는 같나니,
모두 깨뜨리고자 하는 까닭으로 먼저 옛날의 해석을 서술한 것이다.

모두 경문의 뜻이 아니라고 한 아래는 두 번째 경문에 어김을 분별한
것이다.
통석함에 두 가지 어김이 있나니
첫 번째는 현재의 경문을 어기는 것이니, 가고 머무는 것이 다
비로자나 부처님인 까닭이요
두 번째는 경의 종취를 어기는 것이니, 십신은 삼신이 아닌 까닭이다.
저 경문이라고 한 것은 곧 앞[72]의 두 회會요

---

[72] 後 자는 前 자의 잘못(誤)인 듯하다.

이 경문이라고 한 것은 곧 지금의 경문이다.

疏

一云호대 以去卽非去일새 故名不起요 非去卽去일새 是以升天이
니 如不來相而來等이라 若爾인댄 但是升相離故요 非是樹下에
別有不起之身일새 故不可也니라

한 유형은 말하기를 가는 것이 곧 가지 않는 것이기에 그런 까닭으로
이름을 일어나지 않는다 하고, 가지 않는 것이 곧 가는 것이기에
이런 까닭으로 천상에 올라간다 한 것이니 오는 모습이 없이 오셨다
고 한 등과 같다.
만약 그렇다면 다만 천상에 올라가는 모습만 떠난 까닭이요, 보리수
아래에 따로 일어나지 아니한 몸이 있지 않기에 그런 까닭으로
옳지 않는 것이다.

鈔

一云호대 以去卽非去者는 二에 敍第四師니 以不分三身하고 但就一
身하야 論性相故니라 卽是事理無礙宗中之意니 不違大體나 不順今
文이라 如不來相而來等下는 卽是古人이 引例證成이니 此是淨名經
問疾品中에 淨名之言이라 經云호대 時維摩詰이 謂文殊師利言호대
善來文殊師利여 不來相而來하고 不見相而見이니다 文殊師利言호
대 如是居士여 若來已更不來요 若去已更不去니라 所以者何오 來者

無所從來요 去者無所至며 所可見者는 更不可見이라하니 今但引淨
名之言이요 餘略不引하니라 叡公釋云호대 文殊는 心棲實相하고 形
貫法身하야 內外冥寂일새 都無來相이며 都無來相이나 能以之來라
하니 此明心冥至理하야 體絶去來나 應物隨緣에 不壞來去니라 而下
文殊答者는 卽得意相領하고 印成其言이니 則以三時門으로 領其不
來相而來하고 以合不合門으로 成其不見相而見이라 前中에 三時略
擧其一은 以相顯故니라 言三時者는 卽中論去來品偈云호대 已去無
有去요 未去亦無去요 去時亦無去라하니 翻此則云호대 已來無有來
요 未來亦無來요 來時亦無來라하리라 謂已來已滅일새 不可言來요
未來未有어니 何得言來며 來時不住하야 已未分之일새 故亦無來니
無去亦然하니라 故下經云호대 若過去生인댄 過去生已滅이요 若未
來生인댄 未來生未至요 若現在生인댄 現在生無住라하니라

한 유형은 말하기를 가는 것이 곧 가지 않는 것이라고 한 것은
두 번째 제 네 번째 스님의 해석을 서술한 것이니,
삼신을 나누지 않고 다만 일신一身에 나아가 자성과 모습을 논한
까닭이다.
곧 이것은 사리무애종의 뜻이니 대체로는 어기지 않지만 지금의
경문에 순하는 것도 아니다.

오는 모습이 없이 오셨다고 한 등과 같다고 한 아래는 곧 고인이
예를 이끌어 증거하여 성립한 것이니,
이것은 『정명경』 문질품 가운데 정명의 말이다.

『정명경』에 말하기를 그때 유마힐이 문수사리에게 일러 말하기를 잘 오셨습니다, 문수사리여. 오는 모습이 없이 오셨고 보는 모습이 없이 봅니다.

문수사리가 말하기를 맞습니다, 거사여. 만약 온 뒤에는 다시 올 것이 없고 만약 간 뒤에는 다시 갈 것이 없습니다.

무슨 까닭인가 하면 왔다고 하는 것은 좇아온 바가 없고 갔다고 하는 것은 이르는 바가 없으며 가히 본 바는 다시 가히 볼 바가 없습니다 하였으니,

지금에는 다만 정명의 말만 인용하였을 뿐 나머지는 생략하고 인용하지 아니하였다.

승예법사가 해석하여 말하기를 문수는 마음이 실상에 깃들어 있고 몸(形色)이 법신을 관통하여 안과 밖이 적정에 명합하였기에 도무지 오는 모습이 없으며 도무지 오는 모습이 없지만 능히 온다 하였으니, 이것은 마음이 지극한 이치에 명합하여 자체는 가고 오는 것을 끊었지만 중생을 응대하고 인연을 따름에 오고 가는 것을 무너뜨리지 아니함을 밝힌 것이다.

아래에 문수가 답한 것은 곧 뜻을 얻어 서로 알게 하고 그 유마의 말을 인가하여 성립한 것이니,

곧 삼시문三時門으로써 그가 오는 모습이 없이 왔다고 한 것을 알게 하고, 합불합문合不合門으로써 그가 보는 모습이 없이 본다고 한 것을 성립한 것이다.

앞의 가운데 삼시三時를 생략하고 그 일시一時[73]만 든 것은 서로

나타난[74] 까닭이다.

삼시라고 말한 것은 곧 『중론』 거래품[75] 게송에 말하기를

이미 갔어도 간 적이 없고

아직 가지 않았어도 또한 간 적이 없고

현재 가는 때도 또한 간 적이 없다[76] 하였으니,

이 게송을 반대로 하면 곧 말하기를

이미 왔어도 온 적이 없고

아직 오지 않았어도 또한 온 적이 없고

현재 오는 때도 또한 온 적이 없다고 해야 할 것이다.

말하자면 이미 온 것은 이미 사라졌기에 가히 왔다고 말할 수 없고

아직 오지 아니한 것은 있지 않거니 어찌 왔다고 말함을 얻으며

현재 오는 것은 머물지 않아서 마침내 나눌 수 없기에 그런 까닭으로

또한 온 적도 없다는 것이니,

간 적이 없다는 것도 또한 그러한 것이다.

그런 까닭으로 하경下經[77]에 말하기를 만약 과거에 생겨났다면 과거

---

73 삼시三時는 삼세시三世時이고, 일시一時는 과거시過去時이다.

74 서로 나타난 것이란, 여덟 줄 앞 영인본 화엄 5책, p.438, 8행에 '문수사리가
   말하기를'이라 한 이하의 말을 말하는 까닭이다. 역시 『잡화기』의 말이다.

75 거래품去來品은 『중론中論』 이십칠품二十七品 가운데 제이품第二品이다.

76 『중론中論』 게송偈頌은 거시역무거去時亦無去까지다.

77 하경下經은 『유마경』 제사第四 보살품菩薩品 미륵장이니, 여기서 하경下經이란
   제삼第三 제자품弟子品에서 부처님이 모든 제자에게 유마에게 병문안 갈
   것을 권하고, 제사第四 보살품菩薩品 초두에서 미륵에게 네가 가서 병문안
   하라 하니, 미륵이 못하겠습니다 하고는, 제가 과거에 도솔천왕과 권속들에게

에 생겨난 것은 이미 사라졌고

만약 미래에 생겨날 것이라고 한다면 미래에 생겨날 것은 아직
이르지 않았고

현재에 생겨나는 것은 머물지 않는다 하였다.

而淨名所見은 文殊自菴園而來요 菴園衆會는 謂文殊爲去일새 故
文殊言호대 非唯居士가 見我不來而來라 縱菴園見我爲去라도 我亦
不去而去也라하니라 所以者何下는 文殊가 自徵釋上義니 謂若先有
法인댄 從彼而來어니와 旣非先有인댄 緣會而來일새 故於來時에 無
有來矣니 無去亦然하니라 來必有從하고 去必有至일새 故二句釋別
이라 又有來去가 不出三時니 今三時無來일새 故來無所從이요 三時
無去일새 故去無所至라하니라 言所可見者는 更不可見者는 卽以合
不合門으로 成上不見相而見이니 謂見必有三하니 謂能見所見과 及
以見者가 方成於見이라 所見은 因於二成일새 故無所見이니 所見無
故로 餘二寧有리요 故中論云호대 見及所見者의 是三各異方이니 如

설법할 때에 유마힐이 저에게 와서 말하기를 세존께서 어진 이에게 수기를
주시되 일생당득一生當得 아뇩다라삼먁삼보리라 하셨으니, 어느 생으로 수기
를 받습니까. 과거입니까, 미래입니까, 현재입니까. 약과거생若過去生인댄
과거생이멸過去生已滅 운운하였다.
따라서 제삼第三 제자품弟子品에 이어서 제사第四 보살품菩薩品에서 병문안
가라는 얘기가 계속 나오기에 하경下經이라 한 것이다.
그러나 영인본 화엄 5책, p.438, 6행에 문질품問疾品을 근간한다면 상경上經이
라 해야 할 것이다. 문수문질품文殊問疾品은 제오품第五品이고, 보살품菩薩品
은 제사품第四品이기에 그렇다.

是三法異하야 終無有合時니라 異法不可合이요 非異無可合이라하
며 又論云호대 見不能有見이요 非見亦不見이니 若已破於見인댄 則
爲破見者라하니 故正見時엔 卽無見矣니라 若爾但是下는 二에 辨違
니 但是升卽非升이요 似去卽非去어니 何有樹下에 不動之身고 若菴
園有文殊하고 毘耶更見妙德인댄 可以證此어니와 彼此義異어니 何
得援引이리요

정명거사가 본 바는 문수가 암라수원菴羅樹園[78]으로부터 오는 것이고
암라수원에 모인 대중은 말하기를 문수가 간다 하였기에, 그런
까닭으로 문수가 말하기를 오직 거사가 나의 오지 않고 오는 것을
보았을 뿐만 아니라 비록 암라수원의 대중이 나의 감을 보았다
할지라도 나 또한 가지 않고 간다 한 것이다.

무슨 까닭인가 한 아래는[79] 문수가 스스로 위에 뜻[80]을 묻고 해석한
것이니,

말하자면 만약 먼저 법이 있었다면 저 법으로 좇아오거니와 이미
먼저 있지 않았다면 인연이 모여야 오기에 그런 까닭으로 올 때(來
時)[81]에 온 적이 없다는 것이니, 간 적이 없다는 것도 또한 그러한
것이다.

---

78 암라수원菴羅樹園은 비야리성 밖에 있는 동산으로 불보살佛菩薩과 제자가
   여기에 계셨다. 유마거사는 비야리성 안에 있었다.

79 원문에 소이자하하所以者何下란, 영인본 화엄 5책, p.438, 9행 초문鈔文이다.

80 원문에 상의上義란, 약래이갱불래若來已更不來 운운이다.

81 三時의 三 자는 來 자의 잘못(誤)이다.

옴에 반드시 좇아온 바가 있고 감에 반드시 이르는 바가 있기에
그런 까닭으로 이구二句[82]의 해석이 다른 것이다.

또 어떤 사람이[83] 오고 가는 것이 삼시를 벗어나지 않나니, 지금에
삼시가 온 적이 없기에 그런 까닭으로 좇아온 바가 없고 삼시가
간 적이 없기에 그런 까닭으로 이르는 바가 없다 하였다.

가히 본 바는 다시 가히 볼 바가 없다고 말한[84] 것은 곧 합불합문[85]으로
써 위에 보는 모습이 없이 본다고 한 것을 성립한 것이니

말하자면 보는 것에 반드시 세 가지가 있나니, 말하자면 능히 보는
것과 볼 바와 그리고 보는 사람[86]이 바야흐로 봄을 이루는 것이다.

---

82 삼구三句라 한 삼三은 이二의 잘못이니 이구二句는 약래이갱불래若來已更不來
와 약거이갱불거若去已更不去이다. 『잡화기』는 곧 『유마경』 가운데 내자來者
운운과 거자去者 운운 구句(영인본 화엄 5책, p.438, 10행)이니, 가는 것과
더불어 오는 것이 내가 없다고 말하는 것은 이에 같지만, 다만 옴에 반드시
좇아온 바가 있다고 말한 것을 말하고 감에 반드시 이르는 바가 있다고
말한 것을 말하기에 그런 까닭으로 해석이 다를 뿐이다 하였다.

83 또 어떤 사람이 운운한 것은 이 위에는 거자래자去者來者라는 글자가 곧
삼시문三時門 가운데 처음에 한 문(一門)이니 위에 내이거이來已去已라는 글자
와 같고, 지금에는 내자거자來者去者라는 글자가 이미 이 삼시三時를 모두
잡은 것이니 삼시가 온 적이 없고 삼시가 간 적이 없는 까닭이다. 역시
『잡화기』의 말이다.

84 원문에 언소가견言所可見 운운은, 영인본 화엄 5책, p.438, 말행末行 초문초문鈔文
이다.

85 합불합문이라고 한 것은 합한 즉 보고, 합하지 아니한(不合) 즉 다르나니
다르면 곧 볼 수 없는 것이다. 역시 『잡화기』의 말이다.

86 능히 보는 운운은 능견심能見心-근根, 소견색所見色-경境, 이견인已見人-식

보는 바는 두 가지를 원인하여 이루어지기에 그런 까닭으로 볼
바가 없다고 한 것이니, 볼 바가 없는 까닭으로 나머지 둘[87]인들
어찌 있겠는가.

그런 까닭으로 『중론』에[88] 말하기를

능히 보는 것과 그리고 볼 바와 보는 사람

이 세 가지가 각각 방소가 다르나니[89]

이와 같이 세 가지 법이 달라서

마침내 합할 때가 없는 것이다.

다른 법은 가히 합하여지지 않고

다르지 않는 법은 가히 합할 게 없는 것이다 하였으며

또 『중론』에[90] 말하기를

識이다.

87 둘이란, 능견심能見心과 이견인已見人이다.

88 『중론』운운은 『중론』에 해석하여 말하기를 본다고 한 것은 이 안근이고,
볼 바라고 한 것은 이 색진이고, 보는 사람이라고 한 것은 이 나(我)이다
하였다. 역시 『잡화기』의 말이다.

89 각각 방소가 다르다고 한 것은 『중론』에 말하기를 눈은 몸 안에 있고, 색은
몸 밖에 있고, 나는 혹 몸 안에 있다고도 말한다 하며 혹 일체 처소에 두루한다고
하나니 이런 까닭으로 합할 데가 없다 하였다. 이상은 역시 『잡화기』의
말이다.

90 또 『중론』이라 한 인용한 바 논은 아직 미처 찾아 검증하지는 않았지만
그러나 그 뜻은 반드시 처음 구절은 능견을 깨뜨리고 다음 구절은 소견을
깨뜨리는 것이니, 보지 않을 것(非見)이라고 한 것은 곧 소견인 까닭이다.
뒤에 두 구절은 능견을 깨뜨림을 밟아서 보는 사람(見者)을 깨뜨림에 비례한
것이다. 이상은 역시 『잡화기』의 말이다. 또 『중론』이라 한 중론은 제삼품인

볼 것도 능히 보지 않고,

보지 않을 것도 또한 보지 않나니,

만약[91] 이미 본다는 것을 깨뜨렸다면

곧 보는 사람을 깨뜨린 것이 된다 하였으니

그런 까닭으로 바로 볼 때는 곧 본다는 것이 없는 것이다.

만약 그렇다면 다만 천상에 올라가는 모습만 떠난 까닭이라고 한 아래는 두 번째 어기는 것을 분별한 것이니,

다만 올라간 것 같지만 곧 올라간 적이 없고 떠나간 것[92] 같지만 곧 떠나간 적이 없거니 어찌 보리수 아래에서 움직이지 않는 몸이 있는가.

만약 암라수원에 문수가 있고 비야리성에서 다시 묘덕(문수)을 본다면 가히 이것은 증거할 만하거니와 저 뜻과 이 뜻이 다르거니 어찌 증거로 끌어댐[93]을 얻겠는가.

疏

有云호대 此佛神通이며 同體業用이니 卽住是去며 去卽是住니라

관육정품觀六情品이다.

91 볼 것 운운은 능견能見이고, 보지 않을 것 운운은 소견所見이며, 만약 운운은
견자見者(見人)이다.

92 떠나간 것이란, 보리수 아래(下)를 떠나간 것이다.

93 원문에 원인援引이란, 증거로 끌어대는 것이다.

住是體遍이요 去是用應이라 應是體應일새 雖升後而不離前하고
體是應體일새 雖不離前而升後라하니 若爾인댄 何殊第三師의 不
起是法이리요 又以住로 釋於不起하야 而言住是體遍인댄 何得獨
住菩提樹耶며 升天인달 何得非體遍耶며 菩提樹下인달 寧非用
耶리요

어떤 사람이 말하기를 이것[94]은 부처님의 신통이며 자체와 같은
업용이니,
곧 머무는[95] 것이 가는 것이며 가는 것이 곧 머무는 것이다.
머문다는 것은 자체가 두루하는 것이요
간다는 것은 작용이 응하는 것이다.
응하는 것은 자체가 응하는 것이기에 비록 뒤에 올라갔지만 앞을
떠나지 아니하였고, 자체는 응하는 자체이기에 비록 앞을 떠나지
아니하였지만 뒤에 올라갔다 하였으니,
만약 그렇다면 어찌 제 세 번째 스님[96]이 일어나지 아니한 몸은
이 법신의 자체라 한 것과 다르겠는가.
또 머무는 것으로써 일어나지 않는 것으로 해석하여 머무는 것이
자체가 두루하는 것이라고 말한다면 어찌 보리수 아래에 홀로 머묾
을 얻으며
하늘에 올라간들 어찌 자체가 두루하지 아니함을 얻으며

---

94 이것이란, 각수를 떠나지 않고 수미산에 오르는 것(不離覺樹 昇須彌)이다.
95 원문에 즉주卽住란, 아래 문장을 보면 住卽이라 함이 좋다.
96 원문에 제삼사第三師는 영인본 화엄 5책, p.437, 3행이다.

보리수 아래에 있은들 어찌 작용치 않겠는가.

鈔

有云호대 此佛神通者는 三에 別序第五師니 卽刊定記主가 以體遍爲
不動하고 以用應而爲升이라 若爾인댄 何殊第三師의 不起是法等者
는 卽第二에 辨違也라 此有二破하니 一은 指同前義破니 前義不立일
새 此義自破라 二에 又以住下는 直就所立破니 唯住覺樹인댄 非有體
遍이요 遍於去處인댄 何得去非體遍이리요 然이나 覺樹亦用거늘 獨言
是體라하고 升天有體어늘 但言是用이라할새 故有所違어니와 非責本
立한 同體業用이니라 故下正義도 亦是卽體業用이니라

어떤 사람이 말하기를 이것은 부처님의 신통이라고 한 것은 세
번째 제 다섯 번째 스님을 따로 서술한 것이니,
곧 『간정기』 주인이 자체가 두루한 것으로써 움직이지 아니함을
삼고 작용이 응함으로써 올라감을 삼은 것이다.

만약 그렇다면 어찌 제 세 번째 스님이 일어나지 아니한 몸은 이
법신의 자체라 한 것과 다르겠는가 한 등은 제 두 번째 어기는
것을 분별한 것이다.
여기에 두 가지 깨뜨림이 있나니
첫 번째는 앞에 제삼사第三師의 뜻과 같다고 가리키는 것[97]을 깨뜨린

_____

97 원문에 지동전의파指同前義破라고 한 것은 『간정기刊定記』의 주인主人이 제삼

것이니,

앞에 제삼사의 뜻이 성립되지 않기에 여기에 『간정기』의 뜻도 자연히 깨뜨려지는 것이다.

두 번째 또 머무는 것이라고 한 아래는 바로 『간정기』 주主가 성립한 바에 나아가 깨뜨린 것이니,

오직 각수覺樹에만 머물러 있다고 한다면 자체가 두루한 것이 아니요 간 곳98에 두루하다고 한다면 어찌 간 곳에 자체가 두루하지 않다고 함을 얻겠는가.

그러나 각수99에도 또한 작용이 있거늘 유독 자체라고만 말하고, 천상에 올라가는100 것도 자체가 있거늘 다만 작용이라고만 말하기에 그런 까닭으로 어기는 바가 있거니와 본래 성립한 자체와 같은 업용을 꾸짖은 것은 아니다.

그런 까닭으로 아래에 나타낸 정의도 역시 자체에 즉한 업용이다.

疏

今顯正義리라 然이나 佛得菩提하야 智無不周하며 體無不在니 無

사第三師의 뜻과 같다고 말한 것을 부정하는(깨뜨리는) 것이다.

98 원문에 거처去處는 승천昇天을 말한다.

99 각수는 자체이다.

100 천상에 오른 것은 작용이다. 원공苑公은 각수에 있는 것은 자체가 두루한 것이고 천궁에 있는 것은 작용이 두루한 것이다 하고, 청량스님은 각수에 있고 천상에 오른 것이 다 자체와 작용에 통하는 것이니 자체에 즉한 작용이고 작용에 즉한 자체로 본 것이다.

依無住하며 無去無來하니라 然以自在即體之應으로 應隨體遍이
나 緣感前後에 有住有升하나니 閻浮有感인댄 見在道樹하고 天宮
有感인댄 見升天上하나니라 非移覺樹之佛이 而升天宮일새 故云
不離覺樹하고 而升釋殿이라하니라 法慧偈云호대 佛子汝應觀如
來自在力하라 一切閻浮提에 皆言佛在中이라하니 此不離也요 我
等今見佛이 住於須彌頂이라하니 此而升也니 文理有據니라 更以
喩顯하리라 譬猶朗月이 流影遍應에 且澄江一月을 三舟共觀하다
가 一舟停住하고 二舟南北에 南者는 見月千里隨南하고 北者는
見月千里隨北하고 停舟之者는 見月不移하나니 是爲此月이 不離
中流하고 而往南北이라 設百千共觀하다가 八方各去라도 則百千
月이 各隨其去하나니 諸有識者는 曉斯旨焉이리라

지금에 정의[101]를 나타내겠다.
그러나 부처님이 보리를 얻어 지혜가 두루하지 아니함이 없으며
자체가 있지 아니함이 없지만 의지함도 없고 머무름도 없으며,
감도 없고 옴도 없다.
그러나 자재하게 자체에 즉한 응함[102]으로써 응함이 자체를 따라
두루하지만 인연이 앞뒤를 감동케 함에 머무름도 있고 올라감도
있나니,
염부제에서 감동케 함이 있으면 각수에 있음을 보고, 천궁에서

---

101 정의正義란, 청량스님의 뜻을 말함이다.
102 응함이란, 작용作用이다.

감동케 함이 있으면 천상에 올라감을 보는 것이다.

각수를 옮기지 아니한 부처님이 천궁에 올라갔기에 그런 까닭으로 말하기를 각수를 떠나지 않고 제석궁전에 올라갔다 하였다.

법혜보살 게송에 말하기를

불자야, 그대는 응당

여래의 자재한 힘을 관찰하라.

일체 염부제에서

다 말하기를 부처님이 그 가운데 계신다 하였으니

이것은 떠나지 않았다는 것이요,

우리 등이 지금 부처님이

수미 정상에 머무름을 본다 하였으니

이것은 올라갔다는 것이니 이 문장의 이치가 증거할 것이 있다 하겠다.

다시 비유로써 나타내겠다.

비유하자면 밝은 달이 그림자를 유출하여 두루 응함에[103] 맑은 강의 한 달을 세 배의 사람이 함께 보다가, 한 배의 사람은 머물러 있고 두 배의 사람은 남쪽과 북쪽으로 감에 남쪽으로 가는 사람은 달이 천리 남쪽으로 따라옴을 보고,

북쪽으로 가는 사람은 달이 천리 북쪽으로 따라옴을 보고,

머물러 있는 배에 사람은 달이 옮기지 않고 있음을 보는 것과 같나니,

---

103 저증且澄의 且 자는 어조사 저이다.

이것은 이 달이 강의 중앙(中流)을 떠나지 않고 남북으로 간 것이다. 설사 백천 사람이 함께 보다가 팔방으로 각각 갈지라도 곧 백천 달이 각각 그 사람들을 따라가나니,

모든 유식한 사람들은 이 뜻을 환히 알 것이다.

疏

古德釋此호대 略有十義하니 一은 約處相入門이니 以一處中에 有一切處故라 是故로 此天宮等이 本在樹下일새 故不須起나 然是用彼일새 故說升也니라 二는 亦約相入門이니 以一處에 入一切處故로 樹遍天中일새 亦不須起나 欲用天宮하야 表法升進일새 故云升也니라 三은 由一切卽一일새 故天在樹下니라 四는 由一卽一切일새 樹在天上이니 不起等은 準前이라 五는 約佛身이니 謂此樹下身이 卽滿法界하야 遍一切處인댄 則本來在彼일새 不待起也나 機熟令見일새 故云升也니 是故如來가 以法界身으로 常在此가 卽是在彼니라 六은 約佛自在不思議解脫이니 謂坐卽是行住等이며 在此卽在彼니 皆非下位의 測量故也니라 七은 約緣起相由門이요 八은 約法性融通門이요 九는 約表示顯法門이요 十은 約成法界大會門이라하니라 然此十解에 前五玄門이요 次四所以요 後一總意니 欲成十義하야 相參而立이라 雖似雜亂이나 不違經宗일새 並可用也니라

고덕이 이 뜻[104]을 해석하되 간략하게 열 가지 뜻이[105] 있나니

첫 번째는 처소에 서로 들어가는 문을 잡은 것이니,

한 처소 가운데 일체 처소가 있는 까닭이다.

이런 까닭으로 이 천궁 등이 본래부터 각수 아래에 있었기에 그런 까닭으로 각수에서 일어남을 구할 것이 없지만, 그러나 저 천궁에 작용[106]하기에 그런 까닭으로 올라간다고 말한 것이다.

두 번째는 또한 서로 들어가는 문을 잡은 것이니,

한 처소에서 일체 처소에 들어가는 까닭으로 각수에서 천궁 가운데 두루하였기에 또한 일어남을 구할 것이 없지만, 천궁에 작용하여 법의 승진升進을 표하고자 하기에 그런 까닭으로 올라간다고 말한 것이다.

세 번째는 일체가 곧 하나임을 인유하기에 그런 까닭으로 천궁이 각수 아래에 있는 것이다.

네 번째는 하나가 곧 일체임을 인유하기에 각수가 천상에 있는 것이니,

일어남을 구할 것이 없다고 한 등은 앞에 말한 것을 기준할 것이다.

다섯 번째는 부처님의 몸을 잡은 것이니,

말하자면 이 각수 아래에 몸이 곧 법계에 충만하여 일체 처소에 두루하다면 곧 본래부터 저 천궁에 있었기에 일어남을 기다릴 것이 없지만 근기가 성숙됨에 하여금 보게 하기에 그런 까닭으로 올라간

---

104 이 뜻이란, 각수를 떠나지 않고 천궁에 오르는 것(不離覺樹 昇天宮)이다.

105 열 가지 뜻이라고 운운한 것은 지금에 뜻은 열 가지 뜻 가운데 제 다섯 번째 뜻으로 더불어 같다 하겠다. 역시 『잡화기』의 말이다.

106 여기서 작용作用은 영향을 미친다는 것이다.

다고 말한 것이니,

이런 까닭으로 여래가 법계의 몸으로써 항상 여기에 있는 것이
곧 저기에 있는 것이다.

여섯 번째는 부처님의 자재하심이 불가사의한 해탈임을 잡은 것
이니,

말하자면 앉아 있는 것이 곧 가고 머무는 등이며 여기에 있는 것이
곧 저기에 있는 것이니 다 하위下位가 측량할 것이 아닌 까닭이다.

일곱 번째는 연기가 서로 인유하는 문을 잡은 것이요

여덟 번째는 법성이 원통한 문을 잡은 것이요

아홉 번째는 표시하여 법을 나타내는 문을 잡은 것이요

열 번째는 법계의 대회를 이루는 문을 잡은 것이다 하였다.

그러나 이 열 가지 해석에 앞에 다섯 가지는 현문玄門이요[107]

다음에 네 가지는 까닭이요

뒤에 한 가지는 전체의 뜻이니,

열 가지 뜻을 이루고자 하여 서로 섞어 성립한 것이다.[108]

비록 섞이어 혼란한 것 같지만 경의 종취를 어기지 않기에 아울러
가히 인용하였을 뿐이다.

---

107 앞에 다섯 가지는 현문玄門이라고 한 것은 첫 번째와 두 번째는 상입문相入門이
고 세 번째와 네 번째와 다섯 번째는 상즉문相卽門이다. 역시 『잡화기』의
말이다.

108 서로 섞어 성립했다고 한 것은 앞에 네 가지 뜻을 가리킨 것이니, 하나로써
많은 것을 바라보고 많은 것으로써 하나를 바라보는 까닭이다. 역시 『잡화
기』의 말이다.

鈔

然此十解下는 文含二意니 初即聰明이라

그러나 이 열 가지 해석이라고 한 아래는 문장이 두 가지 뜻을
포함하였나니 처음에는 곧 한꺼번에 밝힌 것이다.

疏

然이나 此中相望인댄 有四對法하야 相即無礙하나니 一은 此處彼
處요 二는 此身彼身이요 三은 若去若住요 四는 若一若多라 約處인
댄 此處彼處가 相即無礙하나니 應如十中前四하며 約身인댄 相即
無礙하나니 應如五六과 及前正顯하니라 又十中後四는 通於身處
니 約處인댄 唯有此彼하며 約身인댄 更加去住하나니 謂此身即是
彼身이요 去身即是住身이라 若身若處가 俱通一多일새 上來諸法
이 同在一時하야 無前後也니라 一多相望에 應成四句니 一은 不離
一切樹下하고 升一天宮이니 即如今文이요 二는 不離一樹하고 升
一切天이요 三은 不離一切樹하고 而升一切天이니 經云호대 十方
世界가 悉如是故요 四는 不離一樹下하고 而升一天이라 經中에
欲顯一多相即일새 故擧初句니 升釋天旣爾인댄 升餘天亦然하며
如後二會에 升天旣爾인댄 往餘處亦然하니라 復應樹樹相望에 而
成二句니 謂不離一樹下하고 常在一切樹하며 不離一切樹하고 而
常在一樹니라 復應以不起餘處로 類不起樹下하야 展轉相望에

皆悉周遍이나 不壞前後하고 自在難思니라 又旣一處에 有一切處
인댄 亦有微細義요 所用不同인댄 有隱顯義요 若加前時後時인댄
有十世義요 唯見說住와 及於餘法인댄 有純雜義요 後後帶於前
前인댄 有帝網義요 此天望餘인댄 成主伴義니 十玄具矣니라

그러나 이 가운데 서로 바라본다면 네 가지 상대하는 법이 있어서
서로 즉하여 걸림이 없나니
첫 번째는 이곳과 저곳이 걸림이 없는 것이요
두 번째는 이 몸과 저 몸이 걸림이 없는 것이요
세 번째는 가고 머무는 것이 걸림이 없는 것이요
네 번째는 하나와 많은 것이 걸림이 없는 것이다.

처소를 잡는다면 이곳과 저곳이 서로 즉하여 걸림이 없나니
응당 열 가지 해석 가운데 앞에 네 가지만 같으며
몸을 잡는다면 서로 즉하여 걸림이 없나니
응당 다섯 번째와 여섯 번째와 그리고 앞에 바로 나타낸[109] 것과
같다.
또 열 가지 해석 가운데 뒤에 네 가지는 몸과 처소에 두루한 것이니
처소를 잡는다면 오직 이곳과 저곳만 있으며
몸을 잡는다면 다시 가고 머무름을 더하나니,
말하자면 이 몸이 곧 저 몸이요 가는 몸이 곧 머무는 몸이다. 몸과

---

109 원문에 전정현前正顯이란, 영인본 화엄 5책, p.443, 3행에 금현정의今顯正義라
한 것이다.

처소가 함께 일一·다多에 통하기에 상래에 모든 법이 일시에 같이 있어서 앞뒤가 없는 것이다.

일과 다가 서로 바라봄에[110] 응당 네 구절을 이루나니[111]

첫 번째는 일체 각수를 떠나지 않고 한 천궁[112]에 올라가는 것이니 곧 지금의 경문과 같은 것이요

두 번째는 한 각수를 떠나지 않고 일체 천상에 올라가는 것이요

세 번째는 일체 각수를 떠나지 않고 일체 천상에 올라가는 것이니 경에 말하기를 시방세계가 다 이와 같은 까닭이다 한 것이요

네 번째는 한 각수를 떠나지 않고 한 천궁에 올라가는 것이다.

경 가운데는 일·다가 서로 즉함을 나타내고자 하였기에 그런 까닭으로 처음 구절을 거론한 것이니,

제석천궁에 올라간 것이 이미 그렇다면 나머지 천궁에 올라가는 것도 또한 그러하며,

저 뒤의 이회二會에서 하늘에 올라가는 것이 이미 그렇다면 나머지 처소에 가는 것도 또한 그러한 것이다.

---

110 일과 다가 서로 바라본다고 운운한 것은 이 가운데 다만 제사대만 잡아 구절의 수를 헤아려 가린 것은 앞에 삼대가 이 제사대를 벗어나지 않는 까닭이다. 또 네 구절이 다만 처소만 잡은 것은 두루할 곳이 이미 그렇다면 능히 두루하는 것은 거연히 가히 알아볼 수 있는 까닭이다. 역시 『잡화기』의 말이다.

111 원문에 일다상망一多相望에 응성사구應成四句는 영인본 화엄 1책, p.73에 出하였다.

112 한 천궁(一天宮)이란, 제석궁이다.

다시 응당 각수·각수가 서로 바라봄에 두 구절을 이루나니,
말하자면 한 각수 아래를 떠나지 않고 항상 일체 각수에 있으며
일체 각수를 떠나지 않고 항상 한 각수 아래에 있는 것이다.

다시 응당 나머지 처소에서 일어나지 않는 것으로써 각수 아래서
일어나지 아니함에 비류하여 전전히 서로 바라봄에 다 두루하지만
앞과 뒤를 무너뜨리지 않고 자재한 것이 사의하기 어려운 것이다.

또 이미 한 처소[113] 가운데 일체 처소가 있다고 하였다면 또한 미세의
뜻이 있는 것이요
작용하는 바가[114] 같지 않다고 하였다면 은현의 뜻이 있는 것이요
만약 전시前時와 후시後時를 더한다면 십세의 뜻이 있는 것이요
오직 머무름과[115] 그리고 나머지 법을 설하는 것만 본다면 순잡의
뜻이 있는 것이요
후후가 전전을 대동한다면 제망의 뜻이 있는 것이요

---

113 또 이미 한 처소 운운은, 영인본 화엄 3책, p.444, 3행이다.
114 작용하는 바가 운운한 것은 하늘이 작용한 즉 하늘이 나타나고 나무가
   숨고, 나무가 작용한 즉 나무가 나타나고 하늘이 숨는 것이다. 역시 『잡화
   기』의 말이다.
115 오직 머무름과 운운은 머무름을 설한다고 한 것은 순純의 뜻이고 나머지
   법을 설한다고 한 것은 잡雜의 뜻이다. 나머지 법이라고 한 것은 곧 신信
   등의 법이니 모든 회가 다 동시인 까닭이다. 그러나 이 가운데 십현문이
   지상(지엄)스님과 현수스님 양가兩家의 뜻을 섞어 인용한 것이니 가히 알
   수가 있을 것이다. 역시 『잡화기』의 말이다.

이 하늘이 나머지 하늘을 바라본다면 주·반의 뜻을 이루는 것이니 십현문이 갖추어졌다 하겠다.

鈔

然此中下는 正明義類라 經中欲顯等者는 顯經中不盡之由니 若云不離一樹하고 而升一天인댄 難思之相不顯이요 若言不起一樹하고 而升一切忉利天者인댄 則不能顯本會圓遍이요 若言不離一切樹하고 而升一切天인댄 則無一多無礙之相이리니 故唯出初句니라 下法慧例云호대 十方悉亦然이라하야 方有升一切句하니 卽俱多句니라 又旣一處下는 例釋十玄이니 以古德玄文이 與意相參하야 但有四玄하니 前五但二요 九爲託事요 十爲同時라 故今加六하면 十玄具矣니라

그러나 이 가운데라고 한 아래는 바로 뜻의 유형을 밝힌 것이다. 경 가운데 일다가 서로 즉함을 나타내고자 하였다고 한 등은 경전 가운데 다하지 않는 이유를 나타낸 것이니,
만약 말하기를 한 각수를 떠나지 않고 한 하늘에 올라갔다고[116] 한다면 사의하기 어려운 모습을 나타낼 수 없을 것이요
만약 말하기를 한 각수에서[117] 일어나지[118] 않고 일체 도리천에 올라갔

---

116 원문에 불리일수不離一樹하고 이승일천而升一天이란, 소문疏文 응성應成 사구四句 가운데 제사구第四句이다.

117 한 각수 운운은, 사구四句 가운데 제이구第二句이다.

다고 한다면 곧 능히 본회의 원만하게 두루함을 나타낼 수 없을
것이요

만약 일체 각수를[119] 떠나지 않고 일체 하늘에 올라갔다고 한다면
곧 일·다가 걸림이 없는 모습이 없을 것이니,

그런 까닭으로 오직 처음 구절만을 설출한[120] 것이다.

아래에 법혜보살이 예를 들어 말하기를 시방에도 다 또한 그러하다
고 하여 바야흐로 일체 하늘에 오른다는 구절이 있나니

곧 구다(俱多句)[121]의 구절이다.

또 이미 한 처소 가운데 일체 처소가 있다고 하였다면이라고 한
아래는 예를 들어 십현문을 해석한 것이니,

고덕의 십현문이 뜻으로 더불어 서로 섞이어 다만 사현문만 있나니
앞에 다섯 가지 뜻[122]은 다만 이현문二玄門[123]뿐이요

아홉 번째 뜻은 탁사현법생해문[124]이 되는 것이요

---

118 기起는 리離 자가 좋다.

119 일체 각수 운운은, 사구四句 가운데 제삼구第三句이다.

120 원문에 유출초구唯出初句란, 일다一多가 상즉相卽함을 나타낸 것이니, 곧
사구四句 가운데 제일구第一句의 불리일체수不離一切樹하고 승일천궁昇一天
宮이다.

121 구다구俱多句는 일구一句, 다구多句, 구다구俱多句(俱句)를 말한다. 혹자或者는
俱 자를 具라 하였으니, 다구多句를 구족具足했다는 말이니 의심해 볼 일이다.

122 앞에 다섯 가지 뜻이란, 고덕십의古德十義 가운데 앞에 다섯 가지(前五)이다.

123 이현문二玄門은 일다상용부동문一多相容不同門과 광협자재무애문廣狹自在無
礙門이다.

124 아홉 번째 뜻은 탁사현법생해문이라고 한 것은 앞의 총명 가운데서는 원인에

열 번째 뜻은 동시구족상응문이 되는 것이다.
그런 까닭으로 지금에 육현문[125]을 더하면 십현문이 갖추어지는
것이다.

疏

問이라 帶前起後에 事理應齊어늘 何故三賢에 獨有斯旨고 答이라
顯異義故니 謂初二會는 相隣接故로 不假帶前거니와 此三은 人天
隔越일새 故須連帶하며 又此三會는 同詮賢位니라 六已入證일새
不假帶前하며 第七은 卽位中普賢일새 居然不假하며 第八은 頓彰
五位하야 體用已融하며 第九는 唯明證入하야 體用一味일새 故로
並皆不假니라

묻겠다.
앞의 회를 연대하여 뒤의 회를 일으킴에 사실과 진리가 응당 가지런
해야 하거늘 무슨 까닭으로 삼현에만 유독 이 뜻이 있는가.
답하겠다.
다른 뜻을 나타낸 까닭이니
말하자면 처음에 두 회는 서로 인접한 까닭으로 앞의 회에 연대함을
가자하지 않거니와, 여기부터 삼회[126]는 사람과 하늘의 간격을 뛰어

배속하고 이 가운데서는 과보에 배속하니, 그 뜻이 방소가 없음을 나타내는
까닭이다. 역시 『잡화기』의 말이다.
125 육현문六玄門은 미세, 은현, 십세, 순잡, 제망, 주반문이다.

넘었기에 그런 까닭으로 연대함을 수구하며, 또 여기부터 삼회는 다 삼현위를 설명한 것이다.

제육회[127]는 이미[128] 증위(證地)에 들어갔기에 앞의 회에 연대함을 가자하지 아니하며

제칠회[129]는 곧 지위 가운데 보현의 지위이기에 거연히 가자하지 아니하며

제팔회[130]는 문득 오위를 밝혀 자체와 작용이 이미 원융하며

제구회[131]는 오직 증입證入만을 밝혀 자체와 작용이 한맛이기에 그런 까닭으로 아울러 다[132] 가자하지 않는다.

---

126 여기부터 삼회 운운은 삼회三會와 사회四會와 오회五會는 천상설법天上說法이다.

127 제육회第六會는 명증지明證地이다.

128 제육회는 이미 운운한 것은 육회 이후는 지위가 증승하고 지혜가 증승한 까닭으로 비록 앞의 회를 연대하지 아니하여도 거연히 가히 알 수 있는 까닭이다. 역시 『잡화기』의 말이다.

129 제칠회第七會는 등묘이각等妙二覺을 밝히되 칠회말七會末 출현품出現品 직전에 보현행품普賢行品을 설하여 보현행 위를 밝혔다.

130 제팔회第八會는 이세간離世間 일품一品이니 初는 明五位因이요 後는 明八果相이라. 즉 처음에는 오위五位의 원인을 밝히고 뒤에는 팔과八果의 모습을 밝힌 것이다.

131 제구회第九會는 증입법계를 밝힌 것이니, 증입인과證入因果이다.

132 아울러 다라고 한 것은 제팔회第八會와 제구회第九會를 말함이다.

經

時天帝釋이 在妙勝殿前이라가 遙見佛來하고

그때에 천제석왕이 묘승전 앞에 있다가 멀리서 부처님이 오시는
것을 보고

疏

第三에 時天帝下는 明各見佛來니 約佛인댄 則用從體起요 約機인
댄 境從心現이니 隣而未卽일새 故云遙見이라하니라

제 세 번째 그때에 천제석왕이라고 한 아래는 각각 부처님이 오시는
것을 본 것을 밝힌 것이니
부처님을 잡아 말한다면 곧 작용이 자체를 좇아 일어난 것이요
근기를 잡아 말한다면 곧 경계가 마음을 좇아 나타난 것이니,
가까이 있지만 아직 즉하지 아니하였기에 그런 까닭으로 말하기를
멀리서 본다 하였다.

經

即以神力으로 莊嚴此殿하야 置普光明藏師子之座하니 其座悉
以妙寶所成이며 十千層級으로 迥極莊嚴하며 十千金網으로 彌
覆其上하며 十千種帳과 十千種蓋로 周迴間列하며 十千繒綺로
以爲垂帶하며 十千珠瓔으로 周遍交絡하며 十千衣服으로 敷布
座上하며 十千天子와 十千梵王이 前後圍遶하며 十千光明이 而
爲照耀하니라

곧 신통력으로써 이 궁전을 장엄하여 넓은 광명장사자의 자리를
안치하니
그 자리가 다 묘한 보배로 이루어진 바이며
십천[133] 개의 층계로 높이까지 극진하게 장엄하였으며
십천 가지 황금 그물로 그 위를 가득히 덮었으며
십천 가지 휘장과 십천 가지 일산으로 두루 돌려 사이마다 나열하였
으며
십천 가지 비단으로 띠를 내렸으며
십천 가지 진주 영락으로 두루 서로 이었으며
십천 가지 의복으로 사자의 자리 위에 폈으며
십천의 천자와 십천의 범천왕이 앞뒤로 에워쌌으며
십천 가지 광명이 비추었습니다.

---

133 십천十千은 곧 일만一萬이다.

疏

第四에 卽以下는 各嚴殿座니 表嚴根欲之殿하야 爲法器故니라
置師子座는 表十住之法門故니라 文有十句하니 初總餘別이라 總
云普光明藏者는 此是解位니 智照法空하야 含衆德故요 從信始
入일새 故有置言이라 別中에 初句約體요 餘並顯嚴이라 皆云十千
者는 萬行因感故요 言層級者는 萬行熏成故라 金網防護하며 慈
悲帳蓋로 以育以覆하며 四攝繪綺로 以爲周垂하며 圓融行願으로
交絡萬善하며 柔忍慚愧로 以覆法空하며 第一義天과 淸淨梵行으
로 繞斯法體하며 一一智照일새 故曰光明이라하니 於生死中에 遣
長夜闇이라 擧斯果德은 令物行因이니 下行向中에도 約位漸增이
니 表法無異니라

제 네 번째 곧 신통력으로써 이 궁전을 장엄하였다고 한 아래는
각각 궁전과 사자의 자리를 장엄한 것이니
근욕根欲의 궁전을 장엄하여 법기가 됨을 표한 까닭이다.
사자의 자리를 안치했다고 한 것은 십주의 법문을 표한 까닭이다.

경문에 열 구절이 있나니
처음 구절은 한꺼번에 표한 것이요
나머지 구절은 따로 나타낸 것이다
한꺼번에 표한 가운데 말하기를 넓은 광명장이라고 말한 것은 이것
은 해위解位이니 지혜로 법이 공함을 비추어 수많은 공덕을 함섭하는

까닭이요

십신으로 좇아 처음 들어가기에 그런 까닭으로 안치한다는 말이
있는 것이다.

따로 나타낸 가운데 처음 구절[134]은 자체를 잡아 말한 것이요
나머지 구절[135]은 모두 장엄을 나타낸 것이다.

다 말하기를[136] 십천이라고[137] 한 것은 만행의 원인으로 감득하는
까닭이요

층계라고 말한 것[138]은 만행의 훈습으로 이루는[139] 까닭이다.

황금 그물로 막아 보호하며,[140]

자비의 휘장과 덮개로 기르고 덮으며,

사섭[141]의 비단으로 두루 내리며,

---

134 원문에 별중초구別中初句는 제이구第二句이다.

135 원문에 여餘란 제삼구第三句로부터 제십구第十句까지 총 여섯 구(六句)이다.

136 개운皆云 등 열 글자(十字)는 소본에는 곧 네 줄 뒤 인因 자와 하下 자 사이에
있다. 이상은 『잡화기』의 말이다. 표시한다면 영인본 화엄 5책, p.450,
5행 행인行因이라는 말 아래에 있어야 한다는 것이다.

137 원문에 개운십천皆云十千 운운은 제삼구第三句의 해석이다.

138 원문에 언층급자言層級者는 제삼구第三句 중의 말이다. 이 아래(此下)에 모두
여덟 구(八句)가 있다.

139 만행의 훈습으로 이룬다고 한 것은 만행은 십천을 가리키는 것이고, 훈습하여
이룬다고 한 것은 훈습이 점점 층계가 있는 까닭이다. 역시 『잡화기』의
말이다.

140 막아 보호한다고 한 것은 곧 계율이다. 역시 『잡화기』의 말이다.

141 황금은 제사구第四句요, 자비는 제오구第五句요, 사섭四攝은 제육구第六句

원융圓融[142]의 행원으로 만 가지 선행을 서로 이으며

유인柔忍[143]의 부끄러움으로 법이 공한 세계를 덮으며,

제일의천[144]과 청정한 범행[145]으로 이 법체를 에워싸며,

낱낱 지혜가 비추기에[146] 그런 까닭으로 말하기를 광명이라 한 것이니
생사 가운데 긴 밤의 어둠을 보내는 것이다.

이 과덕을 거론한 것은 중생으로 하여금 원인을 행하게 하는 것이니
아래 십행과 십회향 가운데도 지위가 점점 증익함을 잡았지만 법을
표한 것은 다름이 없다.

이다.

142 원융圓融은 제칠구第七句이다.

143 유인柔忍은 제팔구第八句이니, 유인은 온유한 인욕이다.

144 제일의천第一義天은 십천자十天子이다.

145 청정淸淨한 범행梵行은 십천범행十千梵行이다.

146 제일의천第一義天은 제구구第九句이고, 일일지조一一智照는 제십구第十句
　　이다.

經

爾時帝釋이 奉爲如來하야 敷置座已하고 曲躬合掌하고 恭敬向
佛하야 而作是言호대 善來世尊이시여 善來善逝시여 善來如來應
正等覺이시여 唯願哀愍하사 處此宮殿하소서

그때에 제석천왕이 여래를 받들어 펼쳐진 자리에 안치하여 마치고
몸을 굽혀 합장하고 공경히 부처님을 향하여 이와 같은 말을 하되
잘 오셨습니다. 세존이시여,
잘 오셨습니다. 선서시여,
잘 오셨습니다. 여래 응공 정등각이시여,
오직 원컨대 어여삐 여기사 이 궁전에 거처하옵소서.

疏

第五에 爾時帝釋下는 請佛居殿이라 於中에 三業崇敬으로 以爲請
儀니 言善來者는 應機來故며 不來相而來故며 帶法界會來故며
三稱善者는 喜之至故요 擧三號者는 略歎德故요 願哀處者는 希
仗勝田하야 生大福故라

제 다섯 번째 그때에 제석천왕이라고 한 아래는 부처님을 청하여
이 궁전에 거처하게 한 것이다.
그 가운데 삼업으로 숭고하게 공경하는 것으로 청하는 의식을 삼은
것이니

잘 오셨다고 말한 것은 근기에 응하여 오신 까닭이며

오는 모습이 없이 오신 까닭이며

법계회를 연대하여 오신 까닭이다.

세 번 잘 오셨다고 부른 것은 기쁨의 지극인 까닭이요

세 번[147]만 이름[148]을 거론한 것은 간략하게 복덕을 찬탄한 것이요

원컨대 어여삐 여겨 거처하시라고 한 것은 수승한 복전을 희망하고

의지하여[149] 큰 복덕을 내게 하는 까닭이다.

---

[147] 三 자를 세 가지 이름이라고 해석하지만 여기에 세존, 선서, 여래, 응공, 정등각이라 하였으니 삼호三號가 아닌 오호五號라 해야 한다. 승도솔천궁품 昇兜率天宮品 소疏를 의지해도 오호五號라 해야 한다. 그러나 세 번만 이름을 거론한 것이라고 번역하면 허물은 없다. 곧 善來世尊, 善來善逝, 善來如來應 正等覺이라 세 번 하였다.

[148] 삼호三號라고 한 것은 『잡화기』에 말하기를 아래 치자권致字卷 31장 하下 소초에 다 오호五號라 말하였거늘, 지금에 삼호三號라고 말한 것은 응당 열고(오호) 합한 것(삼호)이 다름이 있을 뿐이다 하였다.

[149] 仗은 '기댈 장' 자이니, 의지한다는 뜻이다.

經

爾時世尊이 **卽受其請**하고 **入妙勝殿**하시니 **十方一切諸世界中**에도 **悉亦如是**하시니라

그때에 세존이 곧 그 청을 받고 묘승전에 들어가시니 시방에 일체 모든 세계 가운데서도 다 또한 이와 같이 들어가셨습니다.

疏

第六에 爾時下는 俱時入殿이니 謂根緣契合에 成益不虛니라 十方如是는 通上六段이니 入殿事訖일새 故此結通이라 下四段文은 殿中之事라

제 여섯 번째 그때에 세존이라고 한 아래는 갖추어진 때에 궁전에 들어가신 것이니,
말하자면 근기와 인연이 계합함에 이익을 이루는 것이 헛되지 않는 것이다.
시방세계에도 이와 같이 들어가셨다고 한 것은 위에 육단을 통석한 것이니,
궁전에 들어가시는 일을 마쳤기에 그런 까닭으로 여기에[150] 맺어서

---

150 一 자는 此 자의 잘못(誤)인 듯하다.

통석한 것이다.

아래에 사단의 경문은 궁전 가운데 사실이다.

經

爾時帝釋이 以佛神力으로 諸宮殿中에 所有樂音이 自然止息
하고

그때에 제석천왕이 부처님의 신통력으로 모든 궁전 가운데 있는
바 즐거운 음성이 자연히 그치고

疏

第七에 爾時下는 樂音止息이니 謂攝散歸靜하야 得定益故니라

제 일곱 번째 그때에 제석천왕이라고 한 아래는 즐거운 음성이
그치는 것이니,
말하자면 산란을 섭수하여 적정에 돌아가 삼매를 얻은 이익인 까닭
이다.

經

卽自憶念過去佛所에 種諸善根하야 而說頌言호대

곧 스스로 과거 부처님의 처소에서 모든 선근을 심은 것을 기억하고
생각하여 게송을 설하여 말하기를

疏

第八에 卽自下는 各念昔因에 獲智益也니 散緣旣止일새 勝德現
前하며 寂然無思일새 發宿住智니라 種善根者는 卽下十佛이 曾入
此殿에 聞法供養故며 亦表見自心性을 同昔佛故니라

제 여덟 번째 곧 스스로라고 한 아래는 각각 옛날 인행시에 지혜를
얻은 이익을 생각하는 것이니,
인연이 흩어져 이미 그쳤기에 수승한 복덕이 앞에 나타나며
고요하여 한 생각도 없기에 숙주지宿住智를 일으키는 것이다.
모든 선근을 심었다고 한 것은 곧 아래에 열 부처님이 일찍이 이
궁전에 들어가심에 법을 듣고 공양한 까닭이며,
또한 자기의 심성을 보기를 옛날에 부처님을 보는 것과 같이 하기를
표한 까닭이다.

經

迦葉如來具大悲하사 諸吉祥中最無上이러니
彼佛從來入此殿일새 是故此處最吉祥하니다

가섭 여래가 대비를 구족하여
모든 길상 가운데 최고로 더 이상 없더니
저 부처님이 좇아와 이 궁전에 들어가셨기에
이런 까닭으로 이곳이 최고로 길상합니다.

疏

九에 迦葉下는 同讚如來라 然이나 三世諸佛이 皆於此處에 說十
住法거늘 獨讚十者는 表說十住와 及無盡故니라 所以讚者는 義乃
有四하니 一은 十佛曾處인댄 則殿勝可居요 二는 互擧一德하야
例讚本師요 三은 敍昔善根으로 慶遇堪受요 四는 昔佛同說로 表
法常恒이니 文中에 先明此界요 後辨結通이라 今初十頌에 各上半
은 標名讚德이니 上句別이요 下句通이라 下半은 以人結處니 唯初
一句가 諸佛不同하니라 然佛別名은 多因德立이니 讚者取德하야
以釋上名이라 初迦葉者는 此云飮光이니 若從姓立인댄 示生彼族
이라 若就佛德인댄 一者는 身光이 蔽餘光故요 二者는 悲光이 蔽邪
光故라

제 아홉 번째 가섭여래라고 한 아래는 함께 여래를 찬탄한 것이다.
그러나 삼세에 모든 부처님이 다 이곳에서 십주법문을 설하였거늘
유독 열 부처님만 찬탄한 것은 십주와 그리고 끝이 없음을 설함을
표한 까닭이다.

찬탄하는 까닭은 뜻이 이에 네 가지가 있나니
첫 번째는 열 부처님이 일찍이 거처하였다면 곧 그 궁전이 수승하여
가히 거처할 만한 곳이요
두 번째는 서로 한 공덕을 들어 본사를 비례하여 찬탄한 것이요
세 번째는 옛날의 선근善根으로 만남을 경사하여 감수함을 서술한
것이요
네 번째는 옛날에 부처님이 다 같이 설한 곳으로 법이 항상함을
표한 것이니,
경문 가운데 먼저는 이 세계를 밝힌 것이요
뒤에는 맺어서 통석함을 분별한 것이다.
지금은 처음으로 열 게송에 각각 위에 반 게송은 이름을 표하고
공덕을 찬탄한[151] 것이니,
위에 구절은 부처님의 이름이 다른 것이요
아래 구절은 부처님의 이름을 통석한 것이다.
아래 반 게송은 사람으로써 처소를 맺는 것이니

---

151 원문에 상반표명찬덕上半標名讚德이라고 한 것은, 제일구第一句는 표명標名이
고, 제이구第二句는 찬덕讚德이다.

오직 처음에 한 구절[152]만 모든 부처님이 같지 않는 것이다.

그러나 부처님의 이름이 다른 것은 다분히 인덕因德으로 이름을 세운 것이니,

찬탄하는 사람이 그 부처님의 인덕을 취하여 위에 부처님의 이름을 통석한 것이다.

처음에 가섭이라고 한 것은 여기에서 말하면 음광이니,

만약 성姓을 좇아 이름을 세운다면[153] 저 음광의 종족에서 탄생하신 것을 시현한 것이다.

만약 불덕에 나아가서 이름을 세운다면 첫 번째는 몸에 광명이 여타의 광명을 음폐하는 까닭이요

두 번째는 자비의 광명이 삿된 광명을 음폐飮蔽[154]하는 까닭이다.

鈔

第九에 同讚如來者는 此中에 疏以別德으로 釋其別名이나 於中數佛은 當若疏家가 以文就義니 觀下二會인댄 義更昭然하리라

제 아홉 번째 함께 여래를 찬탄한 것이라고 한 것은 이 가운데는 소가疏家가 그 부처님의 공덕이 다름으로써 그 부처님의 이름이

---

152 初句는 가섭여래, 구나모니 등 열 부처님의 공덕을 따로 표하고 있다.

153 원문에 약종성립若從姓立이라고 한 것은, 가섭은 음광飮光이라는 뜻으로 번역한다. 그러나 가섭의 성姓이 음광飮光이기도 하다.

154 음폐飮蔽라고 한 음飮 자는 음광飮光이라 의도적으로 쓴 것이다. 아니면 飮은 연자衍字이고 보통 말하는 음폐陰蔽로 번역할 것이다.

다름[155]을 통석한 것이지만 그 가운데 여러 부처님은[156] 당연히 소가가 문장으로써 뜻에 나아간 것과 같나니,

아래에 두 회를 관찰한다면[157] 뜻이 다시 분명할 것이다.

---

155 원문에 별덕別德은 경문에 구대비具大悲요, 별명別名은 경문에 가섭여래迦葉 如來이다.

156 그 가운데 여러 부처님이라고 한 것은 곧 이 다음 아래에 두 부처님이니, 소가가 경문에 보는 것이 걸림이 없다고 한 문장을 이용한 까닭으로 그 뜻에 나아가 소문에 금적金寂이라는 말을 성립하고, 경문에 금산이라 한 문장으로써 그 뜻에 나아가 소문에 응당 끊을 바라는 말을 성립한 것이 다 이것이 문장으로써 뜻에 나아간 것이니, 소가가 필시 이와 같이 한 것은 요컨대 공덕으로써 이름을 해석한 것을 나타내려 한 까닭이다. 역시 『잡화기』의 말이다. 금적과 응당 끊을 바는 영인본 화엄 5책, p. 454, 1행과 5행이다.

157 아래 두 회를 관찰한다면이라고 운운한 것은 이미 아래 두 회도 또한 다 공덕으로써 이름을 해석하였다면, 곧 소주疏主가 문장으로써 뜻에 나아간 것이 비록 굽고 교묘한 것 같지만 그 뜻은 이에 밝다(분명) 하겠다. 역시 『잡화기』의 말이다.

経

拘那牟尼見無礙하사 諸吉祥中最無上이러니
彼佛曾來入此殿일새 是故此處最吉祥하니다

구나모니가 보는 것이 걸림이 없어서
모든 길상 가운데 최고로 더 이상 없더니
저 부처님이 일찍이 와 이 궁전에 들어가셨기에
이런 까닭으로 이곳이 최고로 길상합니다.

疏

拘那牟尼는 舊曰金仙이며 亦云金寂이라하니 寂故無礙요 金故明
見이라

구나모니[158]는 구역에 말하기를 금선이며 또 말하기를 금적金寂이라
하였으니,
고요한(寂) 까닭으로 걸림이 없고 황금인(金) 까닭으로 밝게 나타나
는 것이다.

---

158 구나모니는 바라문족으로 성姓은 가섭迦葉(飮光)이다.

經

迦羅鳩馱如金山하사 諸吉祥中最無上이러니
彼佛從來入此殿일새 是故此處最吉祥하니다

가라구타가 금산과 같아서
모든 길상 가운데 최고로 더 이상 없더니
저 부처님이 좇아와 이 궁전에 들어가셨기에
이런 까닭으로 이곳이 최고로 길상합니다.

疏

迦羅鳩馱者는 具云하면 迦羅鳩村馱며 此云하면 所應斷已斷이니
如金已淨하고 如山不動하니라 亦可見無礙者는 是此佛德이요 如
金山者는 是前佛德이라

가라구타라고 한 것은 갖추어 말하면 가라우촌타며 여기에서 말하면
응당 끊을 바를 이미 끊었다는 뜻이니,
마치 황금이 이미 청정한 것과 같고 산이 움직이지 않는 것과 같다.
또한 가히[159] 보는 것이 걸림이 없다고 한 것은 이것은 여기 부처님의
공덕이요[160]

---

159 또한 가히라고 한 등은 두 게송의 문장이 서로 바뀐 것 같다고 말하는
　　것이니, 이것은 이에 문장을 의지하여 해석한 것이다. 역시 『잡화기』의
　　말이다.

금산과 같다고 한 것은 이것은 앞에 부처님의 공덕이다.

---

160 원문에 차불덕此佛德 운운은, 앞(前)에 구나모니견무애拘那牟尼見無礙와 지금
여기(今此)에 가라구타여금산迦羅鳩馱如金山을 바꿔 해석하였다.

經

毘舍浮佛無三垢하사 諸吉祥中最無上이러니
彼佛從來入此殿일새 是故此處最吉祥하니다

비사부불이 세 가지 때가 없어서
모든 길상 가운데 최고로 더 이상 없더니
저 부처님이 좇아와 이 궁전에 들어가셨기에
이런 까닭으로 이곳이 최고로 길상합니다.

疏

毘舍浮者는 亦云毘濕婆部라하니 毘濕婆者는 此云遍一切也요
部者는 自在也라 亦云遍勝이니 無三垢故로 無不自在하야 而超勝
也라 三垢者는 現種及習이라

비사부라고 한 것은 또한 말하기를 비습바부라고도 하나니
비습바라고 한 것은 여기에서 말하면 일체에 두루하다는 것이요
부라고 한 것은 자재하다는 것이다.
또 말하기를 두루 수승하다는 것이니,
세 가지 때가 없는 까닭으로 자재하여 뛰어나 수승하지 아니함이
없다는 것이다.
세 가지 때라고 한 것은 현행과 종자와 그리고 습기이다.

經

尸棄如來離分別하사 諸吉祥中最無上이러니
彼佛從來入此殿일새 是故此處最吉祥하니다

시기여래가 분별을 떠나
모든 길상 가운데 최고로 더 이상 없더니
저 부처님이 좇아와 이 궁전에 오셨기에
이런 까닭으로 이곳이 최고로 길상합니다.

疏

尸棄는 亦云式棄那며 此云持髻은 亦云有髻니 無分別智가 最爲
尊上하야 處心頂也니라 又髻中明珠는 卽無分別也니라

시기라고 한 것은 또한 말하기를 식기나라고도 하며 여기에서 말하
면 정상의 육계를 가졌다는 것이고 또한 말하기를 정상에 육계가
있다는 것이니,
무분별 지혜가 최고로 높아 마음의 정상에 거처하고 있다는 것이다.
또 육계 가운데 밝은 구슬은 곧 무분별지혜의 밝은 구슬인 것이다.

經

毘婆尸佛如滿月하사 諸吉祥中最無上이러니
彼佛曾來入此殿일새 是故此處最吉祥하니다

비바시불이 둥근 달과 같아서
모든 길상 가운데 최고로 더 이상 없더니
저 부처님이 일찍이 와 이 궁전에 들어가셨기에
이런 까닭으로 이곳이 최고로 길상합니다.

疏

毘婆尸者는 此翻有四하니 謂淨觀과 勝觀과 勝見과 遍見이니 如月
圓智滿은 是遍見也요 魄盡惑亡은 是淨觀也요 旣圓且淨은 是勝
觀勝見也니라

비바시라고 한 것은 여기에서 번역하면 네 가지 뜻이 있나니,
말하자면 청정하게 관찰하는 것과 수승하게 관찰하는 것과 수승하게
보는 것과 두루 보는 것이니,
달이 원만한 것과 같이 지혜가 원만함을 보는 것은 이것은 두루
보는 것이요
넋이 다함과 같이 번뇌가 다함을 보는 것은 이것은 청정하게 보는
것이요
이미 원만하고 또한 청정하게[161] 보는 것은 이것은 수승하게 관찰하는

것이며 수승하게 보는 것이다.

---

161 원문에 기원旣圓은 여월원如月圓 운운이고, 차정且淨은 혼진魄盡 운운이다.

經

弗沙明達第一義하사 諸吉祥中最無上이러니
彼佛曾來入此殿일새 是故此處最吉祥하니다

불사불이 제일의를 밝게 통달하여
모든 길상 가운데 최고로 더 이상 없더니
저 부처님이 일찍이 와 이 궁전에 들어가셨기에
이런 까닭으로 이곳이 최고로 길상합니다.

疏

弗沙는 亦云勃沙며 此云增盛이니 明達勝義가 是增盛也라

불사라고 한 것은 또한 말하기를 발사라고도 하며 여기에서 말하면
더욱 많다는 것이니,
수승한 뜻을 밝게 통달한 것이 더욱 많다는 것이다.

經

提舍如來辯無礙하사 諸吉祥中最無上이러니
彼佛曾來入此殿일새 是故此處最吉祥하니다

제사여래가 변재가 걸림이 없어서
모든 길상 가운데 최고로 더 이상 없더니
저 부처님이 일찍이 와 이 궁전에 들어가셨기에
이런 까닭으로 이곳이 최고로 길상합니다.

疏

提舍는 亦云底沙니 西域訓字에 底는 邏那라하며 此云度也요 沙는
是嶓沙라하며 此云說也니 謂說法度人이라 或但云說이라하니 辯
才無礙者는 卽能說也니라

제사라고 한 것은 또한 말하기를 저사라고도 하나니,
서역의 훈자訓字에 저자底字는 라나邏那라고 하였으며 여기에서 말
하면 제도(度)한다는 것이요
사자沙字는 파사嶓沙라고 하였으며 여기에서 말하면 설한다(說)는
것이니,
말하자면 법을 설하여 사람을 제도한다는 것이다.
혹자는 다만 말하기를 설한다(說)고만 하였으니
변재가 걸림이 없는 사람은 곧 능히 설한다는 것이다.

經

波頭摩佛淨無垢하사 諸吉祥中最無上이러니
彼佛從來入此殿일새 是故此處最吉祥하니다

파두마불이 청정하여 때가 없어서
모든 길상 가운데 최고로 더 이상 없더니
저 부처님이 좇아와 이 궁전에 들어가셨기에
이런 까닭으로 이곳이 최고로 길상합니다.

疏

波頭摩者는 此云赤蓮華니 身心如蓮華하야 淨無塵垢니라

파두마라고 한 것은 여기에서 말하면[162] 붉은 연꽃이라는 것이니,
몸과 마음이 연꽃과 같아서 청정하여 번뇌의 때가 없다는 것이다.

---

162 운云 자 위에 차此 자가 있는 것이 좋아 넣어 번역하였다.

經

然燈如來大光明하사 諸吉祥中最無上이러니
彼佛從來入此殿일새 是故此處最吉祥하니다

연등여래가 큰 광명을 놓아
모든 길상 가운데 최고로 더 이상 없더니
저 부처님이 좇아와 이 궁전에 들어가셨기에
이런 까닭으로 이곳이 최고로 길상합니다.

疏

然燈者는 智論云호대 此佛이 從初現生으로 乃至成佛히 擧身常光
이 如然燈故라하며 身智光明이 普周稱大니라 然이나 十中後七은
乃過去劫佛이어늘 如何賢劫에 曾入殿耶아 古釋有二하니 一은 約
時劫이니 相卽入故요 二는 約其處니 有麁細故라 麁隨劫壞어니와
細者常存이니 如法華에 天人見燒나 我土不毁하며 又梵王見淨이
나 身子見穢하나니라 今此天帝는 是大菩薩일새 同梵王見하며 亦佛
加故니라

연등이라고 한 것은 『지도론』에 말하기를 이 부처님이 처음 생을
시현함으로부터 이에 성불함에 이르기까지 전신에 상광常光이 연등
과 같은 까닭이다 하였으며,
신·지의 광명이 널리 두루하기에 크다(大)고 이름한 것이다.

그러나 열 부처님[163] 가운데 뒤에 일곱 부처님은 이에 과거 세월에
부처님이거늘 어떻게 현재 세월에 일찍이 궁전에 들어가셨다고
하는가.

고덕의 해석에 두 가지가 있나니

첫 번째는 시간을 잡은 것이니 서로 즉입하는 까닭이요

두 번째는 그 처소를 잡은 것이니 거친 처소와 세밀한 처소가 있는
까닭이다.

거친 처소는 세월을 따라 무너지거니와 세밀한 처소는 항상 존재하
나니, 마치 『법화경』에 하늘과 인간은 타서 무너짐을 보지만 나의
국토는 훼손되지 아니함을 보며, 또 범천왕은[164] 정토로 보지만 신자
는 예토로 본다고 한 것과 같다.

지금에 천제석왕은 큰 보살이기에 범천왕이 보는 것과 같으며 또한
부처님이 가피한 까닭이다.

---

163 그러나 열 부처님 운운한 것은 궁전은 이 현재 세월 가운데 이루어진 바거늘,
　　이미 과거 세월에 부처님이 이 궁전에 들어가셨다 하기에 그런 까닭으로
　　이 의심이 있는 것이다. 역시 『잡화기』의 말이다.

164 원문에 우범왕又梵王 운운은 『유마경』의 말이다.

經

如此世界中에 忉利天王이 以如來神力故로 偈讚十佛의 所有功德하야 十方世界에 諸釋天王도 悉亦如是하야 讚佛功德하니라

이 세계 가운데 도리천왕[165]이 여래의 위신력을 이용한 까닭으로 게송으로 열 부처님이 소유한 공덕을 찬탄한 것과 같아서, 시방세계에 모든 제석천왕도 또한 이와 같이 부처님의 공덕을 찬탄하였습니다.

疏

二에 如此下는 結通十方이라

두 번째 이 세계 가운데라고 한 아래는 시방세계를 맺어서 통석한 것이다.

---

165 도리천왕은 제석천왕이다.

經

爾時世尊이 入妙勝殿하사 結跏趺坐하시니 此殿忽然히 廣博寬
容하야 如其天衆의 諸所住處하야 十方世界도 悉亦如是하니라

그때에 세존이 묘승전에 들어가 결가부좌하시니
이 궁전이 홀연히 넓어지고 너그러워져 그 하늘 대중이 모두 머무는
바 처소와 같아서 시방세계에서도 다 또한 이와 같았습니다.

疏

第十에 爾時世尊下는 殿皆廣博이니 卽示如意相이라 廣殿同處는
以遣局情이며 亦表廓大慈悲가 等衆生界이라 又如來入殿은 卽
覺智現前이요 忽然廣博은 則身心無際라 十方已下는 通結無盡
호대 唯結後四니 前六已結故니라

제 열 번째 그때 세존이라고 한 아래는 궁전이 다 넓어졌다는 것이니
곧 여의如意의 모습을 보인 것이다.
궁전을 넓혀 하늘 대중의 처소와 같게 한 것은 국한된 망정을 보내는
것이며,
또한 넓고 큰 자비가 중생의 세계와 같음을 표한 것이다.
또 여래가 궁전에 들어가신 것은 곧 깨달음의 지혜가 앞에 나타남을
표한 것이요
홀연히 넓어졌다고 한 것은 곧 몸과 마음이 끝이 없음을 표한 것이다.

시방세계라고 한 아래는 끝이 없음을 모두 맺되 오직 뒤에 네 가지만 맺었을 뿐[166]이니,

앞에 여섯 가지[167]는 이미 맺은 까닭이다.

---

166 오직 뒤에 네 가지만 맺었을 뿐이라고 한 것은 이것은 오히려 모두 거론한 것이니, 제 아홉 번째는 이미 맺은 까닭으로 전前 자와 이已 자 사이에 소본에는 육六이라는 글자가 있다. 역시 『잡화기』의 말이다.

167 前 자 아래에 六 자가 있어야 한다. 영인본 화엄 5책, p.451, 7행에 시방여시十方如是는 통상육단通上六段이니 입전사글入殿事訖일새 고차결통故此結通이라 하사단문下四段文은 전중지사殿中之事라하였다.

영인본 5책 餘字卷之二

대방광불화엄경수소연의초 제십육권의 이권

大方廣佛華嚴經隨疏演義鈔 第十六卷之二卷

우진국 삼장사문 실차난타 번역

청량산 대화엄사 사문 징관 찬술

대한민국 조계종 사문 수진 현토역주

수미정상게찬품 제십사권

須彌頂上偈讚品 第十四卷

疏

初來意者는 旣明化主赴感일새 今辨助化讚揚이라 將演住門인댄
先陳體性이니 性卽佛智라 先讚如來일새 故品來也니라

처음에 이 품이 여기에 온 뜻은[1] 이미 교화하는 주인이 감화할 근기에
다다름을 밝혔기에, 지금에는 교화하는 주인을 도와 부처님을 찬양
하는[2] 것을 분별한 것이다.
장차 십주의 법문을 연설하려 한다면 먼저 자체성을 진술해야 하나
니 자체성은 곧 부처님의 지혜이다.
먼저 여래를 찬양하기에 그런 까닭으로 다음에 이 품이 여기에
온 것이다.

---

1 처음에 이 품이 여기에 온 뜻과 말행의 세 번째 종취가 각각 먼저는 이 옛날의
  뜻이고 뒤에는 이 새로운 뜻이지만, 그러나 지금에는 곧 함께 취하였다. 역시
  『잡화기』의 말이다.
2 원문에 화주부감化主赴感이라고 한 것은 앞의 영인본 화엄 5책, p.434, 4행에는
  화주부기化主赴機라 하고 조화찬양助化讚揚은 조화찬불助化讚佛이라 하였다.

鈔

先陳體性者는 卽第二來意니 如前品明하니라

먼저 자체성을 진술해야 한다고 한 것은 곧 제 두 번째 여기에
온 뜻이니
앞 품에서 밝힌 것과 같다.[3]

疏

二에 釋名者는 須彌約處요 讚稱佛德이니 依處有讚일새 故立此名
이라 亦頂上之讚인댄 揀餘處也니라

두 번째 이름을 해석한 것은 수미라고 한 것은 처소를 잡은 것이요
찬讚이라고 한 것은 부처님의 공덕을 찬양한 것이니,
처소를 의지하여 찬양함이 있기에 그런 까닭으로 이 이름을 세운
것이다.
또 수미 정상을 찬양하였다면 나머지 처소와 다름을 가린 것이다.

---

3 원문에 여전품명如前品明이라고 한 것은 영인본 화엄 5책, p.434, 4행에 게찬일
  품偈讚一品에 의유양겸의有兩兼하니 一은 방편方便이요 二는 소의所依라하니
  곧 二에 소의所依를 말함이다.

疏

三에 宗趣者는 以集衆放光하야 偈讚爲宗이요 爲成正說爲趣라
又顯佛德爲宗이요 令知住體爲趣라

세 번째 종취는 대중이 모임에 광명을 놓아 게송으로 찬양함으로써
종宗을 삼고
바르게 설법함을 이룸으로써 의취(趣)를 삼는 것이다.
또 부처님의 공덕을 나타냄으로써 종을 삼고
하여금 십주의 자체를 알게 함으로써 의취를 삼는 것이다.

經

爾時에 佛神力故로

그때에 부처님의 위신력을 인한 까닭으로

疏

第四에 釋文에 總爲三分하리니 第一은 集衆分이요 第二는 放光分이요 第三은 偈讚分이라 今初에 文有十同호대 義兼三異하니 謂五六七이라 一은 集因同이니 皆佛力故며 亦同前會時라

제 네 번째 경문을 해석함에 모두 삼분으로 하리니
첫 번째는 대중이 모이는 부분이요
제 두 번째는 광명을 놓는 부분이요
제 세 번째는 게송으로 찬탄하는 부분이다.
지금은 처음으로 경문에 열 가지 같은 것이 있으되 뜻은 세 가지 다른 것을 겸하였으니,
말하자면 다섯 번째와 여섯 번째와 일곱 번째이다.
첫 번째는 모이는 원인이 같은 것이니
다 부처님의 위신력인 까닭이며 또한 앞의 회에 때와 같은[4] 것이다.

---

4 또한 앞의 회에 때와 같다고 한 것은 경문에 그때(爾時)라는 글자로써 앞의 회에 때(시간)와 같음을 성립하기를 요망하는 것이다. 역시 『잡화기』의 말이다.

經

十方에 各有 一大菩薩호대

시방에 각각 한 사람의 큰 보살이 있으되

疏

二에 十方下는 主首同이라

두 번째 시방이라고 한 아래는 주主보살의 수장이 같은 것이다.

經

一一各與佛刹微塵數菩薩俱하야

낱낱이 각각 부처님의 국토에 작은 티끌 수만치 많은 보살로 더불어
함께

疏

三에 一一各下는 眷屬數同이라

세 번째 낱낱이 각각이라고 한 아래는 권속보살의 수가 같은 것이다.

經

從百佛刹微塵數國土外에 諸世界中으로 而來集會하니

백 부처님의 국토에 작은 티끌 수만치 많은 국토 밖에 모든 세계
가운데로 좇아와서 모이니

疏

四에 從百佛下는 來處量同이니 前十此百은 位已增故니라

네 번째 백 부처님의 국토라고 한 아래는 온 곳의 양이 같은 것이니
앞에서는 열 부처님의 국토라 하고 여기서는 백 부처님의 국토라
한 것은 지위가 이미 배로 증승한 까닭이다.

經

其名曰法慧菩薩과 一切慧菩薩과 勝慧菩薩과 功德慧菩薩과 精
進慧菩薩과 善慧菩薩과 智慧菩薩과 眞實慧菩薩과 無上慧菩薩
과 堅固慧菩薩이니라

그 이름은 말하자면 법혜보살과 일체혜보살과
승혜보살과 공덕혜보살과
정진혜보살과 선혜보살과
지혜보살과 진실혜보살과
무상혜보살과 견고혜보살입니다.

疏

五에 其名下는 表法名同이라 慧卽十解니 能見法故라 菩薩名異는
至偈釋之리라

다섯 번째 그 이름이라고 한 아래는 법을 표하는 이름이 같은 것이다.
혜혜[5]라고 한 것은 곧 십해(解)이니 능히 법을 보는 까닭이다.
보살의 이름이 다른 것은 게송에 이르러 해석하겠다.

---

5 혜慧와 해解를 여기서는 같은 의미로 보고 있나니 곧 십해의 지혜(十解之慧)인
 것이다.

經

所從來土는 所謂因陀羅華世界와 波頭摩華世界와 寶華世界와
優鉢羅華世界와 金剛華世界와 妙香華世界와 悅意華世界와 阿
盧那華世界와 那羅陀華世界와 虛空華世界니라

좇아온 바 국토는 말하자면 인다라화 세계와
파두마화 세계와
보화 세계와
우발라화 세계와
금강화 세계와
묘향화 세계와
열의화 세계와
아로나화 세계와
나라타화 세계와
허공화 세계입니다.

疏

六에 所從來下는 世界名同이라 同名華者는 位相創開에 無著感
果故라 別卽次第로 配於十住니 一은 發心이 主導世間故요 二는
淨治心地가 如蓮開故요 三은 修行圓淨故요 四는 水生之貴故요
五는 方便堅誓故요 六은 正心無相이 如香氣故요 七은 不退意悅

故요 八에 阿盧那者는 此云日出時에 紅赤之相이니 童眞明淨故요
九에 那羅陀者는 此云人持니 以華香妙를 人皆佩故며 王子가 佩
持法王軌度故요 十은 智遍如空故라 亦可別明十住의 勝進十法
이니 思之可知라

여섯 번째 좇아온 바 국토라고 한 아래는 세계의 이름이 같은 것이다.
다 화華라고 이름한 것은 지위[6]의 모습이 비로소 열림에 집착이
없으므로 과보를 감득하는 까닭이다.
세계의 이름이 다른 것은 곧 차례로 십주에 배속한 것이니
첫 번째는 발심이 세간을 주도하는[7] 까닭이요
두 번째는 심지心地를 맑게 다스리는 것이 마치 연꽃이 핀 것과
같은 까닭이요
세 번째는 수행이 원만하고 청정한 까닭이요
네 번째는 물에서 생기하여 귀한[8] 까닭이요
다섯 번째는 방편이 견고하기를 서원하는 까닭이요
여섯 번째는 바른 마음이 모습이 없는 것이 마치 향기와 같은 까닭
이요

---

6 위位란, 십주위十住位이다.
7 세간을 주도한다고 한 것은 비록 승진勝進 가운데 말을 인용한 것이나 다만
  주도의 뜻만 취하여 바로 인다라망의 세계가 발심주가 되는 까닭을 밝힌
  것이다. 역시 『잡화기』의 말이다.
8 원문에 수생지귀水生之貴란, 십세계十世界 가운데 제사第四 우발라화에 비유한
  것이니, 이 꽃이 물에서 생기하기에 수생水生이라 하는 것이다.

일곱 번째는 불퇴不退가[9] 마음을 기쁘게 하는 까닭이요

여덟 번째 아로나화라고 한 것은 여기에서 말하면 태양이 떠오를 때에 붉은 모습이라 하나니 동진童眞[10]이 밝고 맑은 까닭이요

아홉 번째 나라타라고 한 것은 여기에서 말하면 사람이 가지는 것이라 하나니,

꽃의 묘한 향기를 사람마다 다 차고 있는 까닭이며 법왕자가 법왕의 법도를 차서 가지고 있는 까닭이요

열 번째는 지혜가 두루한[11] 것이 마치 허공과 같은 까닭이다.

또한 가히[12] 십주에 더 수승한 곳으로 나아가는 열 가지 법을 따로 밝힌 것이니

생각하면 가히 알 수가 있을 것이다.

別卽次第로 配於十住者는 下之所釋이 闇引經文이라 如以主導世

---

9 불퇴不退 운운은 불퇴주不退住의 현상을 말하고 있다.

10 동진童眞 운운은 동진주童眞住의 모습을 말하고 있다.

11 원문에 지변智遍이란, 관정위灌頂位에서 부처님이 지수智水로 머리에 부어 주는 현상을 말하는 것이다.

12 또한 가히 운운한 것은 이 위에는 다만 십주의 이름만 통틀어 잡아 말한 것이고, 여기는 곧 더 수승한 곳으로 나아가는(勝進) 법을 따로 밝힌 것이다. 열 가지 더 수승한 곳으로 나아가는 법 가운데 각각 열 가지 법이 있나니 성자권成字卷 하권 31장 상上 오행과 그리고 33장 상上 육행 이하를 볼 것이다. 역시 『잡화기』의 말이다. 성자권은 십주품이다.

間으로 釋因陀羅者는 因陀羅는 此云帝也며 主也니 卽下發心住의
勸學十法中云호대 所謂勤供養佛과 樂住生死와 主導世間하야 令除
惡業과 乃至爲苦衆生하야 作歸依處가 皆爲主義니라 從二已下는 但
取名上之義하고 不引經文이라 亦可別明十住의 勝進十法者는 初之
一住는 已引經文거니와 餘九思者는 以治地勝進云호대 習誦多聞과
虛閑寂靜과 近善知識과 了達於義等이 皆如蓮華의 開敷義故니라
三은 謂觀察衆生法界等이 爲智寶故니라 四는 爲了知三世佛法等이
爲最勝故니라 五는 知衆生無邊과 無量無數와 不可思議等이 爲大乘
의 如金剛誓願心故니라 六은 學一切法의 無相無體와 不可修等이
如香氣故니라 七은 說一卽多와 說多卽一과 文隨於義와 義隨於文等
이 可悅意故니라 八은 知刹持刹과 觀刹詣刹과 領受佛法이 爲明淨故
니라 九는 善學法王의 善巧軌度等이 爲可持故니라 十은 學十種智가
如空遍故니라

세계의 이름이 다른 것은 곧 차례로 십주에 배속한다고 한 것은
아래에 해석한 바[13]가 그윽이 경문을 인용한 것이다.
세간을 주도한다는 것으로써 인다라[14]를 해석한 것과 같은 것은
인다라라고 한 것은 여기에서 말하면 제帝의 뜻이며 주主의 뜻이니,
곧 아래 발심주의 열 가지 법 배우기를 권하는(勸學十法)[15] 가운데

---

13 원문에 하지소석下之所釋이란, 예를 들면 一은 발심發心이 주도세간主導世間이
  라 한 것에 발심發心은 上이고, 주도세간主導世間은 下니 즉 주도세간主導世間
  은 上에 발심發心을 해석한 것이다. 二, 三, 四 등도 다 같다.
14 인다라因陀羅는 初一에 인다라세계因陀羅世界이다.

말하기를 말하자면 부지런히 부처님께 공양하는 것과 즐겁게 생사에 머무는 것과 세간을 주도하여 하여금 악업을 제거하는 것과 내지 고통받는 중생을 위하여 귀의처를 짓는다 한 것이 다 주主의 뜻이 되는 것이다.

두 번째로 좇아 이하는 다만 이름 위에 뜻만 취하였을 뿐 경문을 인용하지는 아니하였다.

또한 가히 십주에 더 수승한 곳으로 나아가는 열 가지 법을 따로 밝힌 것이라고 한 것은 처음에 일주—住는 이미 경문을 인용하였거니와,[16] 나머지 구주九住를 사량한 것은[17] 치지주[18]의 더 수승한 곳으로 나아가는 십법[19] 가운데 말하기를 익히고 외우고 많이 듣는 것과 텅 비어 한가하고 고요한 것과 선지식을 친근하는 것과 뜻을 요달하는 것이다 한 등이 다 연꽃이 핀 것과 같은 뜻이 되는 까닭이다. 세 번째는 말하자면 중생계와 법계를 관찰한다 한 등이 지혜의 보배가 되는 까닭이다.

---

15 발심주發心住 운운은 영인본 화엄 5책, p.625에 권학십법勸學十法을 자분自分과 승진勝進으로 나누면 승진勝進이다. 따라서 승진십법勝進十法이라고도 한다.

16 이미 경문을 인용하였다고 한 것은 영인본 화엄 5책, p.462, 9행이다.

17 나머지 구주九住를 사량한 것이라고 한 것은 소문에 생각하면 가히 알 수가 있을 것이라고 한 것이다.

18 치지주治地住 운운은 영인본 화엄 5책, p.632, 2행이다.

19 원문에 승진勝進은 권학십법勸學十法을 자분自分과 승진勝進으로 나누면 승진勝進이다.

네 번째는 말하자면 삼세에 불법을 요달하여 안다 한 등이 가장 수승함이 되는 까닭이다.

다섯 번째는 중생이 끝이 없는 것과 한량이 없는 것과 수가 없는 것과 사의할 수 없는 것을 요달하여 안다 한 등이 대승의 금강과 같은 서원의 마음이 되는 까닭이다.

여섯 번째는 일체법이 모양이 없는 것과 자체가 없는 것과 가히 닦을 수 없다 한 등이 향기와 같은 까닭이다.

일곱 번째는 하나가 곧 많은 것이다 말하는 것과 많은 것이 곧 하나다 말하는 것과 문장이 뜻을 따르는 것과 뜻이 문장을 따르는 것이다 한 등이 가히 마음을 기쁘게 하는 까닭이다.

여덟 번째는 부처님의 국토를 아는 것과 국토를 가지는 것과 국토를 관찰하는 것과 국토에 나아가는 것과 불법을 받는 것이다 한 것이 밝고 맑은 것이 되는 까닭이다.

아홉 번째는 법왕의 선교와 법도를 잘 배우는[20] 것이다 한 등이 가히 가지는 것이 되는 까닭이다.

열 번째는 열 가지 지혜[21]를 배운다 한 것이 허공과 같이 두루함이 되는 까닭이다.

---

20 원문에 선학善學 두 자(二字)는 법왕자주法王子住 권학십법勸學十法에는 없다. 권학勸學을 이끌어 온 것이다.

21 원문에 십종지十種智라고 한 것은 영인본 화엄 5책, p.708, 1행에 삼세지三世智, 불법지佛法智 등 십종지十種智를 말하고 있다.

經

各於佛所에 淨修梵行하니 所謂殊特月佛과 無盡月佛과 不動月
佛과 風月佛과 水月佛과 解脫月佛과 無上月佛과 星宿月佛과
淸淨月佛과 明了月佛이니라

각각 부처님의 처소에서 청정하게 범행을 닦았으니
말하자면 수특월불과 무진월불과
부동월불과 풍월불과
수월불과 해탈월불과
무상월불과 성수월불과
청정월불과 명료월불입니다.

疏

七에 各於下는 所事佛同이라 同名月者는 表位中佛果니 智明闇
息하며 恩益淸凉하며 應器周故니라 別名은 卽十住의 自分十法之
果니라

일곱 번째 각각 부처님의 처소라고 한 아래는 섬긴 바 부처님이
같은 것이다.

다 월月이라고 이름한 것은 십주위 가운데 불과를 표한 것[22]이니
지혜가 밝으며 어둠이 쉬며 은혜[23]로 이익케 하는 것이 맑으며 그릇에

응하여 두루하는[24] 까닭이다.

부처님의 이름이 다른 것은 곧 십주의 자분自分[25]에 십법十法의 불과佛果[26]이다.

鈔

智明闇息等者는 月有四德을 合佛三法이니 明是智德이요 闇息斷德
이요 淸涼是恩德이요 應器周故는 亦是恩德이라 又具上三德일새 故
能遍應이라 別名卽十住者는 前刹은 配勝進故요 此配自分이니 具如
下文하니라

지혜가 밝으며 어둠이 쉰다고 한 등은 달에 네 가지 덕이 있는
것을 부처님의 세 가지 법에 합한 것이니

밝다고 한 것은 지덕이요,

어둠이 쉰다고 한 것은 단덕이요,

---

22 원문에 표위중불과表位中佛果라고 한 것은 이 십주위 가운데 불과이다. 역시
   『잡화기』의 말이다.

23 원문에 은恩이란, 사랑이라는 뜻이 있다.

24 원문에 응기주應器周는 천강유수천강월千江流水千江月이라는 것이다.

25 자분自分이란, 십주각주十住各住에 자분自分과 승진勝進이 있는데 운하발심위
   云何發心位인가 하고 물은 십법十法은 자분自分이고, 그 뒤 권학십법勸學十法을
   말한 것은 승진勝進이다.

26 십법十法의 불과佛果란, 자분自分의 십법十法이 모두 다 불과佛果를 말하고
   있다. 『잡화기』는 이것은 또한 자분 가운데 불과이고, 승진으로 불과를 삼은
   것을 말하는 것은 아니다 하였다.

맑다고 한 것은 은덕이요

그릇에 응하여 두루하는 까닭이라고 한 것은 역시 은덕이다.

또 위에 삼덕을 구족하였기에 그런 까닭으로 능히 두루 응하는 것이다.

부처님의 이름이 다른 것은 곧 십주의 자분이라고 한 것은 앞[27]에 국토는 승진에 배속한 까닭이요

여기에 부처님은 자분에 배속한 것이니,

갖추어 해석한 것은 아래 경문[28]과 같다.

疏

一은 以十難得法이 可謂殊特이요 二는 發十大心이 不可窮盡이요 三은 觀於空等이 不可傾動이요 四는 了知業行과 生死涅槃이 如風不住요 五는 饒益安樂一切衆生이 如水普潤이요 六은 聞十種法하고 心定不動일새 故得解脫이요 七은 聞十不退가 可謂無上이요 八은 三業無失이 如星明淨하며 隨意受生이 燦然滿空하며 神足自在가 若依空運轉이요 九는 善知煩惱의 現起習氣일새 故得淸淨이요 十은 觀察無數의 衆生根欲과 智慧心境호대 餘不能知하고 唯自明了니 以此十因으로 成玆十佛이라 上且隨要相屬하야 以爲此釋거니와 委明其相은 如十住文하니라

---

27 앞이란, 영인본 화엄 5책, p.461, 7행이다.

28 원문에 하문下文이란, 발심주發心住 경문經文 등을 말한다. 곧 영인본 화엄 5책, p.620, 8행 이하이다.

첫 번째는 열 가지[29] 난득법[30]이 가히 수특하다 말하는 것이요

두 번째는 열 가지 큰마음을 일으키는[31] 것이 가히 다함이 없는 것이요

세 번째는 공 등을 관찰하는 것[32]이 가히 기울어 움직이지 않는 것이요

네 번째는 업행과 생사와 열반을 요달하여 아는 것[33]이 바람이 머물지 않는 것과 같은 것이요

다섯 번째는 일체중생을 요익하며[34] 안락케 하는 것이 물이 널리 윤택케 하는 것과 같은 것이요

여섯 번째는 열 가지 법을 듣고[35] 마음이 결정코 움직이지 않기에 그런 까닭으로 해탈을 얻는 것이요

일곱 번째는 열 가지 법을 듣고[36] 물러나지 않는 것이 가히 더 이상 없다 말하는 것이요

여덟 번째는 삼업에 허물이 없는 것[37]이 별이 밝고 맑은 것과 같으며

---

29 지금에 一에서부터 十까지는 아래 경문 영인본 화엄 5책, p.620에 십주차제十住次第를 순서대로 배대하여 보면 명료할 것이다.

30 원문에 십난득법十難得法이란, 영인본 화엄 5책, p.623이다.

31 원문에 발십대심發十大心이란, 영인본 화엄 5책, p.630, 7행이다.

32 원문에 관어공등觀於空等이란, 영인본 화엄 5책, p.635이다.

33 원문에 요지업행了知業行이란, 영인본 화엄 5책, p.660, 7행이다.

34 일체중생 운운은 위의 책 p.664, 5행이다.

35 열 가지 법 운운은 위의 책 p.668, 5행이다.

36 열 가지 법 운운은 위의 책 p.678, 1행이다.

37 삼업 운운은 위의 책 p.692, 1행에 신행무실身行無失과 어행무실語行無失과

뜻을 따라 생을 받는 것이 찬연히 허공에 가득하며 신족이 자재한 것이 허공을 의지하여 운전하는 것과 같은 것이요

아홉 번째는 번뇌가[38] 현재 일어나는 것과 습기가 상속하는 것을 잘 알기에 그런 까닭으로 청정함을 얻는 것이요

열 번째는 무수한 중생과 무수한 중생의 근욕과 지혜와[39] 마음의 경계를 관찰하되 나머지 사람[40]은 능히 알지 못하고 오직 제십주 보살 자신[41]만이 분명하게 아는 것이니,

이 열 가지 인연으로써 이 열 분의 부처님을 성립한 것이다.

이상[42]에서는 우선 요점만을 따라서 서로 배속하여 이렇게 해석하였거니와, 그 모습을 자세히 밝힌 것은 십주 경문과 같다.[43]

의행무실意行無失과 수의중생隨意衆生 운운하여 마지막 열 번째 신족자재神足自在하야 소행무애所行無碍라 하였다.

38 아홉 번째는 번뇌 운운은 영인본 화엄 5책, p.694, 말행末行이다.

39 무수중생無數衆生은 위의 책 p.704, 말행이고, 지혜 운운은 위의 책 p.706, 4행이다.

40 원문에 여인餘人이란, 위의 책 p.706, 5행에 제구법왕자보살第九法王子菩薩도 역불능지亦不能知라 하였다.

41 원문에 유자唯自라 한 자自 자는 제십주 보살 자신을 말한다.

42 이상에 운운은, 이 위에 열 가지 해석은 下句는 今에 十佛이요, 上句는 십주경문十住經文이다.

43 원문에 여십주문如十住文이란, 아래 영인본 화엄 5책, p.620, 以下文을 살펴볼 것이다.

經

是諸菩薩이 至佛所已에 頂禮佛足하고

이 모든 보살이 부처님의 처소에 이르러 마친 뒤에 부처님의 발에
정례하고

疏

八에 是諸已下는 申禮敬同이라

여덟 번째 이 모든 보살이라고 한 이하는 예경을 펴는 것이 같은
것이다.

經

隨所來方하야 各化作毘盧遮那의 藏師子之座하야 於其座上에
結跏趺坐하니

좇아온 바 방소를 따라서 각각 비로자나가 사자를 갈무리한 자리를
변화하여 만들어 그 자리 위에 결가부좌하니

疏

九에 隨所來下는 威儀住同이라

아홉 번째 좇아온 바 방소를 따라서라고 한 아래는 위의를 갖추어
머무는 것이 같은 것이다.

經

如此世界中에 須彌頂上에 菩薩來集하야 一切世界도 悉亦如是
하야 彼諸菩薩의 所有名字와 世界佛號가 悉等無別하니라

이 세계 가운데 수미산 정상의 보살이 와서 모인 것과 같이 일체
세계에도 다 또한 이와 같아서 저 모든 보살이 소유한 이름과
세계와 부처님의 명호가 다 같아 차별이 없었습니다.

疏

十에 如此下는 結十方同이라 又上十方의 從東次第는 如名號品하
니라 問이라 準此結通컨댄 卽於十方의 盡空世界에 皆有菩薩하야
而來集會者어늘 且如東方으로 過百刹塵土外하야 亦有衆集인댄
未知커라 彼因陀羅華世界는 爲在何處고 餘界亦爾니라 答이라 如
名號品하니라

열 번째 이 세계 가운데 수미산 정상에 보살이 와서 모인 것과
같다고 한 아래는 시방이 다 같음을 맺는 것이다.
또 위에 시방의[44] 동방으로부터 좇아온 차례는 여래명호품과 같다.
묻겠다.[45]

---

44 위에 시방의 운운은 영인본 화엄 5책, p.466, 2행에 수소래방隨所來方이라는
   말을 근간으로 하여 말하고 있다.
45 묻겠다 운운한 것은 그 묻는 뜻은 맺어 통석한 것으로써 위에 온 곳을 상대하여

여기에서 맺어 통석한 것을 기준한다면 곧 시방의 모든 허공 세계에
다 보살이 있어서 와 모인다는 것이거늘, 만약[46] 동방[47]으로 백 국토에
작은 티끌 수 국토 밖을 지나 또한 대중이 모여 온 것이 있다고
한다면 알지 못하겠다. 저 인다라화 세계는 어느 곳에 있는가.
나머지 세계도 또한 그렇다.

답하겠다.

명호품[48]과 같다.

如名號品者는 不欲繁文일새 故令尋彼니 但遠近而異언정 義理合同

헤아려 의심(물음)을 이루는 것이니, 말하자면 맺어 통석한 가운데도 응당
주불主佛이 두루함이 있는 까닭이다. 만약 주불이 이 세계에 있음에 저 인다라
등의 세계에서 이 세계에 오는 거리가 각각 일백 불찰이라면 지금에 만약
주불이 동방으로 일백 불찰에 이른다면 저 인다라 세계는 마땅히 어느 곳에
있는가 하는 것이다. 그러나 소문의 말이 오히려 생략되었나니, 앞에 말을
기준하면 가히 볼 수 있을 것이다. 이상은 『잡화기』의 말이다.

46 원문에 차여且如는 자전 자구 해석에 만약이라 하였다.

47 동방東方은 법혜보살法慧菩薩이 주主이다.

48 명호품名號品은 응운광명각품應云光明覺品이니 왕자권住字卷 初七丈을 보라고
고인은 말하고 있다. 그러나 동방과십불찰東方過十佛刹로 보면 명호품이 맞고,
영인본 화엄 5책, p.467, 3행에 종양족지從兩足指하야 방백천억광명放百千億光
明이라 한 것을 기준하여 광명각품光明覺品 초두에 세존世尊이 종양족륜하從兩
足輪下하야 방백천억광명放百千億光明이라 한 것을 보면 광명각품이 맞다.
그러나 후자後者는 도리어 의답지 않다. '我見'이다.

하야 若刹若人이 皆遍法界하야 重重無盡하니라

명호품[49]과 같다고 한 것은 문장을 번잡하게 하고자 하지 않았기에 그런 까닭으로 하여금 저 명호품에서 찾아보게 한 것이니, 다만 멀고 가까운[50] 것이 다를[51] 뿐 의리는 하나로 같아서[52] 국토와 사람이 다 법계에 두루하여 중중으로 끝이 없다는 것이다.

---

49 명호품이라고 한 것은 바로 위의 소문과 여기 초문에 명호라는 글자는 다 응당 광명각이라는 글자를 지을 것이다. 그러나 소본에는 또한 여기 같이 명호로 되어 있다. 이것을 의지하여 통석한다면 그 뜻은 반드시 묻고 답한 것이 비록 광명각품(왕자권 초 6장)에 있지만, 광명을 놓아 대중을 모은 것은 이미 여래명호품에 있었기에 광명각품에는 다만 앞에 시현한 바 뜻(서자권弗字卷 상권 26장 하下 초문)만 첩석한 것이다 한 것이 곧 이것이니, 이에 묻고 답한 것이 이미 명호품 가운데 있어서 성립한 까닭으로 지금에 명호품을 가리킨 것이다. 역시 『잡화기』의 말이다.

50 원문에 원근遠近은, 저 명호품은 십불찰이고 여기 수미게찬품은 백불찰인 까닭이다(彼名號品은 十佛刹이요 此須彌偈讚品은 百佛刹故라).

51 이이而異의 이而 자는 소小 자로 된 곳도 있다.

52 원문에 합동合同의 합合 자는 전全 자로 된 곳도 있다.

經

爾時世尊이 從兩足指로 放百千億妙色光明하사 普照十方一切
世界하시니 須彌頂上帝釋宮中에 佛及大衆이 靡不皆現하니라

그때에 세존이 두 발가락으로 좇아 백천억 묘색 광명을 놓아 널리
시방의 일체 세계를 비추시니
수미산 정상 제석궁중에 부처님과 그리고 대중이 다 나타나지
아니함이 없었습니다.

疏

第二에 爾時下는 如來放光分이라 文義有六하니 一時요 二主요
三處요 四數요 五相이요 六業이라 處는 謂兩足指니 足指據地하야
사 得住有力인달하야 成位不退하야사 而行有恒하니라 數位過前일
새 加於千也니라 相表解顯일새 故云妙色이라 普照十方은 顯佛衆
會니 一光이 照於一切에 則一切亦爾하나니 重疊無礙하야 無不互
見하야 爲一法界의 圓明大會니라

제 두 번째 그때라고 한 아래는 여래가 광명을 놓은 부분이다.
경문의 뜻이 여섯 가지가 있나니
첫 번째는 시간이요,
두 번째는 설주說主요
세 번째는 처소요,

네 번째는 광명의 수요

다섯 번째는 광명의 색상이요,

여섯 번째는 업용이다.

처소라고 한 것은 말하자면 두 발가락이니,

두 발가락이 땅을 의거[53]하여야 머무는 데 유력함을 얻듯이 지위가 물러나지 아니함을 이루어야 행이 항상함이 있는 것이다.

광명의 수라고 한 것은 지위가 앞을 지났기에 천을 더하여 백천억이라 한 것이다.

광명의 색상이라고 한 것은 십해를 표하여 나타낸 것이기에 그런 까닭으로 말하기를 묘색이라 한 것이다.

널리 시방을 비춘다고 한 것은 부처님과 대중이 모인 것을 나타낸 것이니,

한 광명이 일체 세계를 비춤에 곧 일체 세계도 또한 그러하나니 중첩으로 걸림이 없어서 서로 보지 못함이 없어서 한 법계의 원만하게 밝은 대회가 되는 것이다.

---

53 拒 자는 據 자가 옳다.

經

爾時에 法慧菩薩이 承佛威神하야 普觀十方하고 而說頌曰호대

佛放淨光明하시니 普見世導師가
須彌山王頂에　　妙勝殿中住하니다

그때에 법혜보살이 부처님의 위신력을 받아 널리 시방을 관찰하고
게송을 설하여 말하기를

부처님이 청정한 광명을 놓으시니
널리 세간에 도사께서
수미산왕의 정상에
묘승전 가운데 머무심을 봅니다.

疏

第三에 爾時法慧下는 偈讚分이라 於中十菩薩說을 即爲十段하리
니 初一是總이요 餘九爲別이라 以法慧는 是說法主故로 總敘此會
의 本末事義하야 總顯佛德이요 餘九는 歎佛差別之德이니 總別이
共顯如來의 無礙之會니라 此十菩薩名은 亦表十住요 其所說法
은 表位勝進이라 勝進有二하니 一은 趣後位요 二는 趣佛果니 今約
佛果니라 今初는 東方法慧가 總了佛法일새 故로 勝進中云호대
欲令菩薩로 於佛法中에 心轉增廣이라하니 文中에 觀佛現用과 及

與往修가 皆周遍故니라 十頌分三하리니 初五는 敍因佛光하야 見
多盛事니 初一은 敍此品放光이라

제 세 번째 그때에 법혜보살이라고 한 아래는 게송으로 찬탄한
부분이다.
그 가운데 열 보살의 설법을 곧 십단으로 하리니
처음에 한 보살의[54] 설법은 한꺼번에 설한 것이요
나머지 아홉 보살의 설법은 따로 설한 것이다.
법혜보살은 이 설법주인 까닭으로 이 회의 근본과 지말의 사실과
뜻을 한꺼번에 서술하여 부처님의 공덕을 한꺼번에 나타낸 것이요
나머지 아홉 보살은 부처님의 차별한 공덕을 찬탄한 것이니,
한꺼번에 설하고 따로 설한 것이 모두 여래의 걸림 없는 회를 나타낸
것이다.

이 열 보살의 이름은 또한 십주를 표한 것이요
그 보살들이 설한 바 법문은 지위의 승진을 표한 것이다.
승진에 두 가지 뜻이 있나니
첫 번째는 후위後位에 나아가는 것이요
두 번째는 불과佛果에 나아가는 것이니
지금에는 불과를 잡아 말한 것이다.

지금은 처음으로 동방에 법혜보살이 불법을 모두 알기에 그런 까닭

---

54 처음에 한 보살이란, 당연히 법혜보살이다.

으로 승진勝進 가운데[55] 말하기를 보살로 하여금 불법 가운데 마음을 전전히 증광하게 하고자 한다 하였으니,

경문 가운데 부처님이 나타낸 업용과 그리고 왕석에 수행한 것이 다 두루함을 관찰하는 까닭이다.

열 가지 게송을 세 가지로 나누리니

처음에 다섯 게송은 부처님의 광명을 인하여 수많은 사실을 보는 것을 서술한 것이니

처음에 한 게송은 이 품에서 방광한 것을 서술한 것이다.

---

55 승진勝進 가운데라고 한 것은 영인본 화엄 5책, p.628, 9행에 何以故요 欲令菩
薩로 於佛法中에 心轉增廣하고 有所聞法에 卽自開解하야 不由他敎故라 한
것이니 번역하면, 무슨 까닭인가. 보살로 하여금 저 불법 가운데 마음을
전전히 증광하고 들은 바 법문이 있음에 곧 스스로 개오(開解)하여 다른
사람의 가르침을 인유하지 않게 하고자 하는 까닭이다 한 것이다.
승진勝進이란, 일주一住, 이주二住 등으로 올라가는 것이고, 자분自分은 그
주住에 머물러 있는 것이니 곧 지위 자체이다.

經

一切釋天王이　請佛入宮殿하야
悉以十妙頌으로 稱讚諸如來하니다

일체 제석천왕이
부처님께 궁전에 들어가시기를 청하여
다 열 가지 묘한 게송으로써
모든 여래를 칭찬합니다.

疏

次一은 敘前品請讚이라

다음에 한 게송은 앞 품[56]에서 청하여 칭찬한 것을 서술한 것이다.

---

56 앞 품(前品)은 승수미산정품昇須彌山頂品이니 영인본 화엄 5책, p.450, 7행에
　선래세존善來世尊이시여 처차궁전處此宮殿하소서 한 등이다.

經

彼諸大會中에　所有菩薩衆이
皆從十方至하야　化座而安坐하니다

彼會諸菩薩이　皆同我等名이며
所從諸世界도　名字亦如是하니다

本國諸世尊의　名號悉亦同하며
各於其佛所에　淨修無上行하니다

저 모든 대회 가운데
있는 바 보살대중이
다 시방으로 좇아 이르러
변화하여 지은 자리에 편안히 앉았습니다.

저 대회에 모든 보살이
다 나와 같이 똑같은 이름이며
좇아온 바 모든 세계도
이름이 또한 이와 같습니다.

본국에 모든 세존의
명호도 다 또한 같으며
각각 그 부처님의 처소에서

더 이상 없는 행을 청정하게 닦았습니다.

疏

餘三은 重敍此品이라

나머지 세 게송은 거듭 이 품의 뜻을 서술한 것이다.

經

佛子汝應觀　　如來自在力하소서
一切閻浮提에　皆言佛在中하니다

我等今見佛이　住於須彌頂하며
十方悉亦然하나니 如來自在力이니다

불자여, 그대는 응당
여래의 자재한 힘을 관찰하세요.
일체 염부제에
다 부처님이 그 가운데 계신다 말합니다.

우리 등이 지금 부처님이
수미산 정상에 머무심을 보며
시방에도 다 또한 그러하나니
여래의 자재한 힘이십니다.

疏

次二는 勸觀佛力하야 更發勝心이니 卽前品에 不起而升이라

다음에 두 게송은 부처님의 힘을 관찰하여 다시 수승한 마음을
일으키기를 권한 것이니,

곧 앞 품에 각수覺樹에서 일어나지 않고 수미산에 올라갔다고 한 것이다.[57]

鈔

次二는 勸觀佛力하야 更發勝心下는 前品에 成於四句가 亦從此生이니 謂前一偈半은 卽指上文이니 是不起一切處하고 而升一處요 後에 十方悉亦然은 單取十方須彌頂亦然이니 卽是不離一切處하고 而升一切處요 取上一閻浮提하야 對此하면 則是不離一處하고 而升一切處요 取上一閻浮하야 對我等今見佛이 住於須彌頂하면 卽不離一處하고 而升一處니라 如來自在力은 通於四句니라

다음에 두[58] 게송은 부처님의 힘을 관찰하여 다시 수승한 마음을 일으키기를 권한 것이라고 한 아래는 앞 품[59]에서 네 구절을 이룬 것이 또한 이것을 좇아 생기한 것이니,
말하자면 앞에 한 게송 반은 곧 위에 문장[60]을 가리킨 것이니 이것은 일체 처소에서 일어나지 않고 한 처소에 올라갔다고 한 것이요

57 원문에 전품불기이승前品不起而升이란, 앞(前)에 영인본 화엄 5책, p.436, 8행에 불리각수不離覺樹하고 승수미昇須彌로서, 곧 부처님의 힘을 보여준 것이다.
58 二頌은 次二가 옳다.
59 앞 품이란, 영인본 화엄 5책, p.446, 3행이다.
60 위에 문장이란, 역시 같은 책 p.446, 3행에 四句이다.

뒤에 반 게송에 시방에도 다 또한 그러하다고 한 것은 시방의 수미산 정상에도 또한 그러하다고 한 것을 단적으로 취한[61] 것이니,

곧 이것은 일체 처소를 떠나지 않고 일체 처소에 올라갔다고 한 것이요

위에 한 염부제만을 취하여 이것을 상대[62]한다면 곧 이것은 한 처소를 떠나지 않고 일체 처소에 올라갔다고 한 것이요

위에 한 염부제만을 취하여 우리 등이 지금 부처님이 수미산 정상에 머무심을 본다고 한 것을 상대한다면 곧 한 처소를 떠나지 않고 한 처소에 올라갔다고 한 것이다.

여래의 자재한 힘이라고 한 것은 네 구절에 통하는 것이다.

---

61 원문에 단취시방單取十方이라고 한 것은 바로 위에 수미정상의 한 곳에 머물렀다고 한 구절을 아울러 취하지 않고 다만 시방의 수미정상이라는 구절만 취하여 위의 게송에 일체 염부제라고 한 구절을 상대한 것이다. 역시 『잡화기』의 말이다. 이 사기에 한 곳이라 한 것과 수미라 한 것은 경문이 아니고 뜻으로 인용한 것이다.

62 원문에 대차對此의 此란, 시방실역연十方悉亦然이라 한 시방十方을 말한다.

經

一一世界中에　　發心求佛道하며
依於如是願하야　修習菩提行하니다

佛以種種身으로　遊行遍世間하사대
法界無所礙하시니　無能測量者니다

慧光恒普照하사　世闇悉除滅하시니
一切無等倫거늘　云何可測知리요

낱낱 세계 가운데
발심하여 불도를 구하셨으며
이와 같은 서원을 의지하여
보리행을 닦아 익히셨습니다.

부처님이 가지가지 몸으로써
온 세간에 노니시되
법계에 걸리는 바가 없으시니
능히 헤아릴 사람이 없습니다.

지혜의 광명을 항상 널리 비추어
세간의 어둠을 다 제멸하시니
일체 같이 짝할 사람이 없거늘

어떻게 가히 헤아려 알겠습니까.

疏

後三은 擧因結果니 初一擧因이요 後二結果라 由因中行願을 刹
刹齊修일새 故로 果位身智가 遍應遍斷이라

뒤에 세 게송은 인위를 들어 과위를 맺는 것이니
처음에 한 게송은 인위를 든 것이요
뒤에 두 게송은 과위를 맺는 것이다.
인위 가운데 행원을 진진찰찰에서 똑같이 수행함을 인유하였기에
그런 까닭으로 과위의 몸과 지혜가 두루 응하기도 하고 두루 끊어지
기도 하는 것이다.

經

爾時에 一切慧菩薩이 承佛威力하야 普觀十方하고 而說頌言
호대

假使百千劫에　常見於如來라도
不依眞實義하고 而觀救世者인댄

是人取諸相하야 增長癡惑網하며
繫縛生死獄하야 盲冥不見佛하리다

그때에 일체 법혜보살이 부처님의 위신력을 받아 널리 시방을
관찰하고 게송을 설하여 말하기를

가사 백천 세월에
항상 여래를 본다 할지라도
진실한 뜻을 의지하지 않고
구세자救世者를 보려고 한다면

이 사람은 모든 모습만을 취하여
어리석고 미혹한 그물만 증장하며
생사의 감옥에 얽어매여
눈이 어두워 부처님을 보지 못할 것입니다.

疏

第二에 南方一切慧者는 了一切法의 眞實之性하야 淨心地故라
頌意는 爲顯於諸衆生에 增長大悲하야 以稱實而觀救世者故니라

제 두 번째 남방에 일체 법혜보살이라고 한 것은 일체법의 진실한
자성을 요달하여 심지를 청정케 한 까닭이다.
게송의 뜻은 모든 중생에게 대비를 증장하여 진실한 뜻에 칭합하여[63]
구세자를 보게 함을 나타낸 까닭이다.

鈔

了一切法者는 約偈文釋이요 言淨心地者는 約表治地住釋이라 頌意
等者는 約彼位中에 勝進行釋이요 以稱實等者는 約當偈釋이라

일체법을 요달한다고 한 것은 게송의 문장을 잡아 해석한 것이요
심지를 청청케 한다고 말한 것은 치지주를 표함을 잡아 해석한
것이다.
게송의 뜻이라고 한 등은 저 지위 가운데 승진행을 잡아서 해석한
것이요
진실한 뜻에 칭합한다고 한 등은 지금에 게송(當偈)을 잡아서 해석한
것이다.

---

63 진실한 뜻에 칭합한다 운운한 것은 저 중생으로 하여금 진실한 뜻에 칭합하여
부처님을 봄을 얻게 하는 것이 이 대비인 까닭이다. 역시 『잡화기』의 말이다.

疏

十頌分六하리니 初二는 違理觀佛인댄 非見佛이요 次四는 了法眞
性인댄 眞見佛이요 三에 有一偈는 迷性取法인댄 不見佛이요 四에
一偈는 佛卽同法이 爲眞佛이요 五에 一偈는 引己了法이 爲見佛이
요 六에 一偈는 推功有本이 了眞佛이라 初中前偈는 出其妄觀이니
假設長時하야 以況暫見이요 後偈는 明其有損이니 由上不依眞實
하고 則取相乖眞일새 但長集網하야 繫於苦獄하며 盲無慧眼하야
冥然不見佛之法身하리라 然이나 此遮取相故로 假設長時언정 無
有多劫에 全不了義니 以見如來하면 增智慧故니라

열 가지 게송을 여섯 가지로 나누리니
처음에 두 게송은 진리를 어기고 부처님을 보려 한다면 부처님을
보지 못한다는 것이요
다음에 네 게송은 법의 진실한 자성을 안다면 진실로 부처님을
본다는 것이요
세 번째 한 게송이 있는 것은 자성을 미하고 법을 취한다면 부처님을
보지 못한다는 것이요
네 번째 한 게송은 부처님이 곧 법과 같은 것이 참다운 부처님이
된다는 것이요
다섯 번째 한 게송은 자기가[64] 법을 안다고 인용한 것이 부처님을[65]

---

[64] 자기가 운운은 上半偈이니 아견일체법我觀一切法하고 개실득명료皆悉得明了
이다.

보는 것이 된다는 것이요

여섯 번째 한 게송은 공덕이 근본이 있다고 미루는 것이 참다운 부처님을 아는 것이 된다는 것이다.

처음 가운데 앞에 게송은 그들이 허망하게 보는 것을 설출한 것이니 장시간을 가설하여 잠깐 보는 것에 비유한 것이요

뒤에 게송은 그들이 손해가 있음을 밝힌 것이니

위에 진실한 뜻을 의지하지 않고 곧 모습만을 취하여 진실을 어김을 인유하기에 다만[66] 집集의 그물만을 증장하여 고품의 감옥에 얽매이며, 어두워[67] 지혜의 눈이 없어서 그윽이 부처님의 법신을 보지 못하는 것이다.

그러나 이것은 모습만을 취한 것을 막는 까닭으로 장시간[68]을 가설하였을지언정 수많은 세월(多劫)에 온전히 알지 못한다는 뜻이 없나니 여래를[69] 보면 지혜를 증장하여 아는 까닭이다.

---

65 부처님 운운은 下半偈이다.

66 다만 운운은 고苦·집集이 있음을 밝힌 것이다.

67 어두워 운운은 도道·멸滅이 없음을 밝힌 것이니 지혜智慧는 도道이고, 법신法身은 멸滅이다.

68 원문에 장시長時는 경經에 백천겁百千劫이다.

69 여래如來 운운은 여래를 보면 지혜를 증장하여 온전히 안다는 것이다.

經

觀察於諸法에　自性無所有니
如其生滅相하야 但是假名說이니다

一切法無生하며 一切法無滅하나니
若能如是解인댄 諸佛常現前하리다

法性本空寂하야 無取亦無見하야
性空卽是佛이니 不可得思量이니다

若知一切法이　體性皆如是인댄
斯人則不爲　　煩惱所染著하리다

모든 법에
자성이 있는 바가 없는 줄 관찰할 것이니
그 생멸하는 모습과 같아서
다만 거짓 이름[70]으로 설하였을 뿐입니다.

일체법은 난 적도 없으며
일체법은 사라진 적도 없나니
만약 이와 같이 안다면

---

70 원문에 가명假名이란, 생멸상生滅相이 다 이 가명假名이다.

모든 부처님이 항상 앞에 나타날 것입니다.

일체법의 자성은 본래 공적하여
취할 것도 없고 또한 볼 것도 없어
자성이 공한 것이 곧 이 부처님이니
가히 사량으로 얻을 수 없습니다.

만약 일체법이
자체성이 다 이와 같은 줄 안다면
이 사람은 곧
번뇌에 물드는 바가 되지 않을 것입니다.

疏

第二에 四偈는 了法眞性인댄 眞見佛이라 於中二니 前二眞觀이요
後二眞止라 前中初二句는 空觀이니 緣生無性故요 次二句는 假
觀이니 隨俗假名故요 次二句는 中觀이니 由前生滅의 一切諸法이
卽無性故며 相體가 卽是不生滅也요 後二句는 觀益이니 諸法如는
卽是佛如요 無生滅은 佛體本常이라 觀稱於如인댄 則佛常現거든
況三觀一心인댄 則佛之體用이 無不現矣리요

제 두 번째 네 게송은 법의 진실한 자성을 안다면 진실로 부처님을
본다는 것이다.

그 가운데 두 가지가 있나니
앞에 두 게송은 진관眞觀이요
뒤에 두 게송은 진지眞止이다.
앞의 두 게송 가운데 처음에 두 구절은 공관空觀이니,
인연으로 생기하여 자성이 없는 까닭이요
다음에 두 구절은 가관假觀이니,
속제를 따라 거짓으로 이름한 까닭이요
다음에 두 구절은 중관中觀이니,
앞에 생멸하는 일체 모든 법이 곧 자성이 없음을 인유한 까닭이며
모습의 자체가 곧 생멸하지 않는 것이요
뒤에 두 구절은 관찰하는 이익이니,
모든 법이 여여한 것은 곧 부처님이 여여한 것이요
생멸이 없는 것은 부처님의 자체가 본래 항상한 것이다.
관찰하는 것이 진여에 칭합한다면 곧 부처님이 항상 나타날 것이어
든 하물며 삼관이 일심이라면 곧 부처님의 자체와 작용이 나타나지
아니함이 없는 것이겠는가.

鈔

初二句는 空觀等者는 約三觀釋이니 皆初는 牒經標觀이요 後句는
取經意釋成이라 中觀을 疏釋成中에 有二義釋하니 一은 云由觀前生
滅의 一切諸法이 卽無性故者는 一切法故로 非無요 卽無性故로 非
有니 由前但觀無性은 是空이요 但觀假名은 是假어늘 今二相卽일새

故非空非假인 是中道義니 此는 約卽緣生法하야 以明中道니라 二는
云相體가 卽是不生滅也者는 約三性義하야 以辨中道니라 然이나 無
生多義나 略有二種하니 一은 事無生이니 緣生之相은 卽無生故요
二는 理無生이니 圓成實體는 本不生故니라 今旣經言該一切法하고
不揀相性인댄 則相體가 皆無生矣니 則遍計無生은 是空觀이요 緣生
假有는 是假觀이요 緣生無生과 及圓成無生은 皆中道觀이니 則性相
二宗과 三觀皆具니라 然此二偈를 亦可但爲性空觀인댄 則初二句는
正辨性空이니 故로 言自性無所有라하니라 次假觀二句는 通妨이니
謂有難言호대 現見生滅거니 那言無生고할새 故釋云호대 隨世假說
耳라하니라 次二句中觀은 正示不生之理니라 依此釋者인댄 極順常
解의 三論中意나 而未得於龍樹玄旨일새 故疏取論三觀釋之니라

처음에 두 구절은 공관이라고 한 등은 삼관을 잡아 해석한 것이니
다 처음 구절은 경문을 첩석하여 관찰(觀)함을 표한 것이요
뒤에 구절은 경전의 뜻을 취하여 해석하여 성립한 것이다.
중관을 소문에서 해석하여 성립한 가운데 두 가지 뜻으로 해석한
것이 있나니
첫 번째는 앞에 생멸生滅하는[71] 일체 모든 법이 곧 자성이 없는 줄
관찰함을 인유한 까닭이라고 말한 것은 일체법인 까닭으로 없지
않다는 것이요
곧 자성이 없는 까닭으로 있지 않다는 것이니

---

[71] 원문에 유관由觀의 觀 자는 소문疏文엔 없다. 단 유전생멸由前生滅이라 하였다.

앞에 다만 자성이 없는 줄만 관찰한다고 한 것은 이 공이고, 다만 거짓 이름만 관찰한다고 한 것은 이 가假[72]거늘, 지금에는 공과 가假의 두 가지가 서로 즉함을 인유하기에 그런 까닭으로 공도 아니고 가도 아닌 중도의 뜻이니,

이것은 곧 연생의 법을 잡아서 중도를 밝힌 것이다.

두 번째는 모습의 자체가 곧 생멸하지 않는다고 말한 것은 삼성의 뜻을 잡아서 중도를 분별한 것이다.

그러나 무생無生에 뜻이 많지만 간략하게 두 가지만 두나니

첫 번째는 사무생事無生[73]이니,

인연으로 생기[74]하는 모습은 곧 무생인 까닭이요

두 번째는 이무생理無生이니,

원성의 실체는 본래 불생인 까닭이다.

지금에는 이미 경에서 일체법만 갖추어 말하고 모습과 자성을 가리지 않았다면 곧 모습의 자체가 다 무생인 것이니 곧 변계의[75] 무생은 이 공관이요,

연생의[76] 가유假有는 이 가관이요,

---

72 원문에 전단관무성시공前但觀無性是空은 初偈에 初二句요, 단관가명시가但觀假名是假는 初偈에 後二句이다.

73 사무생事無生이라고 한 것은 곧 변계소집과 의타기성의 모습이 무생無生이니, 곧 위에 인연으로 생기하는 것은 무생이다 한 것이다. 역시 『잡화기』의 말이다.

74 원문에 연생緣生은 변계遍計이다.

75 변계遍計 등은 初偈 중 初二句이다.

76 연생緣生 등은 初偈 중 後二句이다.

연생의 무생과[77] 그리고 원성의 무생은 다 중도관이니
곧 성·상의 이종二宗과[78] 삼관이 다 갖추어졌다.
그러나 이 두 게송[79]을 또한 가히 다만 성공관性空觀만 삼는다면
곧 처음에 두 구절은 바로 자성이 공한 것을 분별한 것이니,
그런 까닭으로 말하기를 자성은 있는 바가 없다고 하였다.
다음에 가관의 두 구절[80]은 방해함을 통석한 것이니,
말하자면 어떤 사람이 비난하여 말하기를 현재 생멸함을 보거니
어찌 무생이라고 말하는가 하기에, 그런 까닭으로 해석하여 말하기
를 세간을 따라 거짓 이름만 설하였을 뿐이다 하였다.
다음에 두 구절의 중도관[81]은 바로 불생의 이치를 시현한 것이다.
이 해석을 의지한다면 보편적으로 해석한 삼론[82] 가운데 삼관의
뜻과는 지극히 순하지만[83] 저 용수보살의 현묘한 중도의 뜻[84]은 아직

---

77 원문에 연생무생緣生無生 운운은 제이게第二偈이다.

78 성·상의 이종二宗 운운한 것은 공관과 가관인즉 다 같지만 그러나 다만
중도에 만약 인연으로 생기하여 자성이 없는 것이 곧 중도라고 한다면 곧
성종의 뜻이고 따로 원성실성을 세워 중도를 삼는다면 곧 상종의 뜻이니
性성은 곧 상相을 떠난 까닭이다. 사기私記인 즉 인연으로 생기하여 자성이
없는 것은 다만 공空과 가假만 합하여 중도를 삼는 까닭으로 이 상종의
뜻이고 원성실성은 곧 불성이니 불성으로써 중도를 삼는 까닭으로 이 성종의
뜻이라 하나니 앞에 이런 예가 있었다.

79 원문에 이게二偈는 초게初偈와 제이게第二偈이다.

80 원문에 차가관이구次假觀二句는 初偈의 뒤에 二句이니 假觀이다.

81 원문에 차이구중관次二句中觀은 第二偈의 初二句이니 中觀이다.

82 삼론三論은 용수가 지은 『중론中論』과 『십이문론十二問論』과 가나데(提婆)가
지은 『백론百論』이다.

얻지 못하였기에 그런 까닭으로 소문에서 『중론』에 삼관을 취하여 해석한 것이다.

疏

後二는 眞止中에 以觀觀法인댄 能所紛動일새 故須寂之니 初句는 牒前法性이요 次句는 泯其能所니 法性本空하야 非觀之使空일새 故無所取어니 何有能見이리요 次二句는 心冥性佛일새 故止絕思求니라

뒤에 두 게송은 진지 가운데 관으로써 법을 관찰하여 보면 능견과 소견이 어지러이 움직이기에 그런 까닭으로 공적함을 수구케 한 것이니,
처음 구절은 앞[85]에 모든 법의 자성을 첩석한 것이요
다음 구절은 그 능견과 소견을 민절하는 것이니
모든 법의 자성이 본래 공적하여 관으로써 하여금 공하게 할 것이 아니기에 그런 까닭으로 소취가 없거니 어찌 능견이 있겠는가.
다음에 두 구절은 마음이 자성불에 명합하기에 그런 까닭으로 사량

---

83 지극히 순한다 운운한 것은 보통 해석한 바는 다 다만 공으로써 삼론三論을 해석한 까닭이다. 역시 『잡화기』의 말이다.

84 용수보살의 현묘한 중도의 뜻이라 운운한 것은 용수보살이 『중론』을 지음에 그 뜻이 불공不空으로써 공空을 함유하는 것이 이것이 현묘한 중도의 뜻이라고 말하는 것이다. 역시 『잡화기』의 말이다.

85 앞이란, 초게初偈에 제일구第一句이다.

으로 구하는 것을 그쳐 끊는 것이다.

鈔

法性本空者는 此以性空門으로 顯無所取요 次云호대 何有能見者는
卽以相待門으로 遣其能見이니 此中語略이라 合云若有所取인댄 則
有能取어니와 旣無所取일새 故無能取니 能因於所하야 而得立故로
亦曰相因門이라하니라 然取與見이 皆通能所어니와 今所取之中엔
則存於所取하고 略無能取하며 於能見中엔 略無所見하니 所見卽所
取故니라

모든 법의 자성이 본래 공적하다고 한 것은 이것은 성공문으로써
소취가 없음을 나타낸 것이요

다음에 말하기를 어찌 능견[86]이 있겠는가 한 것은 곧 상대문相待門으
로써 그 능견을 보내는 것이니

이 가운데 말이 조금 생략되었다.

합당하게 말하면 만약 소취가 있었다면 곧 능취가 있어야 하거니와[87]
이미 소취가 없었기에 그런 까닭으로 능취도 없는 것이니, 능취는
소취를 인하여 성립함을 얻는 까닭으로 또한 말하기를 상인문相因門

---

86 取는 見 자의 잘못이다.

87 곧 능취가 있어야 한다고 한 것은 소문의 뜻을 따른다면 응당 능견이라고
말해야 할 것이지만, 그러나 이 가운데는 이미 통通의 뜻을 썼기에 견見(능견·
소견)의 뜻을 잡아 말하였어도 응당 이와 같이 능취라 하는 것이다. 역시
『잡화기』의 말이다.

이라고도 하는 것이다.

그러나 취取와 더불어 견見이 다 능·소에 통하거니와 지금의 소취 가운데는 곧 소취만 있고 능취는 생략되어 없으며, 능견 가운데는 소견이 생략되어 없나니 소견이 곧 소취인 까닭이다.[88]

疏

又上來엔 空以遣有하고 假以遣空하며 如則雙遣空假하야 形奪兩 亡이라

또 상래에는 공으로써 유를 보내고, 가假로써 공을 보내며, 같은[89] 것으로써 곧 공과 가를 함께 보내어 형체를 빼앗아 둘 다 잃는다는 것이다.

---

88 소견이 곧 소취인 까닭이라고 한 것은 그렇다면 곧 소문 가운데(영인본 화엄 5책, p.475, 8행) 소취가 없다고 한 말은 이미 소견이 없다는 말을 포함하고 있는 것이다. 능견이 곧 이 능취라고 말하지 아니한 것은 가벼운 것을 버리고 무거운 것을 취한 까닭으로 가히 즉卽(능견 즉卽 소견, 소견 즉卽 능견)이라고 말할 수는 없다. 그렇다면 곧 소문 가운데 능견이 없다(하유능견何有能見이리요 한 것)는 말은 다만 능취만 영략되어 없다는 것일 뿐이다. 역시 『잡화기』의 말이다.

89 如라고 한 것은 여불생멸如不生滅이니, 즉 경문經文에 일체법무생一切法無生, 일체법무멸一切法無滅이라 한 것이다.

鈔

又上來엔 以空遣有者는 此別爲一釋이니 不分止觀하고 四偈相蹋하
야 總爲遣病이니 則四偈中에 初二句는 以空遣有요 次二句는 以假遣
空이요 次二句는 以如不生滅로 雙遣空假요 次二句는 且結觀益이요
第三偈는 卽遣雙非라

또 상래에는 공으로써 유를 보낸다고 한 것은 이것은 따로 한 해석을
한 것이니,
지止와 관觀을 나누지 않고 네 가지 게송을 서로 밟아 한꺼번에
병[90]을 보내는 것이니 곧 네 가지 게송 가운데 처음에 두 구절은
공으로써 유를 보내는 것이요
다음에 두 구절은 가로써 공을 보내는 것이요
다음에 두 구절은 불생불멸과 같은 것으로써 공과 가를 함께 보내는
것이요
다음에 두 구절은 또한 관찰하는 이익을 맺는 것이요
제 세 번째 게송은 곧 둘 다 아니라고 하는 것조차 보내는 것이다.

疏

若謂雙非인댄 還成戱論일새 故辨起心皆妄이요 絶念方眞이며 念
本自無하야 斯絶亦滅이라 故中論云호대 如來寂滅相은 分別有亦

---

90 병病은 공空·유有 등 사병四病이다.

非며 如是性空中엔 思惟亦不可라하니 用斯文也라

만약 둘 다 아니라고 말한다면 도리어 희론을 이루기에 그런 까닭으로 일어나는 마음이 다 허망한 생각이요, 허망한 생각을 끊어야 바야흐로 진실한 마음이며, 허망한 생각이 본래 스스로 없어서 이에 끊을 것도 또한 없음을 분별한 것이다.
그런 까닭으로『중론』에[91] 말하기를 여래의 적멸한 모습은
있다고 분별하는 것도 또한 잘못이며
이와 같이 자성이 공한 가운데는
사유하는 것도 또한 옳지 못한 것이다 하였으니,
이 문장을 인용한 것이다.

鈔

若謂雙非下는 正釋第三偈라 以上來疏에 重擧前文하야 生此偈故니 故此正釋하니라 於中에 初擧所破요 次에 故辨起心皆妄下는 以偈正破라 起心皆妄이요 絶念方眞은 釋其上半이요 念本自無하야 斯絶亦滅은 釋其下半이니 以性空無念은 亦不可思故니라

만약 둘 다 아니라고 말한다면이라고 한 아래는 바로 제 세 번째 게송을 해석한 것이다.
상래의 소문에서 거듭 앞에 경문을 들어 이 게송을 생기한 까닭이니

---

91 『중론中論』은 관여래품觀如來品이다.

그런 까닭으로 여기에 바로 해석한 것이다.

그 가운데 처음에는 깨뜨릴 바를 거론한 것이요

다음에 그런 까닭으로 일어나는 마음이 다 허망한 생각이라고 한 아래는 게송으로써 바로 깨뜨린 것이다.

일어나는 마음이 다 허망한 생각이요 허망한 생각을 끊어야 바야흐로 진실한 마음이라고 한 것은 그 위에 반 게송[92]을 해석한 것이요 허망한 생각이 본래 스스로 없어서 이에 끊을 것도 또한 없음을 분별한 것이라고 한 것은 그 아래 반 게송을 해석한 것이니, 자성이 공하여 허망한 생각이 본래 없다는 것은 또한 가히 사량으로 얻을 수 없는 까닭이다.

故中論云下는 引證이니 即如來品이라 初에 廣破有如來竟하고 末後結云호대 若於一異中에도 如來不可得이요 五種求亦無인댄 云何受中有리요 又所受五陰이 不從自性有니 若無有自性인댄 云何有他性이리요 以如是義故로 受空受者空거니 云何當以空으로 而說空如來리요하니라 次破於空호대 四句皆拂頌云호대 空則不可說이요 非空不可說이요 共不共叵說이나 但以假名說이라하니라 何以故요 寂滅相中엔 無常無常等四하며 寂滅相中엔 無無無邊等四이라하니라 次問云호대 若如是破인댄 應無如來라할새 次偈答云호대 邪見深厚者는 則說無如來나 如來寂滅相은 分別有亦非니라 如是性空中엔 思惟亦不可나 如來滅度後에 分別於有無라하니라 次總拂偈云호대 如來

過戲論이나 而人生戲論하니 戲論破慧眼일새 是皆不見佛이라하며
長行釋云호대 戲論名憶念이니 分別有此彼라하니라 又云호대 此如
來品의 初中後에 思惟如來하야도 定性不可得이니 是故偈說호대 如
來所有性이 卽是世間性이나 如來無有性일새 世間亦無性이라하니
라 此上諸偈가 文義相連이나 家但引同今經偈니라 用此文者는 明是
龍樹가 取此經意하야 而爲論偈니라

그런 까닭으로『중론』에 말하기를이라고 한 아래는 인용하여 증거한
것이니 곧 여래품이다.
처음에 여래가 있다고 한 것을 널리 깨뜨려 마치고 말후에 맺어
말하기를
만약 일·이一異 가운데[93]도
여래를 가히 얻을 수 없고
오음[94] 가운데서 구하여도 또한 없다고 한다면
어떻게 오음을 받는(受隱) 가운데[95] 있겠는가.

또 받은 바 오음이

---

[93] 일·이一異 가운데라고 한 것은 오음 가운데서 여래를 구하는 것이다. 일·이一異
를 잡아서 구하여도 얻을 수 없다고 말하는 것이니, 일一과 이異는 곧 떠나는
것과 즉하는 것이다. 역시『잡화기』의 말이다.
[94] 원문에 오종五種은 오음이니 즉 색음에서 여래를 구하여도 여래를 얻을
수 없고 수음 등도 또한 다시 이와 같다.
[95] 원문에 수중受中이라 한 수受는 오음이다. 역시『잡화기』의 말이다.

자성으로 좇아 있는 것도 아니니
만약 자성이 없다면
어떻게 타성他性이 있겠는가.

이와 같은 뜻인 까닭으로
오음을 받는 것도 공하고 오음을 받을 자도 공하거니
어떻게 마땅히 공으로써
공한 여래[96]를 설하겠는가 하였다.

다음에 공을 깨뜨리되 네 구절로 다 떨치는 게송에 말하기를
공여래도 곧 가히 설할 수 없고
비공非空여래도 가히 설할 수 없고
공共여래와[97] 불공不共여래도 설할 수 없지만
다만 거짓 이름으로 설하였을 뿐이다 하였다.

무슨 까닭인가.[98]
적멸한 모습 가운데는
유상과 무상 등 사구가 없으며
적멸한 모습 가운데는

---

96 원문에 공여래空如來란, 空如來까지 세 게송을 引用하였다.
97 공共여래 운운은, 共여래는 空여래와 非空여래를 함께 인정하는 共여래이고,
  不共여래는 空여래와 非空여래를 함께 부정하는 不共여래이다.
98 하이고何以故는 『중론中論』 게송(偈)의 말이 아니다.

유변과 무변 등 사구가 없다 하였다.

다음에 물어[99] 말하기를 만약 이와 같이 깨뜨린다면 응당 여래가
없을 것이다 하기에, 다음 게송에서 답하여 말하기를
사견이 깊고 두터운 사람은
곧 여래가 없다고 말하지만
여래의 적멸한 모습은
있다고 분별하여도 또한 잘못된 것이다.

이와 같이 자성이 공한 가운데는
사유하는 것도 또한 옳지 못하지만
여래가 멸도한 뒤에
있다 없다 분별할 뿐이다 하였다.

다음에 모두 떨쳐버리는 게송에 말하기를
여래는 희론을 지났지만
사람들이 희론을 생기하나니
희론은 지혜의 눈을 깨뜨리기에
이런 사람은 다 부처님을 볼 수 없다 하였으며,
장행문에 해석하여 말하기를 희론은 이름이 기억하여 생각하는

---

[99] 원문에 차문次問으로 차게약운次偈若云까지는 『중론中論』 게송(偈)의 말이
아니다.

것이니

이것과 저것이 있다고 분별하는 것이다 하였다.

또 말하기를[100] 이 여래품의 처음과 중간과 뒤에 여래를 사유하여도 결정된 자성을 가히 얻을 수 없나니,

그런 까닭으로 게송에 말하기를

여래가 소유한 자성이

곧 이 세간의 자성이지만

여래가 자성이 없기에

세간도 또한 자성이 없다 하였다.

이 위에[101] 인용한 『중론』의 모든 게송이 문장과 뜻이 서로 연결되어 있지만 소가疏家가 다만 지금에 『화엄경』의 게송과 같은 것만 인용하였다.

이 문장을 인용한 것이라고 한 것은 용수보살이 이 화엄경에 게송의 뜻을 취하여 『중론』에 게송의 뜻을 삼은 것을 밝힌 것이다.

---

100 원문에 우운又云이란, 장행문長行文에서 해석한 것이다.

101 원문에 차상此上 운운은 약어일이중若於一異中으로부터 세간역무성世間亦無性이라 한 여래품如來品 마지막까지 다 연결된 문장이다. 그러나 청량은 疏에서 여래적멸상如來寂滅相은 분별유역비分別有亦非며 여시성공중如是性空中엔 사유역불가思惟亦不可라 하여 금경今經의 게송과 뜻이 같은 것만 인용引用하였다는 것이다.

疏

後一은 顯觀益이라 心冥體性인댄 惑何由生이리요 亦含三止意也
니라

뒤에 한 게송은 관찰하는 이익[102]을 나타낸 것이다.
마음이 자체성에 명합하였다면 번뇌가 무엇을 인유하여 생기겠는
가. 또한 삼지三止의 뜻도 포함하였다.

鈔

亦含三止意者는 上云호대 心冥性佛은 卽停止止니 心安正理故요
止絶思求는 卽止息止며 今偈疏文에 卽心冥體性은 停止止也요 惑
何由生은 止息止也라 直就經文의 體性皆如인댄 卽是對不止止也니
謂法性은 非止非不止나 而冥性爲止일새 故云對不止止라하니라

또한 삼지의 뜻도 포함하였다고 한 것은 위[103]에서 말하기를 마음이
자성불에 명합하였다고 한 것은 곧 정지의 지止이니 마음을 바른
진리에 안치한 까닭이요
사량으로[104] 구하는 것을 그쳐 끊는다고 한 것은 곧 지식의 지止이며

---

102 관찰하는 이익이라고 한 것은 응당 그치는 이익(止益)이라고 해야 할 것이나
   그러나 이 그치는 것(止)이 이 관찰하는(觀) 분상에 그치는 것(止)인 까닭으로
   관찰하는 이익이라 말한 것이다. 역시 『잡화기』의 말이다.
103 위(上)란, 영인본 화엄 5책, p.475, 8행이다.

지금 게송의 소문에 곧 마음이 자체성에 명합하였다고 한 것은
정지의 지요
번뇌가 무엇을 인유하여 생기겠는가 한 것은 지식의 지이다.
바로 경문에 자체성이 다 이와 같다고 함에 나아간다면 곧 이것은
부지不止의 지止를 상대한[105] 것이니,
말하자면 모든 법의 자체성은 지止도 아니고 부지不止도 아니지만
그러나 자체성에 명합함으로 지止를 삼기에 그런 까닭으로 말하기를
부지의 지를 상대한 것이다 하였다.

疏

又亦通結止觀이니 稱上而觀하야 見惑性空인댄 卽同佛性거니 何
能染哉아

또 또한 지와 관을 모두 맺는 것이니,
위[106]의 관觀에 칭합하여 번뇌의[107] 자성이 공한 줄 본다면 곧 부처님의

---

104 사량 운운은 영인본 화엄 5책, p.475, 8행이다.

105 부지不止의 지止를 상대한다고 한 것은, 모든 법의 자체성은 지止와 부지不止가
아니지만 그러나 자체성에 명합하지 아니함을 상대하여 자체성에 명합함으
로써 지止를 삼는 것이다. 그러나 이 가운데 삼지三止가 체진지體眞止 등
삼지三止로 더불어 이름은 다르지만 뜻은 같나니, 가히 차례와 같이 배대하여
취할 것이다. 역시 『잡화기』의 말이다. 이 가운데 삼지는 정지지停止止와
지식지止息止와 부지지不止止이다.

106 위(上)란, 영인본 화엄 5책, p.473, 4행에 前二偈는 진관眞觀이라 하고, 後二偈

자성과 같거니 어찌 능히 물들겠는가.

鈔

又亦通結止觀者는 卽以第四偈로 結上三偈也니 而止已先明일새
故此疏文엔 但結上觀이라

또 또한 지와 관을 모두 맺는다고 한 것은 곧 네 번째 게송으로서
위에 세 가지 게송을 맺는 것이니,
지止는 이미 먼저 밝혔기에[108] 그런 까닭으로 여기 소문에서는 다만
위의 관觀만을 맺는 것이다.

는 진지眞止라 하였다.

107 번뇌 운운은 뒤에 止이다.

108 원문에 지이선명止已先明이란, 上의 觀보다 먼저 밝혔다는 말이 아니고,
바로 위에 곧 영인본 화엄 5책, p.479, 5행에서 다 밝혔다는 것이다.

經

凡夫見諸法호대 但隨於相轉하고

不了法無相일새 以是不見佛이니다

범부는 모든 법을 보되

다만 모습만을 따라 유전하고

법이 모습이 없는 줄 알지 못하기에

이에 부처님을 보지 못합니다.

疏

第三에 一偈는 迷性이라 於中에 上半取法이요 次句迷性이요 末句

結過라

제 세 번째 한 게송은 자성을 미혹하고 법을 취한[109] 것이니,

그 가운데 위에 반 게송은 법을 취한 것이요

다음 구절은 자성을 미혹한 것이요

끝 구절은 허물을 맺는 것이다.

---

109 자성을 운운은 영인본 화엄 5책, p.472, 3행에 구체적으로 미성취법迷性取法인
댄 불견불不見佛이라 하였다.

⟨經⟩

牟尼離三世하사 諸相悉具足하며
住於無所住하사 普遍而不動하니다

석가모니께서는 삼세를 떠나
모든 모습을 다 구족하였으며
머무는 바 없이 머무시어
널리 두루하시지만 움직이지 않으십니다.

⟨疏⟩

第四에 一偈는 佛卽同法如니 謂同空法故로 離三世요 同假法故로
相具足이요 同雙遣故로 無住無著이요 同如體故로 遍不動搖니라

제 네 번째 한 게송은 부처님이 곧 법이 여여함과 같은[110] 것이니
말하자면 공한 법과 같은 까닭으로 삼세를 떠났다는 것이요
거짓 법과 같은 까닭으로 모든 모습을 구족했다는 것이요
둘 다 보냄과 같은 까닭으로 머무름도 없고 집착함도 없다는 것이요
진여의 자체와 같은 까닭으로 두루하지만 움직이지 않는다는 것
이다.

---

110 부처님이 운운은 영인본 화엄 5책, p.472, 3행에는 불즉동법佛卽同法이 위진불
爲眞佛이라 하였다.

經

我觀一切法하야 皆悉得明了일새
今見於如來호대 決定無有疑니이다

나는 일체법을 관찰하여
다 분명하게 앎을 얻었기에
지금에 여래를 보되
결정코 의심이 없습니다.

疏

第五에 一偈는 引己이니 於中에 此親自證하야 希衆無惑이라

제 다섯 번째 한 게송은 자기를 인용한[111] 것이니,
그 가운데 이것은 친히 스스로 증득하여 대중이 의혹이 없기를
바라는 것이다.

---

111 원문에 인기引己란, 경문에 아관일체법我觀一切法 운운을 말한다.

經

法慧先已說　如來眞實性일새
我從彼了知　菩提難思議하니다

법혜보살이 먼저 이미
여래의 진실한 자성을 설하였기에
나도 저 법혜보살을 좇아
보리의 사의하기 어려운 것을 알았습니다.

疏

第六에 一偈는 推功有本者는 非師心也라 亦謙己推人은 異乎凡
情이며 令法鉤鎖며 殊塗同致니 下八準之니라

제 여섯 번째 한 게송은 공덕이 근본이 있다고 미루는 것[112]은 스승의
마음이 아니다.[113]
또 자기를 겸손하고 다른 사람[114]에게 미루는 것은 범부의 마음과

---

112 원문에 추공유본推功有本은 경문經文에 아종피요지我從彼了知 운운이다.
113 스승의 마음이 아니라고 한 것은 자기 마음으로써 스승을 삼고 반드시
　　다른 사람을 취하여 스승을 삼지 않는 것을 말한 것이다. 혹은 말하기를
　　이미 다른 사람에게 미루었다면 곧 이것은 스스로 스승의 마음이 없다는
　　것이라 하였다. 역시 『잡화기』의 말이다.
　　원문에 비사非師의 非 자는 속장경엔 추推 자이니, 推 자가 설득력이 있다.

다른 것이며

법으로 하여금 구쇄鉤鎖[115]케 하는 것이며

길은 다르지만 이르는 곳은 같은[116] 때문이니,

이 아래 여덟 보살도 이것을 기준할 것이다.

鈔

第六偈는 推功下는 此有四意하니 一은 明義意相承有本이요 二에 亦謙 己下는 揀異凡情이요 三에 令法下는 辨法相承이요 四에 殊途下는 彰法體連合이니 次八菩薩도 例有此四니라

제 여섯 번째 한 게송은 공덕이 근본이 있다고 미루는 것이라고 한 아래는 여기에 네 가지 뜻이 있나니

첫 번째는 뜻이 서로 이어짐에 근본이 있는 것을 밝힌 것이요

두 번째 또 자기를 겸손하고 다른 사람에게 미룬다고 한 아래는 범부의 생각과 다름을 가린 것이요

세 번째 법으로 하여금이라고 한 아래는 법이 서로 이어짐을 분별한 것이요

네 번째 길은 다르지만이라고 한 아래는 법의 자체가 이어서 합함을

114 여기서 사람이란, 법혜보살法慧菩薩이다.

115 구쇄鉤鎖란, 상승相承의 뜻으로 연쇄적이라는 의미이다.

116 원문에 수도동치殊塗同致란, 『사기史記』에 殊塗同致라는 말이 있다. 즉 길은 다르지만 돌아가는 곳은 같다는 뜻이다.

밝힌 것이니,

다음에 여덟 보살도 그 예例가 여기서처럼 네 가지가 있다.

經

爾時勝慧菩薩이 承佛威力하야 普觀十方하고 而說頌言호대

如來大智慧는 希有無等倫이니
一切諸世間이 思惟莫能及이니다

그때 승혜보살이 부처님의 위신력을 받아 널리 시방을 관찰하고
게송을 설하여 말하기를

여래의 큰 지혜는
희유하여 짝할 사람이 없나니
일체 모든 세간이
사유하여도 능히 미칠 수 없습니다.

疏

第三에 西方勝慧는 以解佛勝智하야 隨空心淨일새 故以爲名이라
頌意는 爲顯欲令菩薩智慧로 明了니 卽大智로 了如及佛性故니
라 十頌分四리니 初一은 讚智爲迷悟本이요 次四는 正顯迷悟요
次四는 喩前得失이요 後一은 推功有在라 今初는 由難思故로 迷라
하나 難則容有思者故로 有悟니라

제 세 번째 서방에 승혜보살은 부처님의 수승한 지혜를 알아 공함을

따라 마음이 청정하기에 그런 까닭으로 승혜라 이름한 것이다.
게송의 뜻은 보살의 지혜로 하여금 밝게 알게 하고자 함을 나타낸
것이니,
곧 큰 지혜로 진여와 그리고 불성을 아는 까닭이다.
열 가지 게송을 네 가지로 나누리니
처음에 한 게송은 지혜가 미혹하고 깨닫는 근본이 됨을 찬탄한
것이요
다음에 네 가지 게송은 바로 미혹하고 깨닫는 것을 나타낸 것이요
다음에 네 가지 게송은 앞에 득·실을 비유한 것이요
뒤에[117] 한 게송은 공덕의 소재所在가 있다고 미루는 것이다.

지금은 처음으로 사유하기 어려움을 인유한 까닭으로 미혹함이
된다 한 것이지만 사유하기 어렵다는 것은 곧 사유할 자가 있음을
용납한 까닭으로 깨달을 자가 있다는 것이다.

鈔

第三에 西方勝慧는 解佛勝智는 約此偈明이요 隨空心淨은 卽表位中
義라 故彼文云호대 所謂觀一切法無常과 一切法苦와 一切法空等이
라하니 故云隨空心淨이라하니라 下七菩薩의 初釋名中에도 皆有二意
하니 細尋準此니라

---

117 後 자 아래에 一 자가 있는 것이 좋다. 즉 후일송後一頌은 제십송第十頌이니
　　영인본 화엄 5책, p.512, 9행에 있다.

제 세 번째[118] 서방에 승혜보살은 부처님의 수승한 지혜를 안다고
한 것은 이 게송[119]을 잡아 밝힌 것이요

공함을 따라 마음이 청정[120]하다고 한 것은 곧 지위 가운데 뜻을
표한 것이다.

그런 까닭으로 저 문장에 말하기를 말하자면 일체법이 무상하고
일체법이 고통이고 일체법이 공하다고 한 등을 관찰한다 하였으니
그런 까닭으로 말하기를 공함을 따라 마음이 청정하다 하였다.
아래 일곱 보살의 처음 이름을 해석하는 가운데도 다 두 가지 뜻[121]이
있나니

자세히 찾아 이것을 기준할 것이다.

---

118 초鈔 자 아래에 第三에 서방승혜西方勝慧는 해불승지解佛勝智라는 말이 들어
　　가야 좋다. 따라서 첨가하였다. 『잡화기』도 이와 같이 말하였다.

119 원문에 차게此偈란, 여기 승혜보살勝慧菩薩이 송頌한 십 게송(十偈)를 말한다.

120 정靜 자는 淨 자의 잘못이다.

121 원문에 이의二義는, 一은 해불승지解佛勝智이고, 二는 수공심정隨空心淨이다.

經

凡夫妄觀察하야　取相不如理어니와
佛離一切相일새　非彼所能見이니다

迷惑無知者는　妄取五蘊相하야
不了彼眞性하나니　是人不見佛이니다

범부는 허망하게 관찰하여
모습만 취하고 진리와 같이 않거니와
부처님은 일체 모습을 떠났기에
저들이 능히 볼 바가 아닙니다.

미혹하여 알지 못하는 사람은
허망하게 오온의 모습만 취하여
저 오온의 참다운 실성을 알지 못하나니
이 사람은 부처님을 보지 못합니다.

疏

次四는 迷悟라 於中에 初二迷요 後二悟라 迷中初一은 心外取境
하야 生想違理일새 故不能見無相之佛이요 後偈는 取內蘊相하야
不了蘊性일새 故不見心佛이라 亦是愚法小乘일새 故名無知者라
하나라

다음에 네 가지 게송은 미혹하고 깨닫는 것을 나타낸 것이다.
그 가운데 처음에 두 게송은 미혹함을 나타낸 것이요
뒤에 두 게송은 깨달음을 나타낸 것이다.
미혹함을 나타내는 가운데 처음에 한 게송은 마음 밖에 경계를
취하여 허망한 생각을 내어[122] 진리를 어기기에 그런 까닭으로 능히
모습이 없는 부처님을 보지 못하는 것이요
뒤에 게송은 안으로 오온의 모습만 취하여 오온의 실성을 알지
못하기에 그런 까닭으로 마음에 부처님을 보지 못하는 것이다.
또한 우법 소승이기에 그런 까닭으로 이름을 알지 못하는 사람이라[123]
하였다.

---

122 원문에 생상生想이라고 한 것은 소본에는 집상執相이라 하니 옳다 하겠다.
   역시 『잡화기』의 말이다.
123 그런 까닭으로 이름을 알지 못하는 사람이라고 한 것은 알지 못한다고
   한 것이 이것이 어리석다는 뜻이니, 대개 범부를 잡은 즉 모두 다섯 글자(미혹
   무지자迷惑無知者)로 가리키고, 소승을 잡은 즉 다만 세 글자(무지자無知者)로만
   가리키는 것이다. 역시 『잡화기』의 말이다. 원문에 여자如者라 한 여如
   자는 지知 자의 잘못이다.

經

了知一切法이　自性無所有니
如是解法性하면 則見盧舍那리다

因前五蘊故로　後蘊相續起니
於此性了知하면 見佛難思議리다

일체법이[124]
자성이 있는 바가 없는 줄 알아야 할 것이니
이와 같이 법의 실성을 안다면
곧 노사나 부처님을 볼 것입니다.

앞에 오온을 인한 까닭으로
뒤에 오온이 상속하여 일어나나니
이 오온의 실성을 안다면
부처님의 사의하기 어려운 모습을 볼 것입니다.

疏

後二悟中에 前明倒想은 內外俱妄이요 今有了因은 內外皆悟니라

---

124 원문에 요지일체법了知一切法 운운은 자장율사가 중국 오대산 문수보살상
앞에서 기도하고 그 가피로 가사와 발우 그리고 이 게송을 받아 왔다고
전하여지는 유명한 게송이다.

初偈는 翻前外取니 謂了一切法이 即心自性이나 性亦非性하야
情破理現하면 則見舍那하야 稱於法性하야 無內外也리라

뒤에 두 게송은 깨달음을 나타낸다고 한 가운데 앞[125]에 전도된
허망한 생각을 밝힌 것은 안과 밖이 함께 미망迷妄인 것이요
지금[126]에 요인了因이 있는 것은 안과 밖이 다 깨달음인 것이다.
처음에 게송은 앞에서 밖으로 취한 것을 번복한 것이니,
말하자면 일체법이 곧 마음의 자성[127]이지만 그 자성도 또한 자성이
없는 줄 알아서 망정이 깨어지고 진리가 나타난다면 곧 노사나
부처님을 보아 법성에 칭합하여 안과 밖이 없을 것이다.

鈔

謂了一切法等者는 即心自性은 此是表詮이니 由一切法無性일새 故
로 即我心之實性이라 言性亦非性者는 此是遮詮이니 即上眞性이 以
無性爲性也니라 即心自性은 如圓成性이요 性亦非性은 如勝義의 無
自性性이니 以偈但云호대 一切法이 自性無所有故라할새 故復遣性
이라

---

125 앞(前)이란, 前二偈이다.
126 지금(今)이란, 此二偈이다.
127 곧 마음의 자성이라고 한 것은 모든 법의 자성이 진실로 있는 바가 없음을
   말하는 것이니, 곧 마음의 자성이라고 한 것은 곧 경문 가운데 법성이라고
   한 글자에 해당하는 것이다. 역시 『잡화기』의 말이다.

말하자면 일체법이라고 한 등은 곧 마음의 자성이라고 한 것은
이것은 표전表詮이니,

일체법이 자성이 없음을 인유하기에 그런 까닭으로 곧 내 마음의
실성이다.

그 자성도 또한 자성이 없는 줄 안다고 말한 것은 이것은 차전遮詮
이니,

곧 위에 참다운 실성이 자성이 없는 것으로 자성을 삼은 것이다.

곧 마음의 자성이라고 한 것은 원성실성과 같고, 그 자성도 또한
자성이 없다고 한 것은 승의勝義의 자성이 없는 자성과 같나니,
게송에서는[128] 다만 일체법이 자성이 있는 바가 없는 까닭이라고만
하였기에 그런 까닭으로 소문에서 다시 그 자성조차 보내는 것이다.

疏

後偈는 翻前內取니 了蘊性相인댄 則見自心之佛이 與盧舍那로
非一非異일새 故難思議니라

뒤에 게송은 앞에서 안으로 취한 것을 번복한 것이니,

---

128 게송에서는 운운한 것은 게송문이 다만 진성으로써 저 모든 법을 보내는
    것만 말한다면 곧 다만 이것은 표전表詮뿐이고, 이 자성도 또한 자성이
    없다고 한 것을 말하지 아니한 까닭으로 저 소문 가운데서 그 자성조차
    보내는 것이다. 역시 『잡화기』의 말이다.

오온의 실성과 모습을 안다면 곧 자기 마음에 부처님이 노사나
부처님으로 더불어 하나도 아니고 다르지도 아니함을 볼 것이기에
그런 까닭으로 사의하기 어렵다는 것이다.

疏

然이나 此一偈文이 含多意하니 一은 但是蘊縛하야 無有我人이니
則破前凡夫의 取我相也요 二는 前後因依하야 相續無性이니 則破
凡小의 取法相也라

그러나 이 한 게송의 문장이 수많은 뜻을 포함하고 있나니
첫 번째는[129] 다만 오온으로 얽혀 나와 남이 없는 것이니,
곧 앞에 범부가 나(我)에 취착하는 모습을 깨뜨리는 것이요
두 번째는 앞에 오온과 뒤에 오온이 의지함을 인하여 상속하지만
자성이 없는 것이니,
곧 범부와 소승이 법에 취착하는 모습을 깨뜨리는 것이다.

---

129 첫 번째 운운은 두 가지 뜻 가운데 처음에 뜻은 전후의 오온이 상속함을
인한 까닭으로 이 몸이 있는 것이니 곧 이것은 다만 오온으로 얽힌 것이라고만
하여 아집을 깨뜨리고, 뒤에 뜻은 전후의 오온이 상속하는 것이 응당 그
체성이 원래 공한 까닭이라고 하여 법집을 깨뜨리는 것이다. 역시 『잡화기』의
말이다.

鈔

一但是蘊縛等者는 卽涅槃二十九에 師子吼難云호대 如佛所說하야 一切諸法이 有二種因하니 一者는 正因이요 二者는 緣因이니다 以是二因으로 應無縛解리다 是五陰者는 念念生滅이니 如其生滅인댄 誰縛誰解릿가 世尊이시여 因此五陰하야 生後五陰인댄 此陰自滅하야 不至彼陰이니 雖不至彼나 能生彼陰이 如子生芽에 子不至芽나 而能生芽하야 衆生亦爾어니 云何縛解릿가 下佛牒以爲答호대 引蠟印印埿에 印壞文成喩竟云호대 生時諸根이 有具不具하니라 具者見色하면 則生於貪하나니 生於貪故로 則名爲愛요 狂故生貪하나니 是名無明이요 貪愛無明의 二因緣故로 所見境界가 皆悉顚倒하야 無常見常하며 無我見我하며 無樂見樂하며 無淨見淨하나니라 以四倒故로 作善惡行하야 煩惱作業하고 業作煩惱일새 是名繫縛이니 以是義故로 名五陰生이라하니라 此中意云호대 雖復生滅이나 不妨繫縛이라할새 故今用云호대 但是蘊縛하야 無有我人이라하니라

첫 번째는 다만 오온으로 얽혔다고 한 등은 곧 『열반경』 이십구권에 사자후보살이[130] 의심하여 말하기를[131] 부처님께서 설하신 바와 같아

---

130 원문에 열반이십구涅槃二十九 사자후師子吼 운운은 한글대장경 열반부 1의 p.533, 상단上段 초두에 있다. 남본南本(한글장경)은 27권卷이다.

131 사자후보살이 의심하여 말하였다고 한 것은 사자후보살이 의심한 뜻은 이미 두 가지 원인(정인正因과 연인緣因)으로써 오음이 생기함을 얻는다면 곧 인연으로 생기한 법은 본래 실체가 없나니 누가 하여금 풀어주고 얽어매며, 또 저 오음이 생각 생각에 생멸한다면 누가 하여금 풀어주고 얽어매겠습

서 일체제법이 두 가지 원인이 있나니

첫 번째는 정인正因이요

두 번째는 연인緣因입니다.

이 두 가지 원인으로써 응당 얽어매고 풀어줌이 없을 것입니다.

이 오음이라는 것은 생각 생각에 생멸하는 것이니 만약 생멸한다면 누가 얽어매고 누가 풀어주겠습니까.

세존[132]이시여, 현재 이 오음을 인하여 뒤[133]에 오음을 생기한다면 이 오음이 스스로 사라져 저 오음에 이른 것이 아니니, 비록 저 오음에 이르지 않았지만 능히 저 오음을 생기하는 것이 마치 종자가 싹을 생기함에 종자가 싹에 이른 것이 아니지만 능히 싹을 생기하는 것과 같아서, 중생도 또한 그러하거니 어떻게 얽어매고 풀어주겠습니까.

아래에 부처님이 첩석하여 답하시기를 밀랍 도장[134]으로 진흙에

니까 하여 두 가지 의심을 개설한 것이니, 그 가운데 정인은 곧 번뇌의 모든 결박은 생인生因이라 한 것이고, 연인은 곧 중생의 부모는 요인了因이라 한 것(영인본 화엄 5책, p.488, 9행)이니 위에 정인은 곧 또한 정인이고 또한 생인인 까닭이며, 아래 연인은 곧 또한 연인이고 또한 요인인 까닭이다. 역시 『잡화기』의 말이다. 영인본 화엄 5책, p.488, 7행, 『열반경』 28권의 말을 참조할 것이다.

132 세존이라 한 아래는 위에 생멸의 뜻을 해석한 것뿐이다. 역시 『잡화기』의 말이다.

133 뒤란, 미래이다.

134 밀랍 도장이라고 한 비유는 저 진흙에 도장을 찍음에 문채는 생기고 도장은 없어지는 것이지만, 그러나 그 뜻은 곧 앞에 생기고 뒤에 사라지는 것이

찍음에 도장이 없어지고 문채가 이루어진다는 비유를 이끌어 마치 고[135] 이르시기를 태어날 때에 육근이 갖추어진 사람과 갖추어지지 아니한 사람이 있다.

갖추어진 사람은[136] 형색을 보면 곧 탐욕을 내나니 탐욕을 내는 까닭으로 곧 이름이 사랑(愛)이 되고, 미친 까닭으로 탐욕을 내나니 이 이름이 무명이 되고, 탐애와 무명의 두 가지 인연인 까닭으로 보는 바 경계가 다 전도되어 영원함이 없는 것을 영원함이 있다고 보며,

내가 없는 것을 내가 있다고 보며,

즐거움이 없는 것을 즐거움이 있다고 보며,

청정함이 없는 것을 청정함이 있다고 보는 것이다.

이 네 가지 전도된 소견인 까닭으로 선악의 행을 지어 번뇌로 업을 짓고 업으로 번뇌를 짓기에 이 이름이 얽어맨다는 것이니,

이런 뜻인 까닭으로 이름이 오음으로 생기한다 하였다.

이 『열반경』 가운데 뜻에 말하기를 비록 다시 생멸하지만 얽어매임에 방해롭지 않다 하였기에 그런 까닭으로 지금에 인용하여 말하기

다 번뇌와 그리고 업을 인유하여 항상 이어져 얽혀 있다는 것이다. 역시 『잡화기』의 말이다.

135 意 자는 竟 자의 오자誤字이다.

136 갖추어진 사람 운운은 말하자면 육근이 갖추어진 사람은 반드시 경계에 당하여 집착을 내는 까닭으로 특별히 거론한 것이고, 만약 육근이 갖추어지지 아니한 사람은 비록 탐애貪愛가 있으나 다만 경계에 당하여 탐욕을 취할 뜻이 없는 까닭으로 말하지 않은 것이다. 역시 『잡화기』의 말이다.

를 다만 오온으로 얽혀 나와 남이 없다 한 것이다.

疏

此性이 卽第一義空이요 第一義空이 卽是佛性이라

이 자성이 곧 제일의공이요, 제일의공이 곧 이 불성이다.

鈔

此性이 卽是第一義空下는 會通佛性이라 然案顯文인댄 但辨二空의 理已玄矣요 觀其法喩인댄 包涅槃經의 佛性深義일새 故復顯之니 此 中에 文勢連環이라 先總示佛性은 卽師子品初니 如前玄中에 已廣引 竟이라

이 자성이 곧 이 제일의공이라고 한 아래는 불성을 회통한 것이다. 그러나 나타난 문장을 안찰하건대 다만 이공二空의 진리가 이미 현묘한 것만 분별하였을 뿐이고

그 법과 비유를 관찰하건대 『열반경』의 불성이 깊은 뜻을 포함하고 있기에 그런 까닭으로 다시 나타낸 것이니,

이 가운데 문세는 이어진 고리와 같다.[137]

---

137 원문에 차중문세연환此中文勢連環이란, 소문疏文을 기준한다면 자성이 제일 의공이요, 제일의공이 곧 불성佛性이라고 말한 것처럼 연속으로 이어짐을 말하는 것이다.

먼저 불성을 한꺼번에 현시한 것은 곧 사자후보살품 초두에 있는 말이니,
앞의 『현담』 가운데서 이미 폭넓게 인용하여 마친 것과 같다.

疏

又上性無所有는 正因性也요 前解此了는 皆了因性이라

또 위에서[138] 자성이 있는 바가 없다고 한 것은 정인正因불성이요 앞에서 안다[139]고 한 것과 여기에서 안다[140]고 한 것은 다 요인了因불성이다.

鈔

又上性無所有下는 別示諸因이니 先은 指經以明이라 性無所有者는 卽前偈에 自性無所有니 內外雖異나 皆是第一義空일새 故指前偈며 亦卽此偈에 於此性也니라 旣以第一義空로 爲正因佛性일새 故로 性無所有는 卽正因也니라 前解此了者는 前偈云호대 如是解法性이라 할새 故云前解라하고 此偈云호대 於此性了知라할새 故云此了라하니

---

138 또 위에서 운운한 것은 비록 다만 앞에 게송(영인본 화엄 5책, p.483, 3행)만 거론한 것 같지만 또 합당히 뒤의 게송(영인본 화엄 5책, p.483, 4행)도 거론한 까닭으로 뒤의 초문 가운데서 그것을 가리켰다. 역시 『잡화기』의 말이다.

139 원문에 전해前解란, 경문에 여시해법성如是解法性이다.

140 원문에 차요此了란, 경문에 어차성요지於此性了知이다.

並是了因이라 明知하라 一切衆生이 雖有第一義空인 智慧之性이나
若無般若等으로 爲了因者인댄 終不成佛하리라 上通二偈하야 以出
正了니라

또 위에서 자성이 있는 바가 없다고 한 것이라고 한 아래는 모든
원인을 따로 시현한 것이니,
먼저는 이 경[141]을 가리켜 밝힌 것이다.
자성이 있는 바가 없다고 한 것은 곧 앞의 게송에 법의 자성이
있는 바가 없다 한 것이니,
안과 밖이 비록 다르지만 다 제일의공이기에 그런 까닭으로 앞의
게송을 가리킨 것이며 또한 곧 이 게송에 이 오온의 실성이다 한
것이다.
이미 제일의공으로써 정인불성을 삼았기에 그런 까닭으로 자성이
있는 바가 없다고 한 것은 곧 정인불이다 한 것이다.

앞에서 안다고 한 것과 여기에서 안다고 한 것은 앞의 게송에서
말하기를 이와 같이 법의 실성을 안다 하였기에 그런 까닭으로
말하기를 앞에서 안다고 한 것이다 하였고,
여기 게송에서 말하기를 이 오온의 실성을 안다 하였기에 그런
까닭으로 말하기를 여기에서 안다고 한 것이다 하였으니
모두 요인불성이다.

---

141 경經이란, 전게前偈에 자성무소유自性無所有라 한 것이다.

분명히 알아라. 일체중생이 비록 제일의공인 지혜의 자성이 있지만 만약 반야 등으로 요인을 삼지 않는 사람이라면 마침내 부처를 이루지 못할 것이다.

이상은 두 게송을 회통하여 정인불성과 요인불성을 설출한 것이다.

疏

此蘊相續은 卽是正因이며 亦名生因이라 言正因者는 是中道義요 中道는 卽是佛性이라 謂現在陰滅에 中陰陰生이나 是現在陰이 終不變爲中陰五陰이니 故現陰非常이요 如種生芽에 種不至芽며 雖不至芽나 而能生芽인달하야 此現在陰이 雖不至後나 而能生後 니 則現陰非斷이요 而中陰五陰도 亦非自生이며 不從餘來나 因現 五陰하야 生中陰陰이니 斯則後陰이 非無因故로 後陰非常이며 旣 能續前故로 後陰非斷이라 非斷非常이 是中道義니 正因性也요 能生佛果일새 故曰生因이라하니라 衆生佛性이 有二種因하니 一 者는 正因이요 二者는 緣因이라 正因者는 謂諸衆生이니 是故五陰 이 卽正因也요 緣因者는 謂六波羅蜜이니 非蘊相生일새 名緣因也 니라 今以了因으로 了彼正因일새 故曰於此性了知라하니 了卽般 若며 亦緣因也니라

여기[142]에서 오온이 상속한다고 한 것은 곧 정인正因이며 또한 이름이

생인生因이다.

정인이라고 말한 것은 이 중도의 뜻이요

중도는 곧 이 불성이다.

말하자면[143] 현재의 오음이 사라짐에 중음의 오음이 생겨나지만 이 현재의 오음이 마침내 변하여 중음의 오음이 된 것이 아니니 그런 까닭으로 현재의 오음은 영원한 것이 아니요[144]

마치 종자가 싹을 생기함에 종자가 싹에 이른 것이 아니며 비록 싹에 이른 것이 아니지만 능히 싹을 생기하는 것과 같아서, 이 현재의 오음이 비록 뒤의 오음에 이른 것이 아니지만 능히 뒤의 오음을 생기하나니 곧 현재의 오음은 단멸한 것이 아니요[145]

중음의 오음도 또한 스스로 생기한 것이 아니며 나머지 다른 곳을 좇아 온 것도 아니지만 현재의 오음을 인하여 중음의 오음을 생기하나니,

이것은 곧 뒤의 오음이 원인이 없지 않는 까닭으로 뒤의 오음은 영원한 것이 아니며, 이미 능히 앞의 오음을 상속하는 까닭으로 뒤의 오음은 단멸한 것이 아니다.

단멸한 것도 아니고 영원한 것도 아닌 것이[146] 이 중도의 뜻이니 정인불성이요,

---

143 말하자면이라고 한 아래는 『열반경』 사자후보살품이니, 앞에 영인본 화엄 5책, p.484, 7행에 이미 인용하였다.

144 원문에 비상非常이다.

145 원문에 비단非斷이다.

146 원문에 비상비단非常非斷이다.

능히 불과佛果를 생기하기에 그런 까닭으로 말하기를 생인불성이다
하였다.

중생의 불성이 두 가지 원인이 있나니
첫 번째는 정인불성이요
두 번째는 연인불성이다.
정인불성이라고 한 것은 말하자면 모든 중생이니[147] 이런 까닭으로
오음이 곧 정인불성이요
연인불성이라고 한 것은 말하자면 육바라밀이니 오온의 모습으로
생기한 것이 아니기에 이름이 연인불성이다.
지금에는 요인불성으로써 저 정인불성을 알기에 그런 까닭으로
말하기를 이 오온의 실성을 안다 하였으니,
안다는 것은 반야며 또한 연인불성이다.[148]

---

147 모든 중생이라고 한 것은 이것은 이미 위에서(영인본 화엄 5책, p.486, 6~8행)
정인과 요인을 해석한 가운데 정인이니, 곧 모든 중생이라고 한 것은 곧
위에 제일의공을 가리킨 것이다. 대개 오온은 비록 제일의공은 아니지만
제일의공은 반드시 이 오온인 까닭으로 지금에 제일의공이 모든 중생이라고
가리키는 것이다. 역시 『잡화기』의 말이다.

148 또한 연인불성이라고 한 등은 이 가운데는 이미 위에서 요인불성을 해석하되
향전에는 다 연인이라 말한 까닭으로 여기에 안다는 것은 반야며 또한
연인불성이라고 회통함이 있는 것이다. 역시 『잡화기』의 말이다.
삼인三因은 정인正因, 요인了因, 연인緣因이다.

鈔

言正因者下는 卽雙釋也라 然이나 欲解諸因인댄 先須知彼經文하리라 二十八云호대 善男子야 因有二種하니 一者는 生因이요 二者는 了因이라 能生法者는 是名生因이요 燈能照物은 名爲了因이며 煩惱諸結은 是名生因이요 衆生父母는 名爲了因이며 穀子名生이요 水土名了며 六度의 阿耨多羅三藐三菩提는 名爲生因이요 佛性의 阿耨多羅三藐三菩提는 名爲了因이라 復有了因하니 謂六波羅蜜佛性이요 復有生因하니 謂首楞嚴三昧의 阿耨多羅三藐三菩提며 復有了因하니 謂八正의 阿耨多羅三藐三菩提요 復有生因하니 謂信心六度라하니라 又云호대 善男子야 因有二種하니 一者는 正因이요 二者는 緣因이라 正因者는 如乳生酪이요 緣因者는 如酵暖等이라하니라 又云호대 正因者는 名爲佛性이요 緣因者는 發菩提心이라하니라 又云호대 正因者는 謂諸衆生이라하니라 又云호대 善男子야 僧名和合이요 和合者는 名十二因緣이니 十二因緣中에 亦有佛性하며 十二因緣常하고 佛性亦常하니 是故我說호대 僧有佛性이라하니라 故下疏云호대 然이나 復生必對了하고 正必對緣이라하니라 已引經文하니 次當釋疏하리라

정인불성이라고 말한 아래는 곧 정인과 연인을 함께 해석한 것이다. 그러나 모든 원인을 알고자 한다면 먼저 반드시 저 『열반경』 문을 알아야 할 것이다.

저 경 이십팔권[149]에 말하기를 선남자야, 원인에 두 가지가 있나니

---

[149] 원문에 피경문彼經文 이십팔二十八이란, 한글대장경 열반부 1, p.515, 상단

첫 번째는 생인이요,

두 번째는 요인이다.

능히 법을 생기하는 것은 이름이 생인이 되고

등불이 능히 만물을 비추는 것은 이름이 요인이 되며,

번뇌의 모든 결박은 이름이 생인이 되고,

중생의 부모는 이름이 요인이 되며

곡식의 종자는 이름이 생인이 되고,

물과 땅은 이름이 요인이 되며

육바라밀의[150] 아뇩다라삼먁삼보리는 이름이 생인이 되고,

불성의 아뇩다라삼먁삼보리는 이름이 요인이 된다.

다시 요인이 있으니 말하자면 육바라밀의 불성이요,

다시 생인이 있으니 말하자면 수능엄삼매의 아뇩다라삼먁삼보리며

다시 요인이 있으니 말하자면 팔정도의 아뇩다라삼먁삼보리요,

다시 생인이 있으니 말하자면 신심의 육바라밀이다 하였다.

또 말하기를[151] 선남자야, 원인에 두 가지가 있나니

上段, 『대반열반경』 26권, 사자후보살품이다. 남본은 26권, 북본北本은 28권이다.

150 육바라밀 운운은 뒤의 삼대三對에 생인과 요인 가운데(육도 이하 삼대) 각각 육바라밀과 불성은 다 원인이고 아뇩보리 등은 다 과보이니, 그 삼대 가운데 제이대二對 가운데 불성으로써 요인을 삼은 것은 지혜의 불성을 잡은 까닭이고, 제삼대 가운데는 과보의 불성을 잡은 까닭이다. 제육대(뒤의 삼대 가운데 제삼대) 가운데 신심의 육도라고 한 것은 원인이고, 과보의 말은 생략되고 없다. 역시 『잡화기』의 말이다.

첫 번째는 정인이요,

두 번째는 연인이다.

정인이라고 한 것은 젖이 수락을 내는 것과 같고,

연인이라고 한 것은 효모와 따뜻한 등等과 같다 하였다.

또 말하기를 정인이라고 한 것은 이름이 불성이 되고,

연인이라고 한[152] 것은 보리심을 일으키는 것이 된다 하였다.

또 말하기를 정인이라고 한 것은 말하자면 모든 중생이다[153] 하였다.

또 말하기를 선남자야, 승가라고 하는 것은 이름이[154] 화합이요

화합이라고 하는 것은 이름이 십이인연이니,

---

151 원문에 우운又云이란, 한글대장경 열반부 1, p.516, 上段末, 『대반열반경』
26권, 사자후보살품이다.

152 연인이라고 한 등은 제삼대 가운데 연인을 말하지 아니한 것은 그 뜻이
위에 보리심을 발하는 것이 연인이 됨을 가리키는 까닭이다. 역시 『잡화기』의
말이다.

153 원문에 우운정인자又云正因者는 위제중생謂諸衆生이라고 한 것은 구체적으로
말하면 선남자善男子야, 중생불성衆生佛性도 두 가지 원인이 있나니
하나는 정인正因이요, 하나는 연인緣因이다.
정인正因은 모든 중생衆生을 말하는 것이요
연인緣因은 육바라밀六波羅蜜을 말하는 것이다 하였다.
이상은 한글 『열반경』 1, p.517, 上段에 있다.

154 선남자善男子야, 승명僧名 운운은 위에 열반문을 한참 지나 한글 『열반경』
1, p.525, 하단下段 말행末行에 있다. 따라서 善男子 앞에 又云 두 글자(二字)가
있는 것이 좋다.
이상의 인용문은 한글장경으로는 말한 것처럼 열반부 1에 p.517, 上段과
p.525, 下段 末行에 있다.

십이인연 가운데도 또한 불성이 있으며 십이인연은 영원하고 불성도
또한 영원하나니, 이런 까닭으로 내가 말하기를 승가에도 불성이
있다 한다 하였다.
이런 까닭으로 아래 소문[155]에서 말하기를 그러나 다시 생인은 반드시
요인을 상대하고, 정인은 반드시 연인을 상대한다 하였다.
이미 『열반경』의 문장을 인용하였으니, 다음에는 소문을 해석하
겠다.

言正因者는 是中道義요 中道는 卽是佛性者는 總示其體니 故로 二
十七云호대 佛性은 卽是無上菩提中道種子라하니라 謂現在陰滅下
는 出中道相이니 卽今因前五陰故偈가 是中道義니라 其下所用의 涅
槃經文은 卽前二十九에 答師子吼의 陰縛難文이니 上引難文은 則具
引거니와 答則略하니 今當具引佛答之文하리라 經云호대 善男子야
諦聽諦聽하라 我當爲汝하야 分別解說하리라 善男子야 如人捨命코
자 受大苦時에 宗親圍繞하야 號哭懊惱어든 其人惶怖하야 莫知依救
하며 雖有五情이나 無所覺知하고 肢節戰動하야 不能自持하고 身體
虛冷하야 暖氣欲盡어든 見先所修善惡報相하니라 善男子야 如日垂
沒에 山陵堆阜가 影現東移하고 理無西逝하나니 衆生業報도 亦復如
是하야 此陰滅時에 彼陰續生이 如燈生闇滅하고 燈滅闇生하나니라
善男子야 如蠟印印泥에 印與泥合하야 印滅文成이나 而是蠟印이 不
變在泥며 文非泥出이요 不餘處來나 以印因緣으로 而生是文하나니

---

155 아래 소문(下疏)이란, 영인본 화엄 5책, p.495, 말행末行이다.

現在陰滅에 中陰陰生이나 是現在陰이 終不變爲中陰五陰이며 中陰
五陰도 亦非自生이요 不從餘來나 因現陰故로 生中陰中이 如印印泥
에 印壞文成하나니 名雖無差나 而時節各異니라 是故我說호대 中陰
五陰은 非肉眼見이요 天眼所見이라하니라 釋曰此上具引거니와 今疏
用經은 便以義間하니 但觀經文하면 自分主客하리라 然이나 百論唯
識은 皆說因緣相生하니 續故不斷이요 滅故不常이라 不斷은 約果續
이요 不常은 約因滅거니와 今疏엔 以中論中義로 於因果中에 各有斷
常하니 現陰爲因이라 先은 明滅故不常이요 後에 雖不至芽이나 而能
生芽달하야 此現在陰下는 以有功能으로 明現陰不斷이라

정인이라고 말한 것은 이 중도의 뜻이요 중도는 곧 이 불성이라고
한 것은 그 정인의 자체를 한꺼번에 현시한 것이니,
그런 까닭으로 『열반경』 이십칠권에 말하기를 불성은 곧 이 무상보
리 중도의 종자다 하였다.
말하자면 현재의 오음이 사라진다고 한 아래는 중도의 모습을 설출
한 것이니,
곧 지금의 앞에 오온을 인한 까닭이라고[156] 한 게송이 이 중도의
뜻이다.
그 아래에 인용한 바 『열반경』의 문장은 곧 앞[157]에 『열반경』 이십구

---

156 앞에 오온을 인한 까닭이라고 한 것은 지금에 경의 게송을 가리킨 것이니,
　　음陰은 응당 온蘊이라 할 것이다. 역시 『잡화기』의 말이다. 영인본 화엄
　　5책, p.483, 4행에 있다.
157 앞(前)이란, 영인본 화엄 5책, p.484, 7행이다.

권에서 사자후보살이 오음에 대하여 누가 얽어매고 풀어주는가 한 의심에 답한 문장이니,

위[158]에서 의심한 경문을 인용한 것은 갖추어 인용하였거니와 답한 경문을 인용한 것은 곧 많이 생략되었으니, 지금에 마땅히 구체적으로 부처님께서 답한 경문을 인용하겠다.

『열반경』에 말하기를[159] 선남자야, 자세히 듣고 자세히 들어라. 내가 마땅히 그대를 위하여 분별하여 해설하겠다.

선남자야, 마치 어떤 사람이 목숨을 버리려고 큰 고통을 받을 때에 친척들이 에워싸 부르짖고[160] 통곡하고 슬퍼하고[161] 뇌로워하거든, 그 사람이 두려워 의지하고 구원받을 곳을 알지 못하며,

비록 다섯 가지 정식이 있지만 지각하는 바가 없고, 사지의 마디마디가 떨리고[162] 움직여 능히 스스로 부지하지 못하고, 신체가 허하고 차서 따뜻한 기운이 다하고자 하거든, 먼저 닦은 바 선악 업보의 모습을 보는 것이다.

선남자야, 마치 해가 질 때에 산 능선과 언덕이 그림자가 나타나 동쪽으로 옮겨가고 서쪽으로 옮겨가지 않는 이치와 같나니, 중생의 업보도 또한 다시 이와 같아서 이 오음이 사라질 때에 저 오음이 상속하여 생겨나는 것이 마치 등불이 생겨남에 어둠이 사라지고

---

158 위(上)란, 영인본 화엄 5책, p.484, 8행이다.

159 원문에 경운經云이란, 한글장경 열반부 1, p.533, 上段에 있다.

160 號는 '부르짖을 호' 자이다.

161 懊는 '슬퍼할 오' 자이다.

162 戰은 '떨릴 전' 자이다.

등불이 사라짐에 어둠이 생겨나는 것과 같다.

선남자야, 마치 밀랍 도장으로 진흙에 찍음에 도장이 진흙으로 더불어 합하여 도장이 없어지고 문체가 이루어지지만, 이 밀랍 도장이 변하여 진흙에 있는 것도 아니며

문체가 진흙에서 나온 것도 아니고 나머지 다른 곳에서 온 것도 아니지만 도장의 인연으로 문체가 생겨나는 것과 같나니, 현재의 오음이 사라짐에 중음의 오음이 생겨나지만 이 현재의 오음이 마침내 변하여 중음의 오음이 된 것이 아니며,

중음의 오음도 또한 스스로 생긴 것이 아니고 나머지 다른 곳을 좇아 온 것도 아니지만 현재의 오음을 인한 까닭으로 중음의 오음 가운데 생겨나는 것이 마치 밀랍 도장으로 진흙에 찍음에 도장이 없어지고 문체가 이루어지는 것과 같나니, 이름은 비록 차별이 없지만 시절은 각각 다른 것이다.

이런 까닭으로 내가 말하기를 중음의 오음은 육안으로 볼 바가 아니고 천안으로 볼 바라 한다 하였다.

해석하여 말하기를 이 위에 인용한 것은 구체적으로 인용하였거니와 지금 소문에서 인용한 『열반경』은 편리하게 뜻으로써 사이사이에 인용하였으니,[163] 다만 『열반경』의 문장만 관찰하면 스스로 주·객[164] 을 분별할 수 있을 것이다.

---

163 편리하게 뜻으로써 사이사이에 인용하였다고 한 것은 영인본 화엄 5책, p.487, 7행에 고현음비상故現陰非常과 같은 책 p.487, 9행에 즉현음비단則現 陰非斷과 같은 책 p.487, 10행에 사즉斯則 운운 이하는 소가의 말이다.

164 주主는 『열반경涅槃經』 글(文)이고, 객客은 경문經文 사이 주석注釋이다.

그러나 『백법론』과 『유식론』은 다 인연이 상생하는 것을 설하였으니
상속하는 까닭으로 단멸한 것이 아니요, 단멸한 까닭으로 영원한
것이 아니다.

단멸한 것이 아니라고 한 것은 과보가 상속함을 잡은 것이요 영원한
것이 아니라고 한 것은 원인이 사라짐을 잡은 것이어니와, 지금
소문에는 『중론』에 중도의 뜻으로써 인과 가운데 각각 단멸함과
영원함이 있나니 현재의 오음이 원인이 되는 것이다.

먼저[165]는 현재의 오음이 사라지는 까닭으로 영원하지 아니함을
밝힌 것이요

뒤에 비록 싹이 이른 것이 아니지만 능히 싹을 생기하는 것과 같아서
이 현재의 오음이라고 한 아래는 공능이 있음으로써 현재의 오음이
단멸하지 아니함을 밝힌 것이다.

而中陰五陰下는 約後陰하야 明非斷常이라 先은 明非無因常이니 以
中論에 明無因則墮常過니 如外道의 立時方微塵等故요 後에 旣能
續前下는 明續故不斷이라 能生佛果者는 上釋正因이요 今釋生因也
라 前有六對의 生了二因하니 前三對는 以因爲生因하고 緣爲了因이
니 皆就能生이요 後三對는 以因望果하고 以論生了이니 今是前意니
라 如乳는 是生因이요 酪等은 爲了因이니 故로 乳等을 卽喩衆生거니와
望於佛果인댄 而爲因也니라

---

165 먼저란, 영인본 화엄 5책, p.487, 6행에 현재음멸現在陰滅 운운 이하를 말한다.

중음의 오음이라고 한 아래는 뒤의 오음을 잡아서 단멸한 것도 영원한 것도 아님을 밝힌 것이다.

먼저는 원인이 없지 않는 영원함을 밝힌 것이니,

『중론』가운데 원인이 없다면 곧 영원하다는 허물에 떨어짐[166]을 밝힌 것이니 마치 외도가 시간과 방소와 미진[167] 등을 성립하는 것과 같은 까닭이요

뒤[168]에 이미 능히 앞의 오음을 상속하는 까닭이라고 한 아래는 상속하는 까닭으로 단멸한 것이 아님을 밝힌[169] 것이다.

능히 불과를 생기한다고 한 것은 이 위에는 정인을 해석한 것이요 지금에는 생인을 해석한 것이다.

앞에 육대六對[170]의 생인과 요인의 두 가지 원인이 있나니,

앞에 삼대는 원인으로써 생인을 삼고 조연으로써 요인을 삼은 것이니 다 능생[171]에 나아간 것이요

뒤에 삼대는 원인으로써 과보를 바라보고 생인과 요인을 논한 것이니 지금에는 앞의 뜻이다.

우유와 같은 것은 생인이요

---

166 墮는 墮 자의 잘못이다.
167 시간과 방소와 미진이라고 한 것은 외도가 논리를 세우며 시간과 방소 등으로써 영원함을 삼나니 원인이 없는 까닭이다. 역시 『잡화기』의 말이다.
168 故 아래에 後 자가 있으면 좋다.
169 照는 明 자의 잘못이다.
170 육대六對는 영인본 화엄 5책, p.488, 8행이다.
171 능생能生이란, 능생법能生法이다.

효모 등은 요인이 되는 것이니,

그런 까닭으로 우유 등을 곧 중생에게 비유하였거니와[172] 불과를 바라본다면 원인이 되는 것이다.

---

172 원문에 유등즉유乳等卽喩란, 영인본 화엄 5책, p.489, 6행에 정인자正因者 는 여유생락如乳生酪이라 하고, 7행에 정인자正因者는 위중생謂衆生이라 하 였다.

經

譬如闇中寶를　無燈不可見인달하야
佛法無人說하면 雖慧莫能了리이다

亦如目有瞖하면 不見淨妙色인달하야
如是不淨心하면 不見諸佛法하리다

又如明淨日을　瞽者莫能見인달하야
無有智慧心하면 終不見諸佛하리다

若能除眼瞖하고 捨離於色想하야
不見於諸法하면 則得見如來하리다

비유하자면 어둠 가운데 보배를
등불이 없으면 가히 볼 수 없는 것과 같아서
부처님의 법도 설하는 사람이 없으면
비록 지혜가 있을지라도 능히 알 수 없을 것입니다.

또 눈에 눈병[173]이 있으면
청정하고 묘한 색상을 보지 못하는 것과 같아서
이와 같이 마음이 청정하지 못하면

---

173 瞖는 '흐릴 예' 자이다.

모든 불법을 보지 못할 것입니다.

또 밝고 맑은 태양을
눈먼 사람은 능히 보지 못하는 것과 같아서
지혜의 마음이 없으면
마침내 모든 부처님을 보지 못할 것입니다.

만약 능히 눈병을 제멸하고
색상에 대한 생각도 버려
모든 법을 보지 않으면
곧 여래 봄을 얻을 것입니다.

疏

第三에 四偈는 喩前得失者는 前三喩失이요 後一喩得이라 前中二
니 初二는 喩內取失이라 於中初一은 顯無緣了하면 不見正因이라
上半喩況이니 闇中寶者는 正因性也니 圓滿可貴일새 所以稱寶요
居於無明의 五陰室內일새 如在闇中이요 燈은 喩緣了之因이라 下
半法合이니 無人說者는 闕於緣因이라 雖慧莫了는 義含二意하니
一에 慧는 卽正因이니 合上寶也요 闕於緣因일새 故不能了니라
二에 佛法은 卽寶니 以闕緣因하면 雖內有慧라도 不成了因일새
不見眞性이라

제 세 번째 네 게송은 앞에 득·실을 비유한 것이라고 한 것은[174]
앞에 세 게송은 실失을 비유한 것이요,

뒤에 한 게송은 득得을 비유한 것이다.

앞에 세 게송 가운데 두 가지가 있나니

처음에 두 게송은 안으로[175] 취하는 실失을 비유한 것이다.

그 가운데 처음에 한 게송은 연인과 요인이 없으면 정인을 볼 수
없음을 나타낸 것이다.

위에 반 게송은[176] 비유이니, 어둠 가운데 보배라고 한 것은 정인불성
이니 원만하고 가히 귀하기에 그런 까닭으로 보배라 이름한 것이요
무명의 오음 집안에 있기에 어둠 가운데 있는 것과 같다 한 것이요
등불이라고 한 것은 연인과 요인의 이인二因에 비유한 것이다.

아래 반 게송은 법합이니, 설하는 사람이 없다고 한 것은 연인이
빠졌다는 것이다.

비록 지혜가 있을지라도 알 수 없다고 한 것은 뜻이 두 가지를[177]

---

174 원문에 사게유전득실四偈喻前得失이란, 영인본 화엄 5책, p482, 2행에 차사次
　　四는 유전득실喻前得失이라 하였다..

175 원문에 유내喻內 사이에 소본에는 上 자가 있다.

176 원문에 정인正因 아래에 '상반유황上半喻況'이라는 네 글자(四字)가 있는 것이
　　좋다. 『잡화기』는 인암因闇 사이에 "상반유황"이라는 네 글자가 있어야 한다
　　고 하였다. 모두 같은 말이다. 그 이유는 바로 아래 下半은 法合이라는
　　말이 있기 때문이다. 나는 보증하여 번역하였다.

177 두 가지 뜻이라고 한 것은 두 가지 뜻 가운데 처음에 뜻은 지혜(慧)는 이
　　본유 지혜(智)의 자체이고, 뒤에 뜻은 지혜(慧)는 이 육바라밀 가운데 지혜(慧)
　　이다. 역시 『잡화기』의 말이다.

포함하고 있나니

첫 번째 지혜라고 한 것은 곧 정인이니 위에 보배를 법합한 것이요

연인이 빠졌기에 그런 까닭으로 능히 알지 못하는 것이다.

두 번째 불법이라고 한 것은 곧 보배이니

연인이 빠지면 비록 안으로 지혜가 있을지라도 요인을 이루지 못하기에 진성을 볼 수 없는 것이다.

鈔

初에 正釋本文中에 下半法合下는 釋合이라 然有二解하니 解雖慧莫能了니라 前義는 但有二法하야 成見이니 謂寶與燈이 以成正因緣因이요 後義는 則三法成見이니 應須加眼하야 以喩於慧라 此中法喩가 應各四句니 謂一은 有眼無燈하야도 不見이요 二는 無眼有燈하야도 不見이요 三은 無眼無燈하면 不見이요 四는 有眼有燈하면 則見이라 則眼爲因하고 燈爲緣하야 因緣合故로 方得見寶어니와 因緣隨缺하면 則皆不成見이니 以喩善友가 爲緣如燈하고 有慧가 爲因如眼하야 因緣具故로 方見眞性이라 亦有四句하니 一者는 有慧無友하야도 不見이요 二는 無慧遇友하야도 不見이요 三은 無慧無友면 不見이요 四는 有慧有友면 則見이라 其第四句는 則是得人이니 因緣和合하야사 亦成了因이라 今喩前失일새 故無此句니라 三句失中에 唯合初一이요 其無眼有燈은 影在後喩의 瞽者不見明淨日中이니 則明因緣互缺하야도 不見이어든 況全缺耶아 故로 不明於無眼無燈하니라

처음에 본문을 바로 해석하는 가운데 아래 반 게송은 법합이라고
한 아래는 법합을 해석한 것이다.

그러나 두 가지 해석이 있나니

비록 지혜가 있을지라도 능히 알 수 없다고 한 것을 해석한 것이다.
앞에 뜻은 다만 두 가지 법[178]이 있어서 봄을 이루는 것이니,
말하자면 보배와 더불어 등불이 정인과 연인을 이루는 것이요[179]
뒤에 뜻은 곧 세 가지 법[180]이 봄을 이루는 것이니,
응당 반드시 눈을 더하여 지혜에 비유해야 할 것이다.
이 가운데 법과 비유가 응당 각각 네 구절이 있어야 할 것이니,
말하자면 첫 번째는 눈만 있고 등불이 없어도 보지 못하는 것이요
두 번째는 눈이 없고 등불만 있어도 보지 못하는 것이요
세 번째는 눈도 없고 등불도 없으면 보지 못하는 것이요
네 번째는 눈도 있고 등불도 있으면 곧 보는 것이다.
곧 눈이 정인이 되고 등불이 연인이 되어 정인과 연인이 합한 까닭으
로 바야흐로 보배 봄을 얻거니와 정인과 연인이 빠짐을 따른다면
곧 봄을 이룰 수 없나니,
선지식이 연인이 되는 것은 등불과 같고 지혜가 있는 것이 정인이
되는 것은 눈과 같아서 정인과 연인이 갖추어진 까닭으로 바야흐로
진성을 봄[181]에 비유한 것이다.

---

178 두 가지 법(二法)이란, 보배寶와 등불燈이다.
179 보배寶는 정인正因이고, 등불燈은 연인緣因이다.
180 세 가지 법(三法)이란, 보배寶와 등불燈과 안眼이다.
181 원문에 방견方見이란 방견진성方見眞性, 방견제불方見諸佛, 방견여래方見如來

또 네 구절이 있나니
첫 번째는 지혜만 있고 선지식이 없어도 보지 못하는 것이요
두 번째는 지혜가 없으면 선지식을 만나도 보지 못하는 것이요
세 번째는 지혜도 없고 선지식도 없으면 보지 못하는 것이요
네 번째는 지혜도 있고 선지식도 있으면 곧 보는 것이다.
그 제 네 번째 구절은 곧 득인得人이니, 인연이 화합하여야 바야흐로 요인을 이루는 것이다.
지금에는 앞에 실失을 비유한 것이기에 그런 까닭으로 이 구절이 없다.[182]
세 구절의 실失 가운데는 오직 처음 일구만이 법합이요
그 눈이 없고 등불만 있다고 한 것은 뒤의 비유[183]에 눈먼 사람이 밝고 맑은 태양을 보지 못한다고 한 가운데 그윽이 있나니,
곧 정인과 연인이 서로 하나만 빠져도 보지 못함을 밝힌 것이어든 하물며 다 빠진[184] 것이겠는가.

등이다. 즉 소문疏文으로 보면 방견진성方見眞性이고, 경문經文으로 보면 방견제불方見諸佛, 방견여래方見如來 등이라 할 것이다.

182 이 구절이 없다고 한 것은 이미 실失 가운데 없다면 곧 응당 그 뜻이 제 네 번째 게송에 해당하나니, 게송 가운데는 비록 득인得人을 말하지 아니하였지만 그 뜻은 반드시 인연이 화합하여야 이 요인을 이루는 까닭이다. 역시 『잡화기』의 말이다.

183 원문에 후유後喩는 제삼게第三偈이다.

184 원문에 전궐全闕은 제삼구를 가리킨 것이니(指第三句), 第三句에 無眼은 正因이요 無燈은 緣因이니 二因이 全闕이다. 즉 제삼구에 눈이 없다고 한 것은 정인이고, 등불이 없다고 한 것은 연인이니 이인二因이 다 빠졌다는

그런 까닭으로 눈도 없고 등불도 없다고 한 것은 밝히지 아니하였다.[185]

疏

然則緣因은 卽是了因이나 了因은 未必是於緣因이니 有親疎故니라 善友는 是於緣因이나 而必是了어니와 佛性은 名爲了因이나 未必是緣이니 此約智慧性故니라 若以第一義空으로 爲佛性者인댄 唯是正因이요 而非了因이니 但爲了因所了언정 而非生因所生이라 若以智慧로 爲佛性者인댄 卽是了因이라 若以五蘊으로 爲佛性者인댄 名爲正因이며 亦名生因이라 然復生必對了하고 正必對緣이라

그러나 곧 연인은 곧 이 요인이 되지만 요인은 반드시 이 연인이 되는 것은 아니니,
친인親因과 소인疎因[186]이 있는 까닭이다.
선지식은 이 연인이지만 반드시 이 요인이 되거니와 불성은 이름이 요인이 되지만 반드시 이 연인이 되는 것은 아니니,
이것은 지혜의 자성을 잡은 까닭이다.
만약 제일의공으로써[187] 불성을 삼는다면 오직 이 정인뿐이고 요인이

것이다.

185 원문에 고불명故不明 운운은, 다 빠졌으니 말할 것이 없다는 것이다.
186 친인親因은 요인了因이고, 소인疎因은 연인緣因이다.

아니니,

다만 요인으로 알 바를 삼을지언정 생인으로 생기할 바가 아니다.

만약 지혜로써 불성을 삼는다면 곧 요인이다.

만약 오온으로써 불성을 삼는다면 이름이 정인이 되며 또한 이름이
생인이다.

그러나 다시 생인은 반드시 요인을 상대하고 정인은 반드시 연인을
상대하는 것이다.

然則緣因卽是了因下는 第二에 揀定二因이라 於中有二하니 先標二
別이라 有親疎者는 總示別義니 疎者是了요 亦是緣因이어니와 親者
是了요 非是緣因이라 善友是緣因下는 出其二相이라 善友是疎니 亦
緣亦了가 如酵暖等이 是酪了因이며 亦是緣因이라 佛性名爲了因下
는 顯上了因이 未必是緣이니 以是親因故니라 言智慧性故者는 亦是
了相이니 以無漏智性이 本自具足하야 本有眞實識知와 遍照法界義
故로 當體名了며 又約行性이라도 居然是了니라 又上所引의 生了二
因中云호대 六度의 阿耨多羅三藐三菩提는 是名生因이요 佛性의 阿
耨多羅三藐三菩提는 是名了因이라하니 六度는 能生菩提일새 故爲

187 만약 제일의공으로써 운운한 것은 이 아래는 다만 위에 지혜로 불성을
삼는다면 요인이 된다는 말만 인하여 곧 제일의공과 그리고 오온 등의
불성은 요인이 되지 않는다는 뜻을 현시한 것이니, 그런 까닭으로 초문에
과목하여 말하기를 이인二因을 가려 정한 것이다 하였다. 역시 『잡화기』의
말이다.

菩提生因이요 佛性은 能了菩提일새 故爲菩提了因이니 明知하라 佛
性之體가 卽是了因이니라

그러나 곧 연인은 곧 이 요인이 된다고 한 아래는 제 두 번째 이인二因
을 가려 정한 것이다.

그 가운데 두 가지가 있나니

먼저는 두 가지 다른 것[188]을 표한 것이다.

친인과 소인이 있다고 한 것은[189] 다른 뜻을 한꺼번에 현시한 것이니
소인이라고 한 것은 이 요인이고 또한 이 연인이거니와, 친인이라고
한 것은 이 요인이고 이 연인은 아니다.

선지식은 이 연인이라고 한 아래는 그 이인의 모습을 설출한 것이다.
선지식은 소인이니,

또한 연인이며 또한 요인인 것이 마치 효모와 따뜻한 등이 이 수락의
요인이며 또한 연인인 것과 같다.

불성은 이름이 요인이 된다고 한 아래는 위에 요인이 반드시 이
연인이 되는 것은 아님을 나타낸 것이니 이 친인인 까닭이다.

---

188 두 가지 다른 것(二別)은 연인緣因과 요인了因이다.
189 친인과 소인이 있다고 운운한 것은 대개 요인이 친인과 소인이 있나니,
　　소인이라고 한 것은 또한 이 연인이요 친인이라고 한 것은 요인이고 이
　　연인이 아니다. 그러나 친인과 요인이 함께 본유의 지혜와 그리고 육바라밀
　　의 지혜를 취하고 있나니, 칠행七行에 말한 바 만행의 자성(영인본 화엄
　　5책, p.496, 7행)이 곧 육바라밀 가운데 지혜이다. 역시 『잡화기』의 말이다.

지혜의 자성을 잡은 까닭이라고 말한 것은 또한 이 요인의 모습이니 무루의 지혜자성이 본래 스스로 구족하여 본래 진실식眞實識으로 아는 것과 법계를 두루 비추는 뜻이 있는 까닭으로 당체를 요인이라 이름하며

또 만행의 자성을 잡을지라도 거연히 이 요인이라 이름하는 것이다. 또 위[190]에서 인용한 바 생인과 요인의 이인二因 가운데 말하기를 육바라밀의 아뇩다라삼먁삼보리는 이 이름이 생인이요 불성의 아뇩다라삼먁삼보리는 이 이름이 요인이다 하였으니, 육바라밀은 능히 보리를 생기하기에 그런 까닭으로 보리의 생인이 되는 것이요

불성은 능히 보리를 요달하기에[191] 그런 까닭으로 보리의 요인이 되는 것이니 분명히 알아라. 불성의 자체가 곧 이 요인이다.

若以第一義空으로 爲佛性者는 揀異智慧性也라 然涅槃云호대 佛性者는 名第一義空이요 第一義空은 名爲智慧라하니 此二不二가 以爲佛性이라 然第一義空은 是佛性性이요 名爲智慧는 卽佛性相이니 第一義空이 不在智慧면 但名法性이요 由在智慧故로 名佛性이라 若以性從相인댄 則唯衆生이 得有佛性이니 有智慧故요 牆壁瓦礫은 無有智慧일새 故無佛性이라 若以相從性인대 第一義空이 無所不在하야 則牆壁等이 皆是第一義空어니 云何非性이리요 故下經云호대 知一

切法이 卽心自性이라하며 論云호대 以色性이 卽智性故로 色體無形
을 說名智身이요 以智性이 卽色性故로 說名法身이 偏一切處라하니
明體本均거니와 今分性相일새 故分二義하니라 若以智慧로 爲佛性
者는 結成上義하고 生下五蘊이 是正是生이요 不得名了니라 五蘊名
生者는 能生諸法일새 故名生因인댄 今因五蘊하야 能得菩提어니 豈
非生因이리요 如乳生酪하며 如穀生芽하야 皆生因故니라 然復生必
對了者는 以疏參用하야 爲順今經이라 依涅槃明인댄 義有二對하니
並如上引하니라

만약 제일의공으로써 불성을 삼는다면이라고 한 등은 지혜의 자성과
다름을 가린 것이다.
그러나 『열반경』에 말하기를 불성이라고 한 것은 이름이 제일의공이
요 제일의공은 이름이 지혜가 된다 하였으니,
이 둘이 둘이 아닌 것이 불성이 되는 것이다.
그러나 제일의공이라고 한 것은 이 불성의 자성이요
이름이 지혜가 된다고 한 것은 곧 불성의 모습이니,
제일의공이 지혜에 있지 아니하면 다만 이름이 법성이요
지혜에 있음을 인유한 까닭으로 이름이 불성이다.
만약 자성으로써[192] 모습을 좇는다면 곧 오직 중생만이 불성이 있다고

---

192 자성으로써 운운한 것은 대개 저 『열반경』이 이미 두 가지(제일의공과 지혜)를
　　합하여 불성을 삼은 까닭으로 제일의공이라고 말한 것은 이것은 불성의
　　모습으로써 불성의 자성을 좇는 것이고, 지혜라고 말한 것은 이것은 불성의
　　자성으로써 불성의 모습을 좇는 것이다. 역시 『잡화기』의 말이다. 以 자

함을 얻나니 지혜가 있는 까닭이요

담과 벽과 기와와 자갈은 지혜가 없기에 그런 까닭으로 불성이
없는 것이다.

만약 모습으로써 자성을 좇는다면 제일의공이 있지 않는 바가 없어
서 곧 담과 벽 등이 다 이 제일의공이어니 어떻게 자성이 아니겠는가.

그런 까닭으로 아래 경에 말하기를 일체법이 곧 마음의 자성인
줄 안다 하였으며

『기신론』에 말하기를 색의 자성[193]이 곧 지혜의 자성인 까닭으로[194]
색채가 형상이 없는 것을 설하여 지혜의 몸이라 이름하고, 지혜의
자성이 곧 색의 자성인 까닭으로 설하여 법신이 일체 처소에 두루한
다 이름하였으니,

불성의 자체가 본래 균등함을 밝힌 것이어니와 지금에는 자성과
모습을 나누기에 그런 까닭으로 두 가지 뜻으로 분별하였다.

만약 지혜로써 불성을 삼는다면이라고 한 것은 위에 뜻[195]을 맺어
성립하고, 아래에 오온이 정인이며 생인이요 요인이라 이름함을
얻을 수 없다고 한 것을 생기하는 것이다.

위에 若 자가 있어야 한다.

193 원문에 색성色性은 색신色身의 자체성自體性이다.

194 故 자는 『기신론起信論』에는 以 자이다. 『잡화기』에는 云故라 한 故 자는
以 자로 되어 있다.

195 원문에 상의上義란, 약이제일의공위불성자若以第一義空爲佛性者 운운한 것
이다.

오온으로써 불성을 삼는다면 이름이 생인이라고 한 것은 능히 모든 법을 생기하기에 그런 까닭으로 생인이라 이름한다면 지금에 오온을 인하여 능히 보리를 얻거니 어찌 생인이 아니겠는가. 젖이 수락을 내는 것과 같으며 곡식이 싹을 내는 것과 같아서 다 생인인 까닭이다.

그러나 다시 생인은 반드시 요인을 상대한다고 한 등[196]은 소문으로써 섞어 인용하여 지금에 경문의 뜻을 따른 것이다. 『열반경』을 의지하여 밝힌다면 뜻이 이대二對[197]가 있나니 아울러 위에서 인용[198]한 것과 같다.

疏

今燈一喩는 雙喩緣了요 闇中之寶는 雙喩正了니 義意包含이라 具如涅槃二十六七所辨하니라 又上燈喩가 旣是正義인댄 何以로 涅槃師子吼立을 佛不許耶아 故師子吼言호대 一切衆生이 有佛性性이 如乳中酪이니다 以有性故로 要須緣因하나니 何以故요 欲明見故니다 緣因者는 卽是了因이니 譬如闇中에 先有諸物일새 爲

---

196 요了 자 아래에 등等 자가 있는 것이 좋다.
197 『잡화기』는 다만 一은 二의 잘못이라고만 하였다.
　　일대一對는 이대二對라 할 것이니 생인生因, 요인了因과 정인正因, 연인緣因이다. 영인본 화엄 5책, p.495, 말행末行에 생필대요生必對了하고 정필대연正必對緣이라 하였다.
198 원문에 상인上引은 영인본 화엄 5책, p.488, 7행이다.

欲見故로 以燈照了하나니 若本無者인댄 燈何所照릿가 故佛難言
호대 若使乳中에 定有酪性인댄 卽是了因이니 若是了因인댄 復何
須了리요 又善男子야 一切衆生이 有佛性者인댄 何須修習無量
功德이리요 若言修習이 是了因者인댄 已同酪壞니라하시고 結正
義云호대 乳有酪者인댄 以定得故니 佛性亦爾하야 衆生有者인댄
以當見故라하니라

지금에 등불의 한 비유는 연인과 요인[199]을 함께 비유한 것이요
어둠 가운데 보배의 비유는 정인과 요인[200]을 함께 비유한 것이니
뜻이 포함되어 있다.
갖추어 해석한 것은 『열반경』 이십육권과 이십칠권에 분별한 것과
같다.

또 위에 등불의 비유가 이미 바른 뜻이라고 한다면 무슨 까닭으로
『열반경』에서 사자후보살이 세운 말을 부처님이 허락하지 않는가.
그런 까닭에 사자후보살이 말하기를 일체중생이 불성의 자성이
있는 것이 마치 젖 가운데 수락의 자성이 있는 것과 같나이다.
자성이 있는 까닭으로[201] 반드시 연인을 구하나니, 무슨 까닭인가
하면 분명하게 보고자 하는 까닭입니다.

---

199 연인과 요인이라 한 요인은 이것은 소자疎者(소인疎因)이다.
200 정인과 요인이라 한 요인은 이것은 친자親者(친인親因)이다. 다 『잡화기』의
　　말이다.
201 要 자는 초문에는 故 자니 짐짓이라 해석하였다.

연인이라는 것은 곧 요인이니,

비유하자면 어두운 가운데 먼저 모든 물건이 있었기에 보고자 하는 까닭으로 등불로써 비추어 알려고 하는 것과 같나니 만약 본래부터 물건이 없었다면 등불로 무엇을 비추겠습니까.

그런 까닭으로 부처님이 비난하여 말씀하시기를 만약 가사 젖 가운데 결정코 수락의 자성이 있다면 곧 이것은 요인이니,

만약 이것이 요인이라면 다시 어찌 알려고 함을 구하겠는가.

또 선남자야, 일체중생이 불성이 있다면 어찌 한량없는 공덕을 닦아 익힘을 구하겠는가.

만약 말하기를 닦아 익히는 것이 이 요인이라고 한다면 이미 수락이 없어진 것 같다 하시고, 바른 뜻을 맺어 말씀하시기를 젖에 수락이 있다면 결정코 얻는 까닭이니

불성도 또한 그러하여 중생이 있다면 마땅히 보는 까닭이다 하였다.

鈔

今燈一喩下는 第三에 結示喩旨하고 兼指理源이라 涅槃二十六七者는 此是南經이니 北經은 即當二十八九이라 又上燈喩下는 初는 師子吼立이라 然疏引文은 隨要略引거니와 若經具云인댄 師子吼菩薩言호대 世尊이시여 一切衆生이 有佛性性이 如乳中酪性하나니 若乳無酪性인댄 云何佛說하사대 有二種因하니 一者는 正因이요 二者는 緣因이라 緣因者는 一酵요 二暖이니 虛空無性일새 故無緣因이라하시닛가 佛言하사대 善男子야 若使乳中에 定有性者인댄 何須緣因이리요

師子吼菩薩言호대 世尊이시여 以有性故로 故須緣因이니 何以故요
欲明見故니다 緣因者는 卽是了因이니 世尊이시여 譬如暗中에 先有
諸物일새 爲欲見故로 以燈照了하나니 若本無者인댄 燈何所照릿가
如土中有缾일새 故須人水와 輪繩杖等하야 而爲了因하며 如尼拘陀
子가 須地水糞하야 而作了因하야 乳中酪暖도 亦復如是하야 須作了
因이니다 是故로 雖先有性이나 要假了因한 然後得見하나니 以是義
故로 定知乳中에 先有酪性이니다 善男子야 若使乳中에 定有酪性者
인댄 卽是了因이니 若是了因인댄 復何須了리요 善男子야 若是了因
이 性自了者인댄 常應自了리니 若自不了인댄 何能了他리요 若言了
因이 有二種性하니 一者는 自了요 二者는 了他인댄 是義不然하니라
何以故요 了因一法이거니 云何有二리요 若有二者인댄 乳亦應二리
라 若使乳中에 無有二相者인댄 云何了因이 而獨有二리요 師子吼言
호대 世尊이시여 如世人言호대 我共入人하야 了因亦爾하야 自了了他
니다 佛言하사대 善男子야 了因若爾인댄 則非了因이니 何以故요 數
者는 能數自色他色일새 故得言入이나 而此色性은 自無了相하나니
無了相故로 要須智性하야사 乃數自他니라 是故로 了因은 不能自了
하고 亦不了他니라 又善男子야 一切衆生이 有佛性者인댄 何故로 修
習無量功德이리요 若言修習이 是了因者인댄 已同酪壞니라 若言因
中에 定有果者인댄 戒定智慧가 則無增長이어늘 我見世人이 本無禁
戒와 禪定智慧라가 從師受已에 漸漸增益하나니 若言師敎가 是了因
者인댄 當師敎時하야 受者는 未有戒定智慧하며 若是了因이 應了未
有인댄 云何乃了戒定智慧하야 令得增長케하리요 師子吼菩薩言호
대 世尊이시여 若了因無者인댄 云何得名有乳를 有酪이릿가 善男子

야 世間答難호대 凡有三種하니 一者는 轉答이니 如先所說하야 何故
名戒고 以不悔故며 乃至爲得大涅槃故요 二者는 默然答이니 如有梵
志가 來問我言호대 我是常耶아할새 我時默然이요 三者는 疑答이니
如此經中에 若了因有二인댄 乳中何故로 不得有二하니라 善男子야
我今轉答하리라 如世人言호대 乳有酪性하야 佛性亦爾하야 有衆生
에 有佛性하야 以當見故라하니라

지금에 등불의 한 비유라고 한 아래는 제 세 번째 비유의 뜻을
맺어 현시하고 겸하여 이치의 근원을 가리킨 것이다.
『열반경』이십육권과 이십칠권[202]이라고 한 것은 이것은 남장경이니
북장경은 곧 이십팔권과 이십구권에 해당한다.
또 위에 등불의 비유라고 한 아래는 처음에는 사자후보살이 세운[203]
말이다.
그러나 소문에서 『열반경』의 문장을 인용한 것은 요점만을 따라
간략하게 인용하였거니와, 만약 경에 갖추어 말한 것이라면[204] 사자
후보살이 말하기를 세존이시여, 일체중생이 불성의 자성이 있는
것이 마치 젖 가운데 수락의 자성이 있는 것과 같나니,
만약 젖에 수락의 자성이 없다면 어떻게 부처님이 말씀하시기를

---

202 涅槃二十六七은 한글장경 열반부 1의 p.519, 上段에 있다.

203 원문에 초사자후입初獅子吼立이란, 先은 사자후입獅子吼立이요, 後는 여래난
如來難이다.

204 원문에 약경구운若經具云 이하는 한글장경 열반부 1에 p.519, 상단上段 마지막
에서 세 번째 줄 이하의 경문經文이다.

두 가지 원인이 있나니 첫 번째는 정인이요
두 번째는 연인이다.
연인이라고 한 것은 첫 번째는 효모요
두 번째는 따뜻함이니,
허공은 자성이 없기에 그런 까닭으로 연인이 없다 하셨나이까.
부처님이 말씀하시기를 선남자야, 만약 가사 젖 가운데 결정코
수락의 자성이 있다면 어찌 연인을 구하겠는가.
사자후보살이 말하기를 세존이시여, 자성이 있는 까닭으로 짐짓
연인을 구하나니
무슨 까닭인가 하면 분명하게 보고자 하는 까닭입니다.
연인이라는 것은 곧 요인이니 세존이시여, 비유하자면 어두운 가운
데 먼저 모든 물건이 있었기에 보고자 하는 까닭으로 등불로써
비추어 알려고 하는 것과 같나니, 만약 본래부터 물건이 없었다면
등불로 무엇을 비추겠습니까.
마치 진흙 가운데 병이 있기에 그런 까닭으로 사람과 물과 물레바퀴
와 노끈과 작대기 등을 구하여 요인을 삼는 것과 같으며
마치 니구타 나무[205]의 씨가 땅과 물과 똥거름을 구하여 요인을
짓는 것과 같아서, 젖 가운데 효모와 따뜻함도 또한 다시 이와
같아서 반드시 요인을 짓는 것입니다.
이런 까닭으로 비록 먼저 자성이 있었지만 반드시 요인을 가자한

205 니구타 나무란, 여기서 말하면 마디가 없는 나무(無節木)이니 설화說話 초권
끝 장에 나와 있다. 역시 『잡화기』의 말이다.

연후에 봄을 얻나니, 이런 뜻인 까닭으로 결정코 젖 가운데 먼저 수락의 자성이 있는 줄 아나이다.

부처님이 말씀하시기를[206] 선남자야, 만약 가사 젖 가운데 수락의 자성이 있다면 곧 이것은 요인이니, 만약 이것이 요인이라면 다시 어찌 알려고 함을 구하겠는가.

선남자야, 만약 이 요인의 자성이 스스로 아는 것이라면 항상 응당히 스스로 알아야 할 것[207]이니, 만약 스스로 알지 못한다면[208] 어찌 능히 다른 사람을 알게 하겠는가.

만약 말하기를 요인이 두 가지 자성이 있나니[209] 첫 번째는 스스로

---

206 선남자라는 말 위에 불언佛言이라는 말이 빠진 듯하여 보증하였다.

207 항상 응당히 스스로 알아야 할 것이라고 한 것은 그 뜻에 말하기를 이미 항상 스스로 알았다면 곧 반드시 밖을 가자하여 알 필요가 없는 것이다. 역시 『잡화기』의 말이다.

208 만약 스스로 알지 못한다면 운운한 것은 저 유정이 말하기를 비록 수락의 자성이 있지만 응당 스스로 알지 못하기에 반드시 밖으로 좇아 알기를 수구하기에 그런 까닭으로 만약 그렇다고 말한다면 어찌 능히 다른 사람을 알게 하겠는가 하니, 그 뜻에 말하기를 무릇 요인이라는 말은 그것이 다른 사람을 알게 함에 인유한 것이어늘 지금에 이미 스스로 알지 못한다고 한 까닭으로 또한 능히 다른 사람도 알게 하지 못하는 것이요, 이미 능히 다른 사람을 알게 하지 못한다면 곧 요인이 아님을 밝힌 것이니, 이미 요인이 아니라고 한다면 곧 가히 젖 가운데 본래부터 수락의 자성이 있다고 말할 수 없는 것이다. 역시 『잡화기』의 말이다.

209 만약 말하기를 요인이 두 가지 자성이 있다 운운한 것은 저 유정이 또 말하기를 요인이 두 가지가 있다고 한다면 곧 수락의 자성을 요인이라 말한다면 이것은 스스로 안다는 뜻이고, 젖 가운데 효모와 따뜻함을 요인이라

아는 것이요 두 번째는 다른 사람을 알게 하는 것이라고 한다면
이 뜻은 그렇지가 않는 것이다.

무슨 까닭인가 하면 요인은 한 법이거니 어떻게 두 법이 있겠는가.

만약 요인이 두 가지 법이 있다면 젖도 또한 두 가지가 있어야
할 것이다

만약 가사 젖 가운데 두 가지 모습이 없다면 어떻게 요인이 홀로
두 가지 법이 있겠는가.

사자후보살이 말하기를 세존이시여, 세상 사람들이 말하기를 우리
가 모두 사람 축에[210] 들어간다[211]고 한 것 같아서, 요인도 또한 그러하

말한다면 이것은 다른 사람을 알게 한다는 뜻이다. 그런 까닭으로 어김이
없다 하기에 그런 까닭으로 그 요인이 두 가지가 있다고 한 것을 깨뜨리는
것이다. 역시 『잡화기』의 말이다.

210 『잡화기』에 아공팔인我共八人이라고 한 것은 이미 나의 한 몸이 능조能造의
사대四大(타색他色)와 소조所造의 사미四微(자색自色)의 팔八로 더불어 같다면
곧 이것도 또한 저와 같아서 한 요인 가운데 스스로도 알고 다른 사람도
알게 하는 두 가지 모습이 있음에 방해롭지 않는 것이다. 부처님께서 깨뜨린
뜻(바로 아래 부처님이 말씀하시기를 이하이다)은 곧 자기의 색상과 다른 사람의
색상이 비록 한곳에 모이지만 각자 서로 알지 못하는 까닭으로 반드시
지혜의 자성을 가자한 연후에 이와 같이 팔八이라 말하는 것이니, 이것은
곧 삼법三法을 잡아 말한 것이어니와 저 요인은 단 하나뿐이거니 누가 스스로
도 알고 다른 사람도 알게 하겠는가. 그러한 즉 요인을 이룰 수 없는 것이다.
역시 『잡화기』의 말이다.

211 원문에 八人은 入人으로 보는 것이 좋다. 즉 세상 사람들이 모두 다 나도
사람 축에 들어간다고 함과 같다는 뜻이다. 그러나 한글장경엔 八人으로
보아 나와 함께 여덟 사람이라고 함과 같다고 해석하였다.

여 스스로도 알고 다른 사람도 알게 하는 것입니다.

부처님이 말씀하시기를 선남자야, 요인이 만약 그렇다면 곧 요인이
아니니, 무슨 까닭인가 하면 세는 사람[212]은 능히 자기의 색상과
다른 사람의 색상을 세기에 그런 까닭으로 축에 들어간다고[213] 말함을
얻지만 이 색상의 자성은 곧 스스로 아는 모습이 없나니, 아는
모습이 없는 까닭으로 반드시 지혜의 자성을 구하여야 이에 자기의
색상과 다른 사람의 색상을 셀 수 있는 것이다.

이런 까닭으로 요인은 스스로도 알지 못하고 또한 다른 사람도
알게 하지 못하는 것이다.

또 선남자야, 일체중생이 불성이 있다면 무슨 까닭으로 한량없는
공덕을 닦아 익히겠는가.

만약 말하기를 닦아 익히는[214] 것이 이 요인이라고 한다면 이미
수락이 없어짐과 같은 것이다.

만약 말하기를 원인 가운데[215] 결정코 과보가 있다고 한다면 계율과

---

212 세는 사람이란, 곧 지혜의 자성이다. 역시 『잡화기』의 말이다.

213 원문에 득언팔得言八이란, 한글장경엔 역시 여덟 사람이라 하였다.

214 만약 말하기를 닦아 익히는 운운한 것은 저 유정이 말하기를 불성이 본래
있지만 반드시 요인을 가자하여 봄을 얻는 까닭으로 닦아 익히는 것이
있다 하기에 이미 수락이 없어진 것 같다고 가리킨 것이다. 역시 『잡화기』의
말이다.

215 만약 말하기를 원인 가운데 운운한 것은 과보가 없음을 전전히 나타낸
것이니 그 가운데 곧 증장하지 않아야 할 것이라고 한 것은 이미 본래
있다고 말한 까닭으로 다시 가히 증장할 것이 없다는 것이다. 역시 『잡화
기』의 말이다.

선정과 지혜가 곧 증장하지 않아야 할 것이어늘, 내가 보건대[216] 세상 사람들이 본래 금계와 선정과 지혜가 없다가 스승으로 좇아 수지한 뒤에 점점 증장하고 더하나니

만약 말하기를 스승의 가르침이[217] 이 요인이라고 한다면 스승이 가르칠 때를 당하여 수지할 사람은 계율과 선정과 지혜가 있지 않았을 것이며

만약 이 요인이 응당 있지 않는 줄 안다면 어떻게 이에 계율과 선정과 지혜를 알아서 하여금 증장케 함을 얻겠는가.

---

216 내가 보건대 운운한 것은 이미 처음에는 없다가 스승을 인한 까닭으로 있나니 본래 있는 것이 아님을 밝힌 것이다. 역시 『잡화기』의 말이다.

217 만약 말하기를 스승의 가르침 운운한 것은 저 유정이 또 말하기를 본래 있지 않는 것이 아니지만 다만 스승이 없는 까닭으로 증장함을 얻지 못하다가 지금에 스승의 가르침을 얻은 까닭으로 증장함을 얻나니 스승의 가르침은 다만 이 요인뿐이다 하기에, 여기에 스승의 가르침을 깨뜨리는 것을 요인이라 이름하는 것은 합당하지 않는 것이다. 그 뜻에 말하기를 이미 등불 가운데 사물을 비추는 것을 이름하여 요인이라고 하였다면 등불이 사물을 비출 때에 본래 있는 바를 나타내어 하여금 보게 하는 까닭이다. 만약 아직 있지 않는 사물이라면 가히 나타낼 수 없거늘 저 법 가운데 스승의 가르침이 요인이 된다고 하였다면 이 가운데 스승의 가르침이 요인이 된다고 한 것이 그 뜻이 성립함을 얻을 수 없는 것이니 무슨 까닭인가. 저 수학자受學者가 아직 스승의 가르침을 얻지 못한 때는 계율과 선정 등이 있지 않다가 스승이 요인이 되었을 때는 응당 전일前日에 계율과 선정 등이 있지 않은 것을 알아야 이에 옳거늘, 지금에는 어찌하여 그렇지 못하고 도리어 계율과 선정 등을 알아 저로 하여금 증장케 하는가. 그러한 즉 스승의 가르침을 요인이라 이름하는 것은 합당하지 않다는 것이다. 역시 『잡화기』의 말이다.

사자후보살이 말하기를 세존이시여, 만약 요인이 없다면 어떻게
젖이 있는 것을 수락이 있다고 이름함을 얻겠습니까.

선남자야, 세간에서 물음에 답하는 것이 무릇 세 가지가 있나니
첫 번째는 전전히[218] 답하는 것이니,

마치 앞에서 말한 바와 같이[219] 무슨 까닭으로 계를 지킨다 이름하는
가. 뉘우치지 않기 위한 까닭이며 내지 대열반을 얻기 위한 까닭이다
한 것과 같은 것이요

두 번째는 침묵[220]으로 답하는 것이니,

마치 어떤 범지가 나에게 와서 물어 말하기를 내가 영원합니까
하기에 내가 그때에 침묵한 것과 같은 것이요

세 번째는 의문으로 답하는 것이니,

마치 이 『열반경』 가운데[221] 만약 요인이 두 가지 법[222]이 있다면
젖 가운데 무슨 까닭으로 두 가지 모습이 있음을 얻지 못하겠는가
한 것과 같은 것이다.

---

218 轉은 차근차근, 차츰차츰의 뜻도 있다.
219 마치 앞에서 말한 바와 같다고 한 것은 지금에 인용한 바 이 『열반경』
앞에 응당 이 문장이 있는 까닭이다.
바로 앞에 대개 전전히 답한다고 말한 것은 만약 후회하지 않는 계를 가진다면
곧 다만 하늘에 태어나는 것만 얻을 것이나, 지금에는 대열반을 얻는다고
말한 것은 다만 전전히 얻는 것을 잡아 말한 것뿐인 까닭이다. 다『잡화기』의
말이다.
220 嘿은 默 자와 같다.
221 『열반경』 가운데란, 영인본 화엄 5책, p.501, 4행에 인용한 것이다.
222 원문에 이법二法이란, 자요自了와 타요他了이다.

선남자야, 내가 지금 전전히 답하겠다. 마치 세상 사람들이 말하기를 젖에 수락의 자성이 있다고 한 것과 같아서 불성도 또한 그러하여 중생이 있음에 불성이 있어서 마땅히 보는 까닭이다 하였다.

釋曰此上所引을 對今疏文인댄 則知廣略거니와 但要須了義니라 然이나 澤州釋云호대 自下第五는 師子吼가 以其緣正二因으로 證性本有어늘 如來對破하니라 佛破有三하니 一은 就喩요 二는 就法이요 三은 雙就法喩라 初就喩中云호대 若使乳中에 定有酪性인댄 卽是了因者는 乳中에 旣得有其酪性인댄 性由了有니 明知乳中에 卽有性了이라 破性了中에 文別有四하니 一은 若是了因인댄 復何須了者는 以內徵外요 二는 乳中先自有其了因인댄 何須乳外에 酵暖爲了因은 此卽是以外破內니라 今疏云호대 又善男子야 一切衆生이 有佛性者下는 卽彼就法破니라 言已同酪壞者는 難破須了니 師子吼立意는 性體雖有나 須修了因하야 了之令現일새 故擧破之니라 前破喩中에 若有酪性인댄 應有性了리니 若有性了인댄 何須外緣하야 以爲了因이리요하야 破此同彼가 名同酪壞니라 喩旣已破인댄 法全同喩어니 何得不破리요 疏에 結正義云下는 指彼最後結文이니 竝如上引하니라 但觀上來所引經疏인댄 則此中疏는 居然可了리라

해석하여 말하면 이 위에서 인용한 바를 지금 소문에 상대한다면 곧 광설과 약설을 알 수 있을 것이어니와, 다만 중요한 것은 요인의 뜻을 수구하는 데 있을 뿐이다.

그러나 택주가 해석하여 말하기를[223] 아래로부터 제 다섯 번째[224]는

사자후보살이 그 연인과 정인의 이인二因으로써 자성이 본래부터 있음을 증거하거늘 여래가 상대하여 깨뜨렸다.

부처님이 깨뜨림에 세 가지가 있나니

첫 번째는 비유에 나아가 깨뜨린 것이요

두 번째는 법에 나아가 깨뜨린 것이요

세 번째는 법과 비유에 함께 나아가 깨뜨린 것이다.[225]

처음에 비유에 나아가 깨뜨린 가운데 말하기를 만약 가사 젖 가운데[226] 수락의 자성이 있다면 곧 이것은 요인이라고 한 것은 젖 가운데 이미 수락의 자성이 있었다면 수락의 자성은 요인을 인유하여 있는 것이니

분명히 알아라. 젖 가운데 곧 자성의 요인이 있는 것이다.

자성의 요인을 깨뜨리는 가운데 문장이 따로 네 가지가 있나니[227]

---

223 원문에 택주석운澤州釋云이란, 수나라 혜원慧遠은 택주澤州 정영사淨影寺 스님이니 『대반열반경의기大般涅槃經義記』 제8권 가운데 나오는 말이다.

224 원문에 제오第五란, 今에 인용한 『열반경』 문에 택주澤州가 과목科目한 것 이다.

225 법과 비유에 함께 나아가서 깨뜨린다고 한 것은 전장前丈 하下 7행에 선남자야, 세간에서 물음에 답한 것이 운운 이하를 가리키는 것이다. 이상은 『잡화기』의 말이다. 곧 영인본 화엄 5책, p.502, 7행이다.

226 만약 가사 젖 가운데라고 한 이하는 소문에 있다.

227 문장이 따로 네 가지가 있다고 한 것은 이 가운데는 다만 초단의 소문만 인용하고 나머지 삼단의 소문에 대한 말은 곧 이끌어 오지 않았으니, 만약 경문에 배속한다면 응당히 만약 이 요인이라고 한(영인본 화엄 5책, p.501, 2행) 아래는 제이단이 되고, 만약 요인이 두 가지 자성이 있나니라고 한(영인본 화엄 5책, p.501, 3행) 아래는 제삼단이 되고, 사자후라고 한(영인본 화엄

첫 번째는 만약 이것이 요인이라면 다시 어찌 알려고 함을 구하겠는
가 한 것은 안으로써 밖을 물은 것이요

두 번째는 젖 가운데 먼저 스스로 그 요인이 있었다면 어찌 젖
밖에 효모와 따뜻함으로 요인을 삼음을 구하겠는가 한 것은 이것은
곧 밖으로써 안을 깨뜨리는 것이다[228] 하였다.

지금 소문에서 말하기를 또 선남자야, 일체중생이 불성이 있다면이
라고 한 아래는 곧 저 법에 나아가 깨뜨린 것이다.

이미 수락이 없어짐과 같다고 말한 것은 알려고 수구함을 비난하여
깨뜨린 것이니,

사자후보살이 세운 뜻은 자성의 자체가 비록 있지만[229] 반드시 요인을
닦아서 아는 것을 하여금 나타내려 하기에 그런 까닭으로 들어
깨뜨린 것이다.

앞에 비유에 나아가 깨뜨린 가운데[230] 만약 수락의 자성이 있다면
응당 젖 가운데 자성의 요인이 있어야 할 것이니, 만약 자성의

5책, p.501, 6행) 아래는 제사단이 되는 것이 다 자성의 요인을 깨뜨리는
비유(젖의 비유) 가운데 있는 까닭이다. 역시 『잡화기』의 말이다.

228 밖으로써 안을 깨뜨린다고 한 것은 그 뜻에 말하기를 바로 위에 첫 번째
안으로써 밖을 물은 것이 그 뜻이 밖으로써 안을 깨뜨림에 있는 것이다.
역시 『잡화기』의 말이다.

229 원문에 성체수유性體雖有는 영인본 화엄 5책, p.500, 9행에 수선유성雖先有性
이나 요가요인要假了因한 연후득견然後得見이라 한 것을 말한다.

230 원문에 전파유중前破喩中은 영인본 화엄 5책, p.500, 말행末行이니 초문鈔文으
로는 영인본 화엄 5책, p.503, 5행이다.

요인이 있다면 어찌 밖에 인연을 수구하여 요인을 삼겠는가 하여 이것이 저것[231]과 같다고 함을 깨뜨리는 것이 이름[232]이 수락이 없어짐과 같다 한 것이다.

비유를 이미 깨뜨렸다면 법도 온전히 비유와 같거니 어찌 깨뜨리지 아니함을 얻겠는가.

소문에 바른 뜻을 맺어 말씀하셨다고 한 아래는 저 『열반경』에[233] 최후의 맺는 문장을 가리킨 것이니,

모두 위에서 인용한 것과 같다.

다만 상래에서 인용한 바 『열반경』과 소疏[234]만을 관찰한다면 곧 이 가운데 소문은 거연히 가히 알 수가 있을 것이다.

疏

然上諸義가 總有二意하니 一은 燈了於寶로 爲正義者는 約因性故요 師子吼立을 佛不許者는 約果性故라 二者는 燈喩正者는 約其體性이 與有不異요 佛不許者는 約其現惑이 與無不殊라 故知

---

231 此는 喩니 유중유락乳中有酪이고 彼는 法이니 일체중생유불성一切衆生有佛性이다. 부처님의 본의本義는 일체중생유불성一切衆生有佛性을 부정하려는 것이 아니다. 有·無의 집착을 제거하려는 것이다.

232 소문에는 名 자가 已 자이다.

233 『열반경』이란, 영인본 화엄 5책, p.503, 1행 이하이다.

234 경소經疏의 疏 자는 택주澤州의 『열반경소涅槃經疏』(義記)이다.

하라 若言定有인댄 名爲執著이요 若言定無인댄 是則妄語이니 應
言호대 衆生佛性이 亦有亦無라하리라 然이나 衆生智慧는 是佛性
因이요 菩提涅槃은 是佛性果라 然則佛性은 非因非果니라

그러나 위에 모든 뜻이 모두 두 가지 뜻이 있나니
첫 번째는 등불로 보배를 아는 것으로 바른 뜻을 삼은 것은 인성因性을
잡은 까닭이요
사자후보살이 세운 말을 부처님이 허락하지 아니한 것은 과성果性을
잡은 까닭이다.
두 번째는 등불을 바른 뜻에 비유한 것은 그 자체성이 있음으로
더불어 다르지 아니함을 잡은 것이요
부처님이 허락하지 아니한 것은 그 현재의 번뇌가 없음으로 더불어
다르지 아니함을 잡은 것이다.
그런 까닭으로 알아라. 만약 결정코 있다고 말한다면 이름이 집착이
되는 것이요
만약 결정코 없다고 말한다면 이것은 곧 허망한 말이니,
응당히 말하기를 중생의 불성이 또한 있기도 하고 또한 없기도
하다고 해야 할 것이다.
그러나 중생의 지혜는 이 불성의 원인이요,
보리 열반은 이 불성의 과보이다.
그러나 곧 불성은 원인도 아니고 과보도 아니다.

鈔

然上諸義者는 第二에 決擇經意라 然有二意하니 前義는 卽澤州意요
後意는 卽疏正意라 所以更加後意者는 若但用前意인댄 猶招來難이
니 次下當明하리라 約其體性이 與有不異者는 如鑛有金性하고 波有
濕性하니라 約其現惑이 與無不殊者는 不得其用이 如水成氷에 無水
之軟하니라 若言定有인댄 名爲執著者는 暗引經證이니 卽涅槃三十
五云호대 善男子야 是故如來가 於是經中에 說如是言하사대 一切衆
生이 定有佛性인댄 是名執著이요 若無佛性인댄 是名虛妄이니 智者
應說호대 衆生佛性이 亦有亦無라하니라 三十六又云호대 善男子야
若有說言호대 一切衆生이 定有佛性하야 常樂我淨이 不作不生이나
煩惱因緣일새 故不可見인댄 當知是人은 謗佛法僧이요 若有說言호
대 一切衆生이 都無佛性이 猶如兔角하야 從方便生하야 本無今有며
已有還無인댄 當知是人은 謗佛法僧이요 若有說言호대 衆生佛性이
非有如虛空하고 非無如兔角하나니 何以故요 虛空常故며 兔角無故
니라 是故得言호대 亦有亦無라하면 有破兔角이요 無破虛空이니 如是
說者는 不謗三寶니라 善男子야 夫佛性者는 不名一法이며 不名十法
이며 不名百法이며 不名千法이며 不名萬法이니 未得阿耨多羅三藐
三菩提엔 一切善不善無記를 盡名佛性이라 如來或時엔 因中說果하
고 果中說因하나니 是名如來가 隨自意語니라 隨自意語일새 故名爲
如來며 隨自意語일새 名阿羅訶며 隨自意語일새 名三藐三佛陀라하
니라

그러나 위에 모든 뜻이라고 한 것은 제 두 번째 『열반경』의 뜻[235]을 결택한 것이다.

그러나 두 가지 뜻이 있나니

앞에 뜻은 곧 택주의 뜻이요

뒤에 뜻은 소가의 정의正意이다.

다시 뒤에 뜻을 더한 까닭은 만약 다만 앞에 뜻만 쓴다면 오히려 미래에 비난[236]을 초래할 것이니, 다음 아래에서 마땅히 밝히겠다.

그 자체성이 있음으로 더불어 다르지 아니함을 잡았다고 한 것은 광물에 금의 자성이 있고 파도에 젖는 자성이 있는 것과 같다. 그 현재의 번뇌가 없음으로 더불어 다르지 아니함을 잡았다고 한 것은 그 작용을 얻을 수 없는 것이 마치 물이 얼음을 이룸에 물의 부드러움이 없는 것과 같다.

만약 결정코 있다고 말한다면 이름이 집착이 된다고 한 것은 그윽이 『열반경』을 이끌어 증거한 것이니,

곧 『열반경』 삼십오권[237]에 말하기를 선남자야, 이런 까닭으로 여래가 이 경전 가운데 이와 같은 말을 설하여 말씀하시기를 일체중생이

---

235 경의 뜻이란, 곧 지금의 경과 그리고 저 『열반경』의 뜻이다. 이상은 『잡화기』의 말이다. 나는 단 『열반경』의 뜻이라고만 본다.

236 원문에 내난來難이란, 영인본 화엄 5책, p.507, 말행末行에 반난反難이다.

237 『열반경』 35권은 한글장경 열반부 1에 p.657, 下段 3행이니 한글장경은 32권이다. 南藏은 32권이고, 北藏은 35권이다.

결정코 불성이 있다고 한다면 이 이름이 집착이요,

만약 불성이 없다고 한다면 이 이름이 허망이니

지혜로운 사람은 응당히 말하기를 중생의 불성이 또한 있기도 하고 또한 없기도 하다고 해야 할 것이다 하였다.

『열반경』 삼십육경[238]에 또 말하기를 선남자야, 만약 어떤 사람이 말하기를 일체중생이 결정코 불성이 있어서 영원하고 즐겁고 나이고 청정한(常樂我淨) 것이 지음도 없고 생겨남도 없지만 번뇌를 인연하기에 그런 까닭으로 가히 볼 수 없다 한다면 마땅히 알아라. 이 사람은 부처님과 진리와 스님을 비방하는 것이요

만약 어떤 사람이 말하기를 일체중생이 다 불성이 없는 것이 비유하자면 토끼 뿔과 같아서 방편으로 좇아 생기하여 본래 없는 것이 지금에 있으며 이미 있는 것이 도리어 없다 한다면[239] 마땅히 알아라. 이 사람은 부처님과 진리와 스님을 비방하는 것이요

만약 어떤 사람이 말하기를 중생의 불성이 있지 않는 것이 허공과 같고 없지 않는 것이 토끼 뿔과 같나니 무슨 까닭인가. 허공은 영원한 까닭이며 토끼 뿔은 없는 까닭이다.

이런 까닭으로 말하기를 또한 있기도 하고 또한 없기도 하다 한다면 있다고 한 것은 토끼 뿔을 깨뜨린 것이요

---

238 열반삼십육경涅槃三十六經은 한글장경으로는 열반부 1에 33권, p.682, 下段 末行부터 p.683, 下段 初行까지이다.

239 이미 있는 것이 도리어 없다고 한 것은 이미 방편을 좇아 없지만 있는 까닭으로 만약 방편이 없다면 곧 불성이 있지만 도리어 없다고 하는 것이다. 역시 『잡화기』의 말이다.

없다고 한 것은 허공을 깨뜨린 것이니,

이와 같이 설하는 것은 삼보를 비방하지 않는 것이다.

선남자야, 대저 불성이라고 한 것은 한 가지 법을 이름한 것이 아니며[240] 열 가지 법을 이름한 것이 아니며 백 가지 법을 이름한 것이 아니며 천 가지 법을 이름한 것이 아니며 만 가지 법을 이름한 것이 아니니,

아뇩다라삼먁삼보리를 얻기 전에는 일체 선과 불선과 무기를 다 불성이라 이름하는 것이다.

여래가 혹 어떤 때는 원인 가운데 과보를 설하고 과보 가운데 원인을 설하나니 이 이름이 여래가 자기의 뜻을 따라서 말하는 것이다.

자기의 뜻을 따라 말하기에 그런 까닭으로 이름을 여래라 하며

자기의 뜻을 따라 말하기에 이름을 아라하阿羅訶[241]라 하며

자기 뜻을 따라 말하기에 이름을 삼먁삼불타라 한다 하였다.

然이나 衆生智慧者는 此下는 第二에 遮於外救니 卽前意家救라 然疏에 雖雙存二義나 以後意爲正일새 故로 假以前師하야 設難救니 前救云호대 汝意加後者는 豈不以前義가 爲未造玄아 因果二性이 若有明文인댄 如何不許리요 故經云호대 佛性은 有因有因因하며 有果有果

240 한 가지 법을 이름한 것이 아니라고 운운한 것은 그 수를 결정할 수 없음을 말한 것이니, 원인 가운데 선법 등 일체가 다 불성인 까닭이다. 이상은 『잡화기』의 말이다.

241 아라하阿羅訶는 여기서 말하면 응공應供이니, 『법화소法華疏』에서 나온 말이다. 역시 『잡화기』의 말이다.

果하나니 因者는 卽十二因緣이요 因因者는 名爲智慧며 果者는 謂大
菩提요 果果者는 謂大涅槃이라하니라 旣有四種인댄 前二本有요 後
二常有니 文理昭然거늘 如何不信因果二性하고 更別說理고할새 故
爲此通하니라 欲通此義인댄 先應反難前師云호대 向引四性은 是一
處文이라 復有處說호대 是因非果는 名爲佛性이요 是果非因은 如大
涅槃이요 是因是果는 如十二因緣의 所生之法이요 非因非果는 名爲
佛性이라하니 此復云何고 設爾通云호대 是因非果는 是初性이요 是
果非因은 是第四性이요 是因是果는 爲第三者라하면 理亦可通거니
와 非因非果는 名爲佛性은 如何可通고 明知하라 直語佛性之體인댄
體非因果나 因中取之하면 名爲因性이요 果中取之하면 名爲果性이
어니와 非是佛性은 分成因果니 如餠取空하면 是餠中空이요 世界取
空하면 是界中空이니 空豈有異리요 故言호대 衆生智性은 是佛性因
이요 菩提涅槃은 是佛性果라하얏거니와 非是佛性은 分成因果일새 故
結示云호대 然則佛性은 非因非果라하니라

그러나 중생의 지혜라고 한 것은 이 아래는 제 두 번째 밖으로
구원함을 막는 것이니 곧 앞에 뜻[242]을 소가疏家가 구원한 것이다.
그러나 소문에 비록 두 가지 뜻을 함께 두었지만 뒤에 뜻으로써
정의를 삼기에 그런 까닭으로 앞에 스님[243]의 뜻을 가자하여 비난함에

242 원문에 전의前意란, 택주澤州를 말함이니, 택주澤州가 등요어보燈了於寶로
위정의자爲正義者는 약인성고約因性故요 사자후립師子吼立을 불불허자佛不
許者는 약과성고約果性故라고 한 것에 중생지혜衆生智慧는 시불성인是佛性因
운운이라 하여 소가疏家가 구원하였다.

구원함[244]을 세운 것이니,

앞에 스님을 구원하여 말하기를 저 택주의 뜻에 뒤에 뜻을 더한 것은 어찌 앞에 뜻이 아직 현묘함에 이르지 못했다는 것이 아니겠는가.

인·과의 두 가지 자성이 만약 분명한 문장이 있다면 어떻게 허락하지 않겠는가.

그런 까닭으로 『열반경』[245]에 말하기를 불성은 인因이 있으며, 인인因因이 있으며, 과果가 있으며, 과과果果가 있나니

인이라고 한 것은 곧 십이인연이요,

인인이라고 한 것은 이름이 지혜이며,

과라고 한 것은 말하자면 대보리요,

과과라고 한 것은 말하자면 대열반이다[246] 하였다.

이미 네 가지가 있었다면 앞에 두 가지는 본래부터 있는 것이고 뒤에 두 가지는 항상[247] 있는 것이니, 문리가 분명하거늘 어떻게 인과의 두 가지 자성을 믿지 않고 다시 따로 이치를 설하는가 하기에 그런 까닭으로 이 통석을 하였다.

---

243 앞에 스님이란, 택주澤州이다.

244 원문에 난구難救는 영인본 화엄 5책, p.505, 5행에 단용전의但用前意인댄 유초래난猶招來難이라 하였다.

245 『열반경』은 28권이니, 한글장경으로는 25권이다. 한글장경 열반부 1에 p.495, 上段 중간에 나온다.

246 대열반까지 『열반경』의 말이다.

247 상常 자는 당當 자의 잘못이라고 『잡화기』는 말하나 생각해 볼 것이다.

이 뜻을 통석하고자 한다면 먼저 응당 반대로 앞에 스님을 비난하여 말하기를[248] 향래에 인용한 네 가지 자성은 이 한 곳의 문장[249]이다. 다시[250] 어떤 곳에서는 말하기를[251] 이 원인이요 과보가 아니라고 한 것은 이름이 불성이 되고,

이 과보요 원인이 아니라고 한 것은 대열반과 같고,

이 원인이요 이 과보라고 한 것은 십이인연의 생기한 바 법과 같고, 원인도 아니고 과보도 아니라고 한 것은 이름이 불성이다 하였으니 이것은 다시 어떠한가.

설사 그대가 통석하여 말하기를 이 원인이요 과보가 아니라고 한 것은 이것은 처음에 자성이요

이 과보요 원인이 아니라고 한 것은 이것은 네 번째 자성이요 이 원인이요 이 과보라고 한 것은 제 세 번째 자성이라고 하였다면 이치는 또한 가히 통하거니와, 원인도 아니요 과보도 아니라고 한 것은 이름이 불성이라고 한 것은 어떻게 가히 통석하겠는가. 분명히 알아라. 바로 불성의 자체를 말한다면 자체는 인과가 아니지 만 원인 가운데 취하면 이름이 인성이 되고 과보 가운데 취하면 이름이 과성이 되거니와 불성은 인과를 나누어 이룰 수 없나니,

---

248 원문에 선응先應 운운은 먼저 응당 반대로 비난해야 할 것이니 앞에 스님이 말하기를 운운으로 해석할 수도 있다.

249 원문에 차일처문此一處文은 『열반경涅槃經』 25권이다.

250 謂 자는 又 자가 아니면 부復 자이니 나는 復 자로 해석하였다.

251 원문에 유처설有處說이란, 위에 因, 因因, 果, 果果를 말씀하시고 7행 뒤에 바로 설하였다. 한글장경 열반부 1, p.495, 下段 2행이다.

마치 병으로 허공을 취하면 이 병 가운데 허공이요 세계로 허공을 취하면 이 세계 가운데 허공과 같나니 허공이 어찌 다름이 있겠는가. 그런 까닭으로 말하기를 중생의 지혜 자성은 이 불성의 원인이요 보리 열반은 이 불성의 과보라 하였거니와, 불성은 인과를 나누어 이룰 수 없기에 그런 까닭으로 맺어서 현시하여 말하기를 그러나 곧 불성은 원인도 아니고 과보도 아니다 하였다.

疏

今此經宗은 宗於法性일새 故以法性으로 而爲佛性이니 則非內非外나 隨物迷悟하야 强說升沈거니와 佛性要義는 不可不知니라 廣如別章과 及涅槃師子吼品等說하니라

지금에 이 『화엄경』의[252] 종취는 법성을 종 삼기에 그런 까닭으로 법성으로써 불성을 삼는 것이니,
곧 안도 아니고 밖도 아니지만 중생이 미혹하고 깨달음을 따라 굳이 오르고 잠김을[253] 설하였거니와 불성의 중요한 뜻은 가히 알지

---

252 지금에 이 『화엄경』 운운한 것은 그 뜻에 말하기를 다른 곳에서는 다만 유정의 수數 가운데 나아가 심성으로써 불성을 삼았거니와 지금에 이 『화엄경』은 곧 만법을 통괄하여 오직 한 마음으로써 종취를 삼는 까닭으로 온전히 법성으로써 불성을 삼는 것이다. 역시 『잡화기』의 말이다.
253 오르고 잠긴다고 한 것은 곧 바로 위에 미혹하고 깨닫는다 한 것이니, 그 뜻에 말하기를 불성은 진실로 안과 밖이 없지만 다만 저 중생이 미혹함에 나아가 안과 밖이 있음을 설한 것뿐이다. 이 위에는 곧 떠나지 않는 것이니

아니할 수 없다.

널리 설한 것은 별장別章과 그리고『열반경』사후자품 등에서 설한 것과 같다.

鈔

今此經宗下는 結示正宗이라 於中有二하니 先結正義라 宗於法性者는 以無障礙法界爲宗일새 則法性卽佛性이니 知一切法이 卽心自性이요 若以心性으로 爲佛性者인댄 無法非心性이 則不隔內外나 而體非內外니라 內外屬相이나 性不同相거니 何有內外리요 然迷一性하면 而變成外나 外旣唯心이거니 何有非佛이리요 所變無實일새 故說牆壁을 言無佛性거니와 以性該相하면 無非性矣니 如煙因火하면 煙卽是火나 而煙鬱火하며 依性起相하면 相翳於性이나 而相卽性이니 如水成波나 波卽是水니라 境因心變이나 境不異心이니 心若有性하면 境寧非有리요 況心與境이 皆卽眞性이라 眞性不二어니 心境豈乖리요 若以性從相하면 不妨內外어니와 若以外境으로 而例於心하야 令有覺知하야 修行作佛하면 卽是邪見外道之法이니라 故須常照不卽不離하며 不一不異하면 無所惑矣리니 故云則非內非外나 隨物迷悟하야 强說升沈이라하니라

다르지 않다는 뜻이고, 여기는 곧 즉하지 않는 것이니 하나가 아니라는 뜻이다. 이 두 가지 뜻을 구족하여야 바야흐로 불성의 중요한 뜻이 되는 것이다. 역시『잡화기』의 말이다.

원문에 승침昇沈은 깨달으면 불위佛位에 오르고, 미혹하면 삼도三途에 빠진다는 것이다.

지금에 이 『화엄경』의 종취라고 한 아래는 바른 종취를 맺어 현시한
것이다.

그 가운데 두 가지가 있나니

먼저는 바른 뜻을 맺는 것이다.

법성을 종 삼는다고 한 것은 무장애 법계로써 종을 삼기에 곧 법성이
곧 불성이니, 일체법이 곧 마음의 자성인 줄 아는 것이요

만약 마음의 자성으로 불성을 삼는다면 법마다 마음의 자성이 아님
이 없나니, 곧 안과 밖이 간격이 없지만 자체는 안과 밖이 아니다.

안과 밖은 모습(相)에 속하지만 자성(性)은 모습과 같지 않거니
어찌 안과 밖이 있겠는가.

그러나 한 자성을 미혹하면 변하여 밖을 이루지만, 밖도 이미 유심唯
心이거니 어찌 부처 아님이 있겠는가.

변하는 바는 진실이 없기에 그런 까닭으로 말하기를 담과 벽은
불성이 없다 말하거니와 자성으로써 모습을 갖춘다면 자성이 아님이
없나니, 마치 연기가 불을 인연하면 연기가 곧 불이지만 연기가
불을 막는²⁵⁴ 것과 같으며²⁵⁵

자성을 의지하여 모습을 일으킨다면 모습이 자성을 가리지만 모습이

---

254 鬱은 막을 울. 타본他本엔 예翳 자로 된 곳도 있다.

255 연기가 불을 막는 것과 같다고 한 것은 이연울화而烟鬱火라는 구절을 아래를
   상대하여 합세하면 곧 위에 연즉시화烟卽是火라는 구절로 더불어 앞뒤가
   바뀌어 있는 것과 같다. 역시 『잡화기』의 말이다. 즉 아래 상예어성相翳於性이
   나 이상즉성而相卽性이라 한 구절을 상대하면 연울화이烟鬱火而 연즉시화烟
   卽是火라 해야 한다는 것이다.

곧 자성이니, 마치 물이 파도를 이루지만 파도가 곧 물인 것과
같다.

경계가 마음을 인연하여 변하지만 경계가 마음과 다르지 않나니,
마음이 만약 자성이 있다면 경계인들 어찌 있지 않겠는가.

하물며 마음과 더불어 경계가 다 곧 참다운 자성이라, 참다운 자성은
둘이 없거니 마음과 경계가 어찌 어기겠는가.[256]

만약 자성으로써[257] 모습을 좇는다면 안과 밖에 방해롭지 않거니와
만약 밖의 경계로써 안의 마음에 비례하여 하여금 깨달아 알려고
수행하여 부처를 이루게 함이 있다고 한다면 곧 이것은 사견외도의
법이다.

그런 까닭으로 반드시 즉하지도 않고 떠나지도 아니하며 둘도 아니
고 다르지도 아니한 줄 항상 비추어 본다면 의혹되는 바가 없을
것이니,

그런 까닭으로 말하기를 곧 안도 아니고 밖도 아니지만 중생이
미혹하고 깨달음을 따라 굳이 오르고 잠김을 설하였다 한 것이다.

疏

後偈에 目有翳者는 此喩了因이 與惑俱故로 見不淸淨이니 以不

---

256 원문에 기괴乖乖는 심경心境이 같다는 것이다.

257 만약 자성으로써 운운한 것은 이 위에는 모습으로써 자성을 좇는 까닭으로
안과 밖이 없나니 안도 없고 밖도 없는 까닭으로 불성이 통하는 것이요,
여기는 자성으로써 모습을 좇는 까닭으로 안도 있고 밖도 있나니 안도
있고 밖도 있는 까닭으로 불성이 국한한 것이다. 역시 『잡화기』의 말이다.

淨故로 不見佛法이나 佛法卽是佛性이라 故涅槃云호대 佛性二種
하니 一者는 是色이요 二者는 非色이라 色者는 諸佛菩薩이요 非色
者는 一切衆生이며 色者는 名爲眼見이요 非色者는 名爲聞見이라
佛性者는 非內非外니 雖非內外나 然非失壞일새 故名衆生이 悉
有佛性이라하니라

뒤의 게송에 눈에 눈병이 있다고 한 것은 이것은 요인이 번뇌로
더불어 함께하는 까닭으로 보는 것이 청정하지 못함에 비유한 것
이니,
청정하지 못한 까닭으로 불법佛法을 보지 못하지만 불법이 곧 이
불성이다.
그런 까닭으로 『열반경』에[258] 말하기를 불성이 두 가지가 있나니
첫 번째는 색성이요,
두 번째는 비색성이다.
색성이라고 한 것은 모든 부처님과 보살이요
비색성이라고 한 것은 일체중생이며
색성이라고 한 것은 이름이 눈으로 보는(眼見) 것이요
비색성이라고 한 것은 이름이 듣고서 보는(聞見) 것이다.
불성이라고 한 것은 안도 아니고 밖도 아니니,
비록 안도 아니고 밖도 아니지만 그러나 없어지거나 무너지지 않기
에 그런 까닭으로[259] 중생이 다 불성이 있다[260]고 이름한다 하였다.

---

[258] 『열반경』은 28권이니, 한글장경으로는 26권이다. 한글장경 열반부 1에
　　 p.515, 下段 아래에서 5행에 나온다.

鈔

此喩了因者는 翳喩於惑하고 眼喩了因이니 但見有垢언정 非全不見
이라 然見空華에 無而謂有하나니 不見於無가 卽不見法이라 故涅槃
下는 引證이니 卽二十八經이라 但初云호대 善男子야 佛性이 復有二
種하니 一者是色下는 疏全是經이니 直至然非失壞一段하야 終畢이
라 然有二意하니 一은 以非內非外나 然不失壞로 證强說升沈이요
二는 證可見이니 謂佛菩薩은 見之了了가 如眼見色이라 言非色者는
以未證은 如聞他說故니 故云聞見이라하니라 若涅槃二十七經云인
댄 善男子야 佛性은 亦色非色이며 非色非非色이며 及歷相非相이며
常非常等이라하야 下釋云호대 色者는 金剛身故요 非色者는 十八不
共等故요 非色非非色者는 無定相故라하니라 釋曰此約佛性之體하
야 名色非色이니 以如來身智等은 皆果性故로 非今所用이라

이것은 요인이 번뇌로 더불어 함께하는 까닭으로 보는 것이 청정하
지 못함에 비유한 것이라고 한 것은 눈병은 번뇌에 비유하고 눈은
요인에 비유한 것이니,
다만 보는 것이 때가 있을지언정 온전히 보지 못하는 것은 아니다.
그러나 허공의 꽃을 봄에 없지만 있다고 말하나니,
없는 줄 보지 못하는 것이 곧 법을 보지 못하는 것이다.

---

259 그런 까닭으로 운운은 이미 불성으로써 중생에 배속하였으니 이것은 안과
　　밖을 무너뜨리지 않는 뜻이다. 역시 『잡화기』의 말이다.
260 실유불성悉有佛性까지 『열반경』을 인용한 것이다.

그런 까닭으로 『열반경』에 말하였다고 한 아래는 인용하여 증거한 것이니, 곧 『열반경』 이십팔경이다.

다만 처음에 말하기를 선남자야, 불성이 다시[261] 두 가지가 있나니 첫 번째는 색성이라고 한 아래는 소가가 이 『열반경』 문을 온전히 인용한 것이니,

바로 그러나 없어지거나 무너지지 않는다고 한 일단一段에 이르러 마친다.[262]

그러나 두 가지 뜻이 있나니

첫 번째는 안도 아니고 밖도 아니지만 그러나 없어지거나 무너지지 않는다고 한 것으로 굳이 오르고 잠김을 설하였다고 한 것을 증거한 것이요[263]

두 번째는 가히 봄을 증거한 것이니[264],

말하자면 부처님과 보살은 보는 것이 분명한 것이 마치 눈으로 색상을 보는 것과 같다.

---

261 소문疏文에는 善男子와 復有라는 글자가 없다.

262 원문에 비실괴일단종필非失壞一段終畢이란, 『열반경涅槃經』을 찾아보면 悉有佛性까지가 인용구이다.

263 굳이 오르고 잠김을 설하였다고 한 것을 증거한 것이라고 한 것은 이 말이 비록 앞의 소문(영인본 화엄 5책, p.509, 2행 고본 여자권餘字卷 26장, 상上 2행)에 있지만 이 가운데 이미 가림을 인하여 보지 못한다고 말하였다면 곧 문득 이것은 오르고 잠김을 설한 것이다. 역시 『잡화기』의 말이다.

264 가히 봄을 증거한 것이라고 한 것은 이미 부처님과 보살이 요요了了하게 밝게 보았다면, 곧 만약 번뇌의 가림이 없다면 반드시 불성을 밝게 보는 줄 분명하게 알 것이다. 역시 『잡화기』의 말이다.

비색성이라고 말한 것은 아직 증득하지 못한 사람[265]은 다른 사람의 말을 듣는 것과 같은 까닭이니,

그런 까닭으로 말하기를 듣고서 보는 것이다 하였다.

만약 『열반경』 이십칠경[266]에 말한 것이라면 선남자야, 불성은 또한 색이기도 하고 색이 아니기도 하며 색이 아니기도 하고 색이 아니기도 한 것도 아니며, 그리고 모습이기도 하고 모습이 아니기도 하며 영원하기도 하고 영원하지 아니하기도 한 등[267]이라 함을 지나서, 바로 아래에 해석하여[268] 말하기를 색이기도 하다고 한 것은 금강신인 까닭이요

색이 아니기도 하다고 한 것은 십팔불공법 등[269]인 까닭이요

색이 아니기도 하고 색이 아니기도 한 것도 아니라고 한 것은 일정한 모습이 없는 까닭이다 하였다.

해석하여 말하면 이것은 불성의 자체를 잡아서 색이기도 하고 색이 아니기도 하다고 이름한 것이니,

---

265 원문에 미증未證이란, 중생衆生이다.

266 이십칠경二十七經은 한글장경 열반부 1, p.501, 上段 중간에 나온다. 한글장경 으로는 25권이다.

267 등等이란 유有, 무無, 비유非有, 비무非無 내지 글자도 아니고 글자 아님도 아니라 한 것을 말한다.

268 원문에 하석下釋이란, 이 색色, 비색非色 등을 말하여 마치고, 바로 이어서 어찌하여 색色이라 하는가. 금강과 같은 몸인 까닭이요. 어찌하여 색이 아니라 하는가. 십팔불공법은 색법이 아닌 까닭이요 운운한 것을 말한다.

269 등等 자는 『열반경』에는 없고 다만 십팔불공법은 색법이 아닌 까닭이라고만 하였다.

여래의 몸과 지혜 등은 다 과성果性인 까닭으로 지금에 인용할 바가
아니다.[270]

疏

二에 一偈는 喩上外取之失이니 瞽는 謂全無於目이 如鼓皮故로
則全不見이라 佛은 無垢障이 爲明淨日이니 取相是識이요 非智慧
眼일새 故不見也니라

두 번째 한 게송은 위에 밖으로 취하는 실失을[271] 비유한 것이니,
눈먼 사람은 말하자면 온전히 눈이 없는 것이 마치 북의 가죽과
같은 까닭으로 곧 온전히 보지 못하는 것이다.
부처님은 번뇌의 장애[272]가 없는 것이 마치 밝고 맑은 태양인 듯하
나니,
모습을 취하는 것은 분별이고 지혜의 눈이 아니기에 그런 까닭으로
보지 못하는 것이다.

---

270 지금에 인용할 바가 아니라고 한 것은 저 『열반경』에는 자체성을 잡아서
　　색과 비색을 말하고, 지금에는 사람의 소견에 나아가 색과 비색을 말하는
　　까닭이다. 역시 『잡화기』의 말이다.
271 위에 밖으로 취하는 실(外取失)이라고 한 것은 영인본 화엄 5책, p.493,
　　6행에 初二偈는 유내취실喩內取失이라 하였으니 第三偈는 유외취실喩外取失
　　이라는 것이니 앞에 삼게三偈는 실失이고 뒤에 일게一偈는 득得이다.
272 원문에 구장垢障의 垢 자는 所 자로 된 곳도 있다.

疏

三에 一偈는 喩前悟中에 抉去取相之翳하고 捨於空華之像하야
絶見契如하면 則見如佛이라

세 번째 한 게송은 앞에 깨달음을 나타낸 가운데[273] 모습을 취하는[274]
병을 가려 보내고 허공 꽃의 형상을 버려 보는 것조차 끊고 진여에
계합하면 곧 여여한 부처님을 볼 것임에 비유한 것이다.

---

273 원문에 전오중前悟中이란, 영인본 화엄 5책, p.482, 9행에 초이게初二偈는
    미迷요, 후이게後二偈는 오悟라 하였다.

274 모습을 취한다 운운한 것은 이 가운데 상相 자와 그리고 상像 자(다음 줄에
    있다)는 다 안의 오온과 밖의 육경에 통하는 것이니 생각할 것이다. 역시
    『잡화기』의 말이다.

經

一切慧先說　　諸佛菩提法일새
我從於彼聞하고 得見盧舍那하니다

일체혜보살이 먼저
모든 부처님의 보리의 법을 설하기에
나도 저 보살로 좇아 듣고
나사나 부처님을 친견함을 얻었습니다.

疏

第四에 一偈는 推功有在니 準上可知니라

제 네 번째 한 게송은[275] 공력이 있는 곳을[276] 미루는 것이니,
위에를 기준하면 가히 알 수가 있을 것이다.

─────────────

275 제 네 번째 한 게송은, 영인본 화엄 5책, p.493, 5행에는 앞에 삼게三偈는
　　유실喩失이요 뒤에 일게一偈는 유득喩得이라 하였다.
276 공력이 있는 곳이란, 일체혜보살이다.

經

爾時에 功德慧菩薩이 承佛威力하야 普觀十方하고 而說頌言
호대

諸法無眞實거늘 妄取眞實相일새
是故諸凡夫가 輪廻生死獄하니다

그때에 공덕혜보살이 부처님의 위신력을 받아 널리 시방을 관찰하
고 게송을 설하여 말하기를

모든 법은 진실이 없거늘
허망하게 진실의 모습을 취하기에
이런 까닭으로 모든 범부가
생사의 감옥에 윤회합니다.

疏

第四에 北方功德慧者는 生在佛家하야 善解佛德故라 此頌意는
顯於三世中에 心得平等하야 了知自心하야 窮法空故라 十頌分
四리니 初四는 明凡小妄覺이요 次四는 示其眞覺이요 三有一偈는
佛覺雙圓이요 後一偈는 推功有本이라 今初分二리니 初一偈는 說
凡迷緣起之無性하야 執著相而輪廻라

제 네 번째 북방에 공덕혜보살은 태어나면서부터 불가에 있어 부처님의 공덕을 잘 아는 까닭이다.

이 게송의 뜻은 삼세 가운데 마음이 평등함을 얻어 자기 마음을 알아 법이 공함을 궁구한 까닭이다.

열 게송을 네 가지로 나누리니

처음에 네 게송은 범부와 소승의 허망한 깨달음을 밝힌 것이요

다음에 네 게송은 그 참다운 깨달음을 현시한 것이요

세 번째 한 게송이 있는 것은 부처님의 깨달음이 모두 원만한 것이요

뒤에 한 게송은 공력이 근본이 있음을 미루는 것이다.

지금은 처음으로 두 가지로 나누리니

처음에 한 게송은 범부가 연기의 자성이 없는 진리를 미혹하여 모습에 집착하여 윤회함을 말한 것이다.

經

言詞所說法을　　小智妄分別일새
是故生障礙하야　不了於自心하니다

不能了自心거니　云何知正道리요
彼由顚倒慧하야　增長一切惡하리다

不見諸法空하야　恒受生死苦하나니
斯人未能有　　淸淨法眼故니이다

언어로 말한 바 법을
작은 지혜로 허망하게 분별하기에
이런 까닭으로 장애가 생겨나
자기 마음을 알지 못합니다.

능히 자기 마음도 알지 못하거니
어떻게 바른 도를 알겠습니까.
저 사람은 전도된 지혜를 인유하여
일체 악을 증장하게 될 것입니다.

모든 법이 공한 줄 보지 못하여
항상 생사의 고통을 받나니
이 사람은 능히

청정한 법안이 없는 까닭입니다.

疏

後에 三頌은 通凡小라 初一은 辨迷執이니 隨言作解를 可謂小智요
心外取法을 爲妄分別이라 餘二偈는 明過失이니 初二句는 曲徑趣
寂하야 迷一直道요 次半은 有常等倒하야 長世間惡하며 有無常等
倒하야 長無明惡이요 次半은 不見二空하야 受二死苦요 後半은
無實諦觀거니 何有法眼이리요 三乘縱有나 亦不名淨이라

뒤에 세 게송은 범부와 소승에 통하는 것이다.
처음에 한 게송은 미혹하여 집착함을 분별한 것이니,
말을 따라 지해를 내는 것을 가히 작은 지혜라 말하는 것이요
마음 밖에 법을 취하는 것을 허망하게 분별하는 것이라 말하는
것이다.
나머지 두 게송은 허물을 밝힌 것이니
처음에 두 구절[277]은 굽은 길로 적멸에 나아가[278] 하나의 곧은길을
미혹한 것이요
다음에 반 게송[279]은 영원하다는 등의 전도된 지혜가 있어서 세간에
악을 증장하며, 영원한 것은 없다는 등의[280] 전도된 지혜가 있어서

---

277 원문에 초이구初二句란, 第二偈의 初二句이다.
278 원문에 취적趣寂이란, 취적성문趣寂聲聞이다.
279 원문에 차반次半이란, 第二偈의 下半偈이다.

무명의 악을 증장하는 것이요

다음에 반 게송²⁸¹은 이공二空을 보지 못하여 두 가지 생사²⁸²의 고통을 받는 것이요

뒤에 반 게송은 실제實諦²⁸³를 관찰할 수 없거니 어찌 법안이 있다 하겠는가. 삼승은 비록 있다 할지라도 또한 청정한 법안이라 이름할²⁸⁴ 수 없는 것이다.

鈔

初二句等者는 迷一直道는 凡小俱迷요 曲徑趣寂은 唯是小乘이라 若超卓大方하야 不歷二乘하고 速成正覺인댄 名爲直道요 若先證二乘하고 後方入大인댄 名爲曲徑이라 曲徑은 謂其迂迴요 趣寂은 明其沈滯니 入無餘依하야 權敎不迴니라 若實敎中인댄 緣境發意니 但動經八萬이라도 耽三昧酒故니라 次半은 有常等倒者는 以上言이 通凡

---

280 等 자 아래에 到 자가 있어야 한다. 『잡화기』에는 등等 자와 장長 자 사이에 소본에는 도到 자가 있다 하였다.

281 원문에 차반게次半偈란, 第三偈의 初二句이다.

282 원문에 이사二死란, 이종생사二種生死로 보면 분단생사는 중생에 속하기에 고苦가 맞다. 그러나 변역생사는 불보살佛菩薩에 속하기에 고苦라 할 수 없다. 따라서 二 자는 生 자의 잘못인 듯하다. 경문經文에도 생사고生死苦라 하였다.

283 원문에 실제實諦의 諦를 淨 자로 보아 진실로 청정한 줄 관찰하지 못하거니 라고 번역하였다. 즉 第一句에 불견제법공不見諸法空을 가리키고 있다.

284 명제名諦의 諦는 淨 자의 잘못인 듯하다. 즉 後偈의 第四句에 청정법안고淸淨法眼故를 가리키고 있다.

小故로 此說凡惡이요 下說小乘之惡이라 三乘縱有者는 二乘은 不見
法空일새 居然不淨이요 權敎大乘은 謂事理不融일새 亦未爲淨이라

처음에 두 구절이라고 한 등은 하나의 곧은길을 미혹하였다고 한
것은 범부와 소승이 함께 미혹한 것이요
굽은 길로 적멸에 나아갔다고 한 것은 오직 소승만 미혹한 것이다.
만약 대승의 방소를 뛰어나[285] 이승을 그치지 않고 속히 정각을
이룬다면 이름이 곧은길이 되는 것이요
만약 먼저 이승을 증득하고 뒤에 바야흐로 대승에 들어간다면 이름
이 굽은 길이 되는 것이다.
굽은 길이라고 한 것은 그가 멀리[286] 도는 것을 말한 것이요
적멸에 나아간다고 한 것은 그가 적멸에 빠진 것을 밝힌 것이니
무여의 열반에[287] 들어가 권교權敎에는[288] 회심조차 않는 것이다.
만약 실교 가운데라면 경계를 반연하여[289] 뜻을 일으키나니
다만 팔만 세월만 움직여 지날지라도 삼매의 술에 빠지는 까닭이다.
다음에 반 게송은 영원하다는 등의 전도된 지혜가 있다고 한 것은

---

285 卓은 '뛰어날 탁' 자이다.
286 迂는 '멀 우, 굽을 우' 자이다.
287 무여의 열반은 소승열반이고, 무주처열반은 대승의 진열반이다.
288 권교權敎 운운은 권교 가운데는 이승의 회심回心을 허락하지 아니함을 말하는
　　것이다. 역시 『잡화기』의 말이다.
289 경계를 반연한다 운운한 것은 만약 대승을 반연한 즉 반드시 대심大心을
　　일으킬 것이지만 다만 팔만 세월만 삼매에 들어가는 것으로써 종취를 삼는
　　것을 말하는 것이다. 역시 『잡화기』의 말이다.

이상의 말이 범부와 소승에 통하는 까닭으로 여기서는 범부의 악만 설하고, 아래서는 소승의 악만 설한 것이다.

삼승은 비록 있다 할지라도라고 한 것은 이승은 법공을 보지 못하였기에 거연히 청정한 법안이라 할 수 없는 것이요, 권교대승은 말하자면 사실과 진리가 원융하지 못하였기에 또한 청정한 법안이라 할 수 없는 것이다.

經

我昔受衆苦는 由我不見佛이니
故當淨法眼하야 觀其所應見하리다

若得見於佛인댄 其心無所取리니
此人則能見 如佛所知法하리다

若見佛眞法인댄 則名大智者리니
斯人有淨眼하야 能觀察世間하리다

無見卽是見일새 能見一切法이니
於法若有見인댄 此則無所見이리다

내가 옛날에 수많은 고통을 받은 것은
내가 부처님을 친견하지 못한 이유이니
그런 까닭으로 마땅히 법안을 청정하게 하여
그 부처님이 응당 보신 바를 볼 것입니다.

만약 부처님을 친견함을 얻으면
그 마음이 취착하는 바가 없을 것이니
이 사람은 곧 능히
부처님이 아시는 바와 같은 법을 볼 것입니다.

만약 부처님의 진실한 법을 본다면
곧 큰 지혜의 사람이라 이름할 것이니
이 사람은 청정한 눈이 있어서
능히 세간을 관찰할 것입니다.

봄이 없는 것이 곧 보는 것이기에
능히 일체 세간을 볼 것이니
저 법에 만약 볼 것이 있다면
이것은 곧 볼 바가 없는 것입니다.

疏

次四는 示其眞覺이라 於中에 初偈는 引己之損하야 勸物成益이요
次偈는 敎其眞見이니 謂見佛無取가 卽是見如니 如는 卽佛所知
也라 次偈는 敎其了俗이니 上半은 躡前證眞이요 下半은 方能了俗
이라 後偈는 拂前二見하야 以成眞見이니 謂上半은 取眞俗之見忘
하야사 方見眞俗之正理요 下半은 反釋이니 謂有眞俗之可見인댄
不能見眞俗之眞源이리라

다음에 네 게송은 진실한 깨달음을 현시한 것이다.
그 가운데 처음에 게송은 자기의 손해를 이끌어 중생에게 권하여
이익을 이루게 하는 것이요
다음에 게송은 그로 하여금 진제를 보게 하는 것이니,

말하자면 부처님을 친견하되 취착함이 없는 것이 곧 같음을 보는 것이니 같다고 한 것은 곧 부처님이 아시는 바와 같다는 것이다.
다음에 게송은 그로 하여금 속제를 알게 하는 것이니,
위에 반 게송은 앞에 진제를 증득한 것을 밝은 것이요
아래 반 게송은 바야흐로 능히 속제를 알게 하는 것이다.

뒤에 게송은 앞에 이견二見[290]을 떨쳐[291] 참다운 소견을 이루게 하는 것이니,
말하자면 위에 반 게송은 진제와 속제의 소견을 취하는 것이 없어져야 바야흐로 진제와 속제의 바른 진리를 볼 것이요
아래에 반 게송은 반대로 해석한 것이니,
말하자면 진제와 속제를 가히 볼 것이 있다면 능히 진제와 속제의 참다운 근원을 볼 수 없을 것이다.

疏

故智論云호대 若人見般若라도 是則爲被縛이라하니 下半意也요
若不見般若라도 是則得解脫이라하니 上半意也니라

---

290 이견二見이란, 진眞·속俗 이견二見이다.
291 이견二見을 떨친다고 한 것은 능엄경에 견見도 오히려 견見을 떠나 그 견이 능히 미칠 수 없거니 어떻게 그 가운데 견見과 비견非見이 있겠는가 하였으니 비견하여 볼 것이다.

그런 까닭으로 『지도론』에 말하기를 만약 사람이 반야를 보았다고
할지라도 이것은 곧 얽힘을 입은 것이 된다 하였으니 아래 반 게송[292]
의 뜻이요
만약 반야를 보지 못했다고 할지라도 이것은 곧 해탈을 얻은 것이
된다 하였으니 위에 반 게송[293]의 뜻이다.

鈔

故智論云下는 引論通釋이니 卽第二十論이라 彼論偈云호대 若人見
般若라도 是則爲被縛이요 若不見般若라도 是亦爲被縛이며 若人見
般若라도 是則得解脫이요 若不見般若라도 是亦得解脫이라하니 脫
之與縛이 俱通見不見이나 今疏엔 隨經之次하야 便以論偈로 隨義解
釋하니라 初에 言下半意者는 謂下半은 眞俗之見이 不亡이니 此是取
著之見일새 故被縛也라하니라 言上半意者는 是論第四句니 是亡見
之見이 同無分別智일새 故得解脫이라하니라

그런 까닭으로 『지도론』에 말하였다고 한 아래는 『지도론』을 인용하
여 통석한 것이니 곧 제이십론이다.
저 논의 게송에 말하기를
만약 사람이 반야를 보았다고 할지라도
이것은 곧 얽힘을 입은[294] 것이 되고

292 원문에 하반下半은 後偈의 下半이다.
293 원문에 상반上半은 後偈의 上半이다.

만약 반야를 보지 못했다고 할지라도

이것은 또한 얽힘을 입은 것이 되며

만약 사람이 반야를 보았다고 할지라도

이것은 곧 해탈[295]을 얻은 것이 되고

만약 반야를 보지 못했다고 할지라도

이것은 또한 해탈을 얻은 것이 된다 하였으니

해탈과 더불어 얽힘이 함께 보고 보지 못함에 통하지만, 지금 소문에

서는 경의 차례를 따라서 편리하게 『지도론』의 게송으로써 뜻을

따라 해석하였다.

처음에 아래 반 게송의 뜻이라고 말한 것은 말하자면 아래 반 게송은

진제와 속제의 소견이 없지 않는 것이니,

이것은 취착하는 사람[296]의 소견이기에 그런 까닭으로 얽힘을 입은

것이 된다 하였다.

위에 반 게송의 뜻이라고 말한 것은 이 논의 제 네 번째[297] 구절[298]이니

---

294 원문에 피박被縛은 미자迷者의 처소이다.

295 원문에 해탈解脫은 오자悟者의 처소이다.

296 者 자는 着 자로 보기도 하나 者 자도 무방하다.

297 三 자는 四 자가 더 좋다. 즉 약불견반야若不見般若라도 시역득해탈是亦得解脫
이라 한 것이다.

298 제 세 번째 구절이라 한 삼三 자는 우愚의 뜻(사기주私記主)은 사四 자가
아닌가 의심한다. 혹 말하기를 만약 반야를 보지 못했다 할지라도(영인본
화엄 5책, p.516, 5행)라고 한 것이 이 뒤에 게송 가운데 제 세 번째 구절이라
하니 이것은 문구文句를 잡은 것이요, 혹 말하기를 여기에 보지 못한다

이것은 봄이 없이 보는 것이 무분별지無分別智와 같기에 그런 까닭으로 해탈을 얻은 것이 된다 하였다.

疏

若人見般若라도 是則爲解脫은 卽第六七偈意也요 若不見般若라도 是則爲被縛은 卽第四偈意也니 唯忘言者라사 可究斯旨리라

만약 사람이 반야를 보았다고 할지라도 이것은 곧 해탈이 된다고 한 것은 곧 제 여섯 번째와 제 일곱 번째 게송의 뜻[299]이요
만약 반야를 보지 못했다 할지라도 이것은 얽힘을 입은 것이 된다고 한 것은 곧 제 네 번째 게송의 뜻이니
오직 말을 잃은 사람이라야 가히 이 뜻을 궁구할 것이다.

鈔

卽第六七偈等者는 以第六偈에 見佛無取는 卽無取而見이 是見般若일새 得解脫義요 第七偈에 證眞了俗도 亦眞見般若일새 故得解脫

한 것이 이 보지 못하는 소견인 까닭으로 뒤의 게송 가운데 제 세 번째 구절의 만약 사람이 반야를 볼지라도(영인본 화엄 5책, p.516, 4행)라고 한 것에 해당한다 하니, 이것은 의구義句를 잡은 것이나 보고 보지 못하는 것이 서로 비추는 것이니 다 소실所失이 있는 것이다. 역시 『잡화기』의 말이다.

299 원문에 제육칠게의第六七偈意란, 이 경(今經)의 공덕혜보살功德慧菩薩 십송十頌 가운데 제육第六과 제칠게第七偈이다.

이라 卽第四偈者는 第四에 不見諸法空은 是無眞見일새 故로 不見般
若어니 豈不縛耶아 唯忘言等者는 見與不見이 俱通縛解어니 豈得隨
於見不見言이리요 須領見等下意니라 若言見而被縛은 卽知是取著
之見이요 若言見得解脫은 卽須知是無分別見이라 故什公云호대 唯
忘言者라사 可與道合하고 虛懷者라사 可與理通하고 冥心者라사 可
與眞一하고 遺智者라사 可與聖同矣라하니라

곧 제 여섯 번째 게송과 제 일곱 번째 게송이라고 한 등은 제 여섯
번째 게송[300]에 부처님을 봄에 취착함이 없다고 한 것은 곧 취착함이
없이 보는 것이 이 반야를 보는 것이기에 해탈의 뜻을 얻는 것이요
제 일곱 번째 게송[301]에 진제를 증득하고 속제를 안다는 것도 또한
진실로 반야를 보는 것이기에 그런 까닭으로 해탈을 얻는 것이다.

곧 제 네 번째 게송의 뜻이라고 한 것은 제 네 번째 게송에 모든
법이 공한 줄 보지 못한다고 한 것은 이것은 진실로 보는 것이
없기에 그런 까닭으로 반야를 볼 수 없거니 어찌 얽힘이 되지 않겠
는가.

오직 말을 잃은 사람이라고 한 등은 보는 것과 더불어 보지 못하는
것이 함께 얽힘과 해탈에 통하거니 어찌 보고 보지 못함을 따라

---

300 제 여섯 번째 게송은 영인본 화엄 5책, p.515, 5행에 있다.
301 제 일곱 번째 게송(第七偈) 운운은 第七偈 가운데 上二句는 증진證眞이고,
　　下二句는 요속了俗이다.

말함을 얻겠는가. 반드시 보았다는 등[302]의 아래에 뜻을 알아야 할 것이다.

만약 보았다고 할지라도 얽힘을 입은 것이라고 말한 것은 곧 이 취착의 소견을 아는 것이요

만약 보았다고 할지라도 해탈을 얻은 것이라고 말한 것은 곧 반드시 이 무분별의 소견을 아는 것이다.

그런 까닭으로 구마라습이 말하기를[303] 오직 말을 잃은 사람이라야 가히 도로 더불어 계합하고, 생각을 비운 사람이라야 가히 진리로 더불어 통하고, 마음에 명합한 사람이라야 가히 진여로 더불어 하나가 되고, 지혜를 버린 사람이라야 가히 성인으로 더불어 같다 하였다.

---

302 등等이란, 경문에 견반야위피박見般若爲被縛이요 불견반야위피박不見般若
爲被縛이며, 견반야득해탈見般若得解脫이요 불견반야득해탈不見般若得解脫
이다.

303 구마라습 운운은 영인본 화엄 4책, p.808, 2행에서 이미 설출說出하였다.

經

一切諸法性이 無生亦無滅하나니
奇哉大導師여 自覺能覺他니이다

일체 모든 법성이
남도 없고 또한 사라짐도 없나니
기특하십니다, 대도사시여
스스로도 깨닫고 능히 다른 사람도 깨닫게 하셨습니다.

疏

第三에 一偈는 顯佛二覺雙圓이니 不可覺中에 而自覺故로 是日
奇哉요 知無衆生이나 而能覺他일새 大導師也니라

제 세 번째 한 게송은 부처님의 이각二覺이 함께 원만함을 나타낸
것이니
가히 깨닫지 못한 가운데 스스로 깨닫는 까닭으로 이에 기특하다
말하는 것이요
중생이 없는 줄 알지만 능히 다른 사람을 깨닫게 하기에 대도사라
하는 것이다.

經

勝慧先已說　　如來所悟法일새
我等從彼聞하고 能知佛眞性하니다

승혜보살이 먼저 이미
여래께서 깨달으신 바 법을 설하였기에
우리 등도 저 승혜보살로 좇아 듣고
능히 부처님의 진실한 자성을 알았습니다.

疏

第四는 可知라

제 네 번째 게송은 가히 알 수가 있을 것이다.

經

爾時에 精進慧菩薩이 承佛威力하야 觀察十方하고 而說頌言
호대

若住於分別인댄 則壞淸淨眼하고
愚癡邪見增하야 永不見諸佛하리다

그때에 정진혜보살이 부처님의 위신력을 받아
시방을 관찰하고 게송을 설하여 말하기를

만약 분별심에 머문다면
곧 청정한 눈을 깨뜨리고
어리석고 삿된 소견만 더하여
영원히 모든 부처님을 보지 못할 것입니다.

疏

第五에 東北方精進慧는 以勤觀眞理하고 集無量善이나 俱無住
故니라 頌意는 爲顯欲令其心으로 轉復精進이나 無所染著이니 文
中에 由離分別하야 如實見故니라 十頌分二리니 前九觀法이요 後
一推功이라 前中三이니 初三은 所執無相觀이라 於中初一은 擧分
別過라

제 다섯 번째 동북방에 정진혜보살은 부지런히 진리를 관찰하고 한량없는 선법을 모으지만 모두 마음에 머물러 두지 않는 까닭이다.

게송의 뜻은 그 마음으로 하여금 전전히 다시 정진하지만 물들거나 집착하는 바가 없게 하고자 함을 나타내기 위한 것이니,

경문 가운데 분별심을 떠나 여실하게 봄을 인유한 까닭이다.

열 게송을 두 가지로 나누리니

앞에 아홉 게송은 법을 관찰하는 것이요

뒤에 한 게송은 공력을 미루는 것이다.

앞의 법을 관찰하는 가운데 세 가지가 있나니

처음에 세 게송은 집착하는 바가 모습이 없는 줄 관찰하는 것이다.

그 가운데 처음에 한 게송은 분별하는 허물을 거론한 것이다.

鈔

初三은 所執無相觀者는 然此中엔 明於三性上에 修三無性觀이니 言三性者는 一은 遍計所執性이요 二는 依他起性이요 三은 圓成實性이라 三無性者는 一은 相無自性性이요 二는 生無自性性이요 三은 勝義無自性性이라 三性之義는 已見上文이어니와 今疏의 科文名中엔 一一含二하니 今言所執無相觀者는 所執은 卽遍計所執이요 無相은 卽相無自性性觀이라 次三은 緣起無生者는 緣起는 卽依他起性이니 古經論中엔 亦名緣起性이라하얏거니와 今疏文從簡일새 故云緣起라하니라 言無生者는 卽生無自性性觀이라 後三은 圓成無性者는 圓成은 卽圓成實性이요 言無性者는 卽勝義無自性性觀이라 偏言無性

者는 向眞性上하야 說無性故라 亦是古名이니 竝從簡耳니라 又皆雙
明者는 以其三性이 卽三無性故라 故唯識云호대 卽依此三性하야 說
彼三無性이니 初則相無性이요 次無自然性이요 後由遠離前의 所執
我法性이라하니 故로 二種三性이 不相去離니라 然法相宗엔 三性卽
有性이요 三無性則無性이라하니 有無義殊니라 故彼偈云호대 故佛
密意說호대 一切法無性이라하니 意云호대 旣言密意說인댄 三無性이
則不礙於三有性也니라 若法性宗인댄 此二三性이 有無無礙며 互奪
雙亡이 皆悉自在니라 初一은 擧分別過者는 分別은 卽遍計所執也니
古謂호대 爲分別性이라하얏거니와 今疏從簡하니라 亦欲辨起心動念
이 皆成分別일새 故竝成過니 故云以心分別하면 一切法邪요 不以心
分別하면 一切法正이라하니라 故信心銘云호대 大道無難일새 唯嫌揀
擇이니 但不憎愛하면 洞然明白이라하니라

처음에 세 게송은 집착하는 바가 모습이 없는 줄 관찰하는 것이라고
한 것은 그러나 이 가운데는 삼성의 분상에 삼무성관을 수행하는
것을 밝힌 것이니
삼성이라고 말한 것은 첫 번째는 변계소집성이요
두 번째는 의타기성이요,
세 번째는 원성실성이다.
삼무성[304]이라고 한 것은 첫 번째는 모습은 자성이 없는 자성이요

---

304 원문에 삼무성자三無性者 운운은, 변계遍計는 상무성相無性이고, 의타依他는
생무성生無性이고, 원성圓成은 승의무성勝義無性이다.

두 번째는 생기한 것은 자성이 없는 자성이요

세 번째는 승의勝義는 자성이 없는 자성이다.

삼성의 뜻은 이미 위의 문장에서 보였거니와[305] 지금의 소문에서
과문科文한 이름 가운데는 낱낱이 두 가지를 포함하였으니,

지금에 집착하는 바가 모습이 없는 줄 관찰하는 바라고 말한 것은
집착하는 바(所執)라고 한 것은 곧 변계소집이요

모습이 없다(無相)고 한 것은 곧 모습은 자성이 없는 자성인[306] 줄
관찰하는 것이다.

다음에 세 게송[307]은 연기는 생기한 적이 없는 줄 관찰하는 것이라고
한 것은 연기라고 한 것은 곧 의타기성이니 옛날 경론 가운데는
또한 이름을 연기성이라 하였거니와, 지금 소문에서는 간략함을
좇았기에 그런 까닭으로 말하기를 연기라고 하였을 뿐이다.

생기한 적이 없다고 말한 것은 곧 생기한 것은 자성이 없는 자성인
줄 관찰하는 것이다.

뒤에 세 게송[308]은 원성은 자성이 없는 줄 관찰하는 것이라고 한
것은 원성이라고 한 것은 곧 원성실성이요

자성이 없다고 말한 것은 곧 승의는 자성이 없는 자성인 줄 관찰[309]하

---

305 원문에 이견상문已見上文이란, 영인본 화엄 4책, p.810, 8행에 선출先出하였으
니 『유식론唯識論』 제4권의 말이다.

306 性 자 아래에 性 자가 하나 더 있어야 한다.

307 다음에 세 게송이란, 영인본 화엄 5책, p.524, 2행이다.

308 뒤에 세 게송이란, 영인본 화엄 5책, p.526, 3행이다.

는 것이다.

치우쳐 자성이 없다고 말한 것은 진실한 자성의 분상을 향하여
자성이 없다고 말한 까닭이다.
또한 옛날의 이름이니 모두 간략함을 좇아 말하였을 뿐이다.[310]
또 다 함께 밝힌[311] 것은 그 삼성이 곧 삼무성인 까닭이다.
그런 까닭으로 『유식론』에 말하기를
곧 이 삼성을 의지하여
저 삼무성을 설한 것이니
처음에는 곧 모습은 자성이 없는 것이요,
다음에는 자연의 자성이 없는 것이요,
뒤에는 앞에서 집착한 바 나와 법의 자성을
멀리 떠남을 인유한 것이다 하였으니
그런 까닭으로 두 가지 삼성[312]이 서로 떠나가지 않는 것이다.
그러나 법상종에서는 삼성은 곧 자성이 있고 삼무성은 곧 자성이
없다 하였으니 있고 없는 뜻이 다르다.

---

309 性 자 아래에 觀 자가 있어야 한다.
310 모두 간략함을 좇아 말하였을 뿐이라고 한 것은 원성실성과 더불어 자성이
   없다고 한 것이 다 간략함을 좇아 말하였을 뿐이라고 말하는 것이다. 역시
   『잡화기』의 말이다.
311 원문에 개쌍명皆雙明이란, 삼성三性과 삼무성三無性을 다 함께 밝힌 것을
   말함이다.
312 원문에 이종삼성二種三性이란, 삼성三性과 삼무성三無性이다.

그런 까닭으로 저 게송[313]에 말하기를

부처님이 비밀한 뜻으로 말씀하시기를

일체법은 자성이 없다 하였으니,

그 뜻에 말하기를 이미 비밀한 뜻으로 말씀하셨다고 말하였다면

삼무성이 곧 삼유성에 걸림이 없다는[314] 것이다.

만약 법성종이라면 이 두 가지 삼성이 있고 없는 것이 걸림이 없으며

서로 빼앗고 함께 잊는 것이 다 자재한 것이다.

처음에 한 게송은 분별하는 허물을 거론한 것이라고 한 것은 분별이

라고 한 것은 곧 변계소집이니,

고인이 말하기를 분별하는 자성이다 하였거니와 지금 소문에서는

간략함을 좇아 분별이라고만 하였을 뿐이다.

또 마음을 일으키고 생각을 움직이는 것이 다 분별을 이룬다고

함을 분별하고자 하였기에 그런 까닭으로 모두 허물을 이룬다 한

것이니,

그런 까닭으로 말하기를 마음으로써 분별하면 일체법이 사법이요

---

313 원문에 피게彼偈는 저 『유식론唯識論』 게송偈頌이다.

314 삼무성이 곧 삼유성에 걸림이 없다고 한 것은 대개 저 뜻이 삼성과 삼무성의
있고 없는 뜻이 다름이 있는 까닭으로 삼무성으로써 비밀한 뜻으로 말씀하셨
다 한 것이니, 그 뜻에 말하기를 응당 또 세 가지 자성을 설할 것이지만
숨기고 설하지 아니한 까닭이다. 이것을 의거한다면 곧 그 뜻이 서로 다른
것이 있음을 거연히 가히 볼 수 있을 것이다. 만약 법성종의 뜻이라고
한다면 곧 삼무성이 곧 이 삼유성인 까닭이라 할 것이다. 역시 『잡화기』의
말이다.

마음으로써 분별하지 아니하면 일체법이 정법이다 하였다.
그런 까닭으로 신심명에 말하기를
대도大道[315]는 어려움이 없기에
오직 간택하는 것을 의심할 뿐이니,
다만 미워하고 좋아하는 마음만 없어지면
통연히 명백해질 것이다 하였다.

---

315 대도大道는 신심명에는 지도至道라 하였다.

經

若能了邪法이　如實不顚倒하며
知妄本自眞하면　見佛則淸淨하리다

有見則爲垢니　此則未爲見이며
遠離於諸見하면　如是乃見佛하리다

만약 능히 사법邪法이
여실한 줄 알면 전도되지 아니하며
허망한 것이 본래 스스로 진실한 것인 줄 알면
부처님을 보는 것이 곧 청정할 것입니다.

보는 것이 있다고 한다면 곧 때(垢)가 되나니
이것은 곧 보는 것이 되지 못하며
모든 소견을 멀리 떠나면
이와 같이 이에 부처님을 볼 것입니다.

疏

後二는 顯無相觀이라 一은 離所取니 上半은 知於情有요 下半은
知於理無라 如迷木見鬼라가 知鬼是迷有는 名如實知鬼요 知鬼
本無하야 擧體是木은 名爲見木이라

뒤에 두 게송은 모습이 없는 줄 관찰하는 것을 나타낸 것이다.

처음에 한 게송은 소취를 떠난 것이니,

위에 반 게송은 생각으로는 있는 것인 줄 아는 것이요

아래 반 게송은 이치로는 없는 것인 줄 아는 것이다.

마치 나무를 미혹하여 귀신으로 보다가 귀신이 미혹하여 있는 것인 줄 아는 것과 같은 것은 이름이 여실하게 귀신을 아는 것이요 귀신이 본래 없어서 전체가 이 나무인 줄 아는 것은 이름이 나무로 보는 것이 되는 것이다.

鈔

後二는 顯無相觀者는 正修三無性中에 初無性也라 一은 離所取者는 謂二偈中에 初一偈는 所取니 卽遍計所執也라 上半은 知於情有者는 卽遍計中에 二義니 謂情有理無라 今知情有가 卽是理無인댄 則知此性이 卽無相也라 如迷木見鬼者는 擧喩以明이니 如人夜行에 雲月朦朧커늘 見一杌木하고 以無月光으로 情懷怖畏하야 而生鬼想인달하야 衆生亦爾하야 行生死夜에 妄想浮雲이 蔽於慧月거늘 覯緣生法하고 不了性空하야 謂有定性이 如生鬼想하나니 鬼喩遍計요 木喩依圓이라 若了知鬼가 是因迷有인댄 則知所執定性之法이 皆由妄情이니 是人은 名爲妄識所執일새 故名悟人이라 如實知鬼는 此釋上半이요 知鬼本無하야 擧體是木者는 釋下半也라 約法云인댄 知妄所執이 理本是無는 但是依圓이요 爲擧體是木은 則見依圓이니 故名見木이라 故知妄本自眞은 則鬼是木이요 見佛則淸淨은 名爲見木이라

뒤[316]에 두 게송은 모습이 없는 줄 관찰하는 것을 나타낸 것이라고 한 것은 바로 삼무성을 수행하는 가운데 처음[317]에는 모습이 자성이 없다(相無性)[318]는 것이다.

처음에 한 게송은 소취를 떠난 것이라고 한 것은 말하자면 두 게송 가운데 처음에 한 게송은 소취이니 곧 변계소집이다.

위에 반 게송은 생각으로 있는 것인 줄 안다고 한 것은 곧 변계 가운데 두 가지 뜻이 있나니,

말하자면 생각으로는 있고 이치로는 없는 것이다.

지금에 생각으로 있는 것이 곧 이치로 없는 것인 줄 안다면 곧 이 자성이 모습이 없는 줄 알 것이다.

마치 나무를 미혹하여 귀신으로 본다고 한 것은 비유를 들어 밝힌 것이니,

마치 어떤 사람이 밤길을 감에 달이 구름에 가려 희미하거늘 하나의

---

316 鈔 아래에 後 자가 있는 것이 좋다.

317 처음이란, 변계소집성이다.

318 원문에 상무성相無性이란, 변계偏計는 상무성相無性이니 정유리무情有理無요 의타依他는 생무성生無性이니 상유성무相有性無요 원성圓成은 승의무성勝義 無性이니 정무리유情無理有며 상무성유相無性有이다. 즉 변계는 모습이 자성 이 없는 것이니 생각으로는 있고 이치로는 없는 것이요, 의타는 생기한 것이 자성이 없는 것이니 모습으로는 있고 자성으로는 없는 것이요, 원성은 승의가 자성이 없는 것이니 생각으로는 없고 이치로는 있으며 모습으로는 없고 자성으로는 있는 것이다.

등걸[319]을 보고 달빛이 없으므로 생각에 두려움을 품어 귀신이 있다는 생각을 내는 것과 같아서, 중생도 또한 그러하여 생사의 밤길을 감에 망상의 뜬구름이 지혜의 달을 가렸거늘 인연으로 생기하는 법을 보고 자성이 공한 줄 알지 못하여 결정된 자성이 있다고 말하는 것이 마치 귀신이 있다는 생각을 내는 것과 같나니

귀신은 변계에 비유하고, 나무는 의타와 원성에 비유한 것이다.

만약 귀신이 미혹함을 인하여 있는 줄 안다면 곧 집착한 바 결정된 자성의 법이 다 망정을 인유하여 있는 줄 알 것이니,

이 사람은[320] 이름[321]을 망식으로 집착한 바라 하기에 그런 까닭으로 이름을 깨달은 사람이라 하는 것이다.

여실하게 귀신을 안다고 한 것은 이것은 위에 반 게송을 해석한 것이요

귀신이 본래 없어서 전체가 이 나무인 줄 안다고 한 것은 아래 반 게송을 해석한 것이다.

법을 잡아서 말한다면 망정으로 집착한 바가 이치가 본래 없는 줄 아는 것은 다만 의타와 원성뿐이요

전체가 나무가 되는 줄 아는 것은 곧 의타와 원성을 보는 것이니

---

319 등걸은 나무를 베고 난 그루터기이다. 柢은 '등걸 올' 자이다.

320 이 사람은 운운한 것은 이 깨달은 사람(悟人)은 일체법을 이름하여 망식妄識으로 집착한 바라 하기에 그런 까닭으로 깨달은 사람이라 이름하는 것이다. 역시 『잡화기』의 말이다. 이 사람이란, 깨달은 사람이다.

321 이름(名)이란, 일체법을 이름한다는 것이다.

그런 까닭으로 이름이 나무로 보는 것이다.
그런 까닭으로 허망한 것이 본래 스스로 진실한 것인 줄 안다고
한 것은 곧 귀신이 이 나무요
부처님을 보는 것이 곧 청정하다고 한 것은 이름이 나무로 보는
것이 되는 것이다.

疏

二는 離能取니 以所取空故라 上半擧失이니 如若見鬼인댄 卽不見
木이요 下半顯得이니 離於鬼見인댄 方爲見木이라

제 두 번째 게송은 능취를 떠난 것이니
소취가 공한 까닭이다.
위에 반 게송은 잃은 것(失)을 거론한 것이니,
만약 귀신으로 보았다고 한다면 곧 나무로 보지 못한 것이요
아래 반 게송은 얻은 것(得)을 나타낸 것이니,
귀신으로 보는 것을 떠나면 바야흐로 나무로 보는 것이 되는 것이다.

鈔

如若見鬼者는 有妄執之見이 如若見鬼니 故則爲垢니라 不見依圓
은 名不見木이요 執有定性하야 不見依圓之實은 名未爲見이라 下半
은 離於鬼見者는 謂離於定性執見인댄 則見圓成之實이니 方爲見
木이라

만약 귀신으로 보았다고 한다면이라고 한 것은 망정으로 집착한 소견이 있는 것이 마치 귀신으로 보는 것과 같나니

그런 까닭으로 곧 때(垢)가 되는 것이다.

의타와 원성을 보지 못한 것은 이름이 나무로 보지 못한 것이요 결정된 자성이 있다고 집착하여 의타와 원성의 진실을 보지 못한 것은 이름이 보는 것이 되지 못하는 것이다.

아래 반 게송은 귀신으로 보는 것을 떠났다고 한 것은 말하자면 결정된 자성에 집착하는 소견을 떠난다면 곧 원성의 진실을 볼 것이니,

바야흐로 이름이 나무로 보는 것이 되는 것이다.

經

世間言語法을　衆生妄分別하나니
知世皆無生인댄 乃是見世間하리다

세간에 언어의 법을
중생이 허망하게 분별하나니
세간이 다 생기한 적이 없는 줄 안다면
이에 세간을 볼 것입니다.

疏

次三은 明緣起無生觀이니 一은 遺所緣이라 然이나 依他는 二義니
一者는 幻有니 從分別生이니 卽是上半이요 二者는 無性이니 卽是
下半이라

다음에 세 게송은 연기는 생기한 적이 없는 줄 관찰하는 것을 밝힌
것이니
처음에 게송은 반연한 바를 보내는 것이다.
그러나 의타는 두 가지 뜻이 있나니
첫 번째는 환으로 있는 것이니 분별을 좇아 생기한 것이니 곧 위에
반 게송이요
두 번째는 자성이 없는 것이니 곧 아래 반 게송이다.

然依他二義者는 三性各二義니 依他二者는 一은 幻有요 二는 無性이
라 從分別生은 釋依他義니 依他因緣하야 而得有故니 分別卽他니라
故唯識云호대 依他起自性은 分別緣所生이라하니라 今言世間語言
法은 卽所起之法이요 衆生妄分別은 卽是能生이니 且順三性義釋인
댄 亦可諸世間法이 各無定性거늘 但是衆生이 妄心分別하야 謂有實
耳니라 二者는 無性者는 知世皆無生이라하니 無生이 卽無性也니라

그러나 의타는 두 가지 뜻이 있다고 한 것은 삼성이 각각 두 가지
뜻이 있나니
의타의 두 가지 뜻은 첫 번째는 환상으로 있는 것이요
두 번째는 자성이 없는 것이다.
분별로 좇아 생기한 것이라고 한 것은 의타의 뜻을 해석한 것이니
다른 인연을 의지하여 있음을 얻는 까닭이니 분별이 곧 다른 인연인
것이다.
그런 까닭으로『유식론』[322]에 말하기를 의타기의 자성은 분별 인연으
로 생기한 바다 하였다.

지금에 말하기를 세간에 언어의 법이라고 한 것은 곧 생기할 바
법이요
중생이 허망하게 분별한다고 한 것은 곧 능히 생기하는 것이니,

322 『유식론』은 『유식삼십송』이다.

또한 삼성의 뜻을 따라 해석한다면 또한 가히[323] 모든 세간의 법이 각각 결정된 자성이 없거늘 다만 중생이 허망한 마음으로 분별하여 실성이 있다고 말할 뿐이다.

두 번째는 자성이 없다고 한 것은 세간이 다 생기한 적이 없는 줄 안다고 한 것이니,
생기한 적이 없다고 한 것이 곧 자성이 없다고 한 것이다.

---

323 또한 가히 운운한 것은 능소를 세우지 않고 다만 허망한 마음으로 허망하게
    집착할 뿐이니, 이 위에는 곧 따로 생기할 바 진실을 잡은 것과 같은 까닭이다.
    역시 『잡화기』의 말이다.

경經

若見見世間인댄 見則世間相이며
如實等無異인댄 此名眞見者니이다

만약 보는 것으로 세간을 본다면
보는 것이 곧 세간의 모습이며
여실히 평등하여 다름이 없다면
이 이름이 진실로 보는 사람입니다.

소疏

二는 泯能緣이라 上半은 牒前生過니 有無生見인댄 同世非實이요
下半은 見等無生인댄 名眞見者니라

두 번째 게송은 능히 반연하는 것을 없애는 것이다.
위에 반 게송은 앞에서 생기한 허물을 첩석[324]한 것이니,
생기한 적이 없다는 소견이 있다면 세간과 같아서 진실로 보는
것이 아니요
아래 반 게송은 평등하여 생기한 적이 없는 줄로 본다면 이름이
진실로 보는 사람이라는 것이다.

---

324 첩석이란, 이에 세간世間을 볼 것이다(앞에 게송). 만약 보는 것으로 세간을
   본다면(지금 게송)이라고 하였으니, 이것이 첩석이다.

鈔

有無生見者는 由上云호대 知世皆無生거니와 今牒此言云호대 若見
見世間이라하니 謂見世無生이라 既有此見인댄 見卽是生일새 故同
世間하야 非眞實也니라 故古人云호대 無生終不住니 萬象徒流布니
라 若作無生解인댄 還被無生顧라하니 卽其義也니라 下半은 見等者
는 以經文言호대 若見等無異라하니 謂見等所見이 同無生故로 能所
兩忘하면 名眞見者니라

생기한 적이 없다는 소견이 있다고 한 것은 위에서 말하기를 세간이
다 생기한 적이 없는 줄 안다고 한 말을 인유한 것이어니와, 지금에
이 말을 첩석하여 말하기를 만약 보는 것으로 세간을 본다면이라고
하였으니
세간이 생기한 적이 없는 줄 보아야 함을 말한 것이다.
이미 이 소견이 있다면 보는 것이 곧 생기한 것이기에 그런 까닭으로
세간과 같아서 진실로 보는 것이 아니다.
그런 까닭으로 고인이 말하기를
생기함이 없음에도[325] 마침내 머물지 말 것이니
만상은 부질없이 유포[326]한다.

---

325 생기함이 없음에도 운운한 것은 생기한 적이 없는 까닭으로 머물지도 않거늘
    다만 그 안립安立을 가자하여 머물지 말라고 한 것뿐이다. 역시 『잡화기』의
    말이다.
326 유포流布는 유망流亡이니 일정한 곳이 없이 방랑하는 것이다.

만약 생기한 적이 없다는 지해를 짓는다면
도리어 생기한 적이 없다는 곳에 돌아감[327]을 입을 것이다 하였으니
곧 그 뜻이다.

아래 반 게송은 평등하여 생기한 적이 없는 줄로 본다면이라고
한 등은 경문[328]에 말하기를 만약 평등하여 다름이 없는 줄로 본다
한 것이니,
말하자면 평등하게 볼 바를 보는 것이 생기한 적이 없음으로 보는
것과 같은 까닭으로 능견과 소견을 함께 잊으면 이 이름이 진실로
보는 사람이라는 것이다.

---

327 顧는 '돌아갈 고' 자이다.
328 경문經文이란, 영인본 화엄 5책, p.525, 말행末行이다.

經

若見等無異하야 於物不分別인댄
是見離諸惑하야 無漏得自在리이다

만약 평등하여 다름이 없는 줄로 보아
만물을 분별하지 않는다면
이 소견은 모든 번뇌를 떠나
누수가 없어서 자재함을 얻을 것입니다.

疏

三은 辨觀益이라

세 번째 게송은 관찰하는 이익을 분별한 것이다.

經

諸佛所開示한   一切分別法을
是悉不可得이니 彼性淸淨故니이다

모든 부처님이 열어 보이신 바
일체 분별법을
다 가히 얻을 수 없나니
저 자성이 청정한 까닭입니다.

疏

後三은 明圓成無性觀이라 一은 牒前二無니 謂能所分別을 皆不
可得者는 卽圓成性淨故니라

뒤에 세 게송은 원성은 자성이 없는 줄 관찰하는 것을 밝힌 것이다.
첫 번째 게송은 앞에 두 가지 없다는 것[329]을 첩석한 것이니,
말하자면 능·소의 분별을 다 가히 얻을 수 없다고 한 것은 곧 원성의
자성이 청정한 까닭이다.

---

329 원문에 이무二無란 상무相無와 생무生無이다.

經

法性本淸淨하고　如空無有相일새
一切無能說하나니 智者如是觀하리다

법성은 본래 청정하고
허공과 같아 모습이 없기에
일체중생이 능히 말할 자가 없나니
지혜로운 사람은 이와 같이 관찰할 것입니다.

疏

二는 正顯眞性이라 初句體有요 次句相無니 此二融卽일새 故無能
說하니라

두 번째 게송은 바로 진실한 자성을 나타낸 것이다.
처음 구절은 자체가 있다는 것이요
다음 구절은 모습이 없다는 것이니,
이 둘이 융합하여 즉하기에 그런 까닭으로 능히 말할 사람이 없다는
것이다.

鈔

初句體有者는 圓成有二義하니 一은 體有요 二는 相無라 法性本淸淨

일새 故是體有요 如空無相일새 故是相無니 體有卽是相無요 相無卽
是體有라 本自相融거니 何能說之리요 欲言其有나 卽相無故요 欲言
其無나 卽性有故니라

처음 구절은 자체가 있다는 것이라고 한 것은 원성에 두 가지 뜻이
있나니
첫 번째는 자체가 있는 것이요
두 번째는 모습이 없는 것이다.
법성法性이 본래 청정하다 하였기에 그런 까닭으로 자체가 있다는
것이요
허공과 같아 모습이 없다 하였기에 그런 까닭으로 모습이 없다는
것이니,
자체가 있는 것이 곧 모습이 없는 것이요 모습이 없는 것이 곧
자체가 있는 것이다.
본래 스스로 서로 융합하였거니 어찌 능히 그것을 설하겠는가.
그것이 있다고 말하고자 하지만 곧 모습이 없는 까닭이요
그것이 없다고 말하고자 하지만 곧 자성이 있는 까닭이다.

經

遠離於法想하야　不樂一切法이나
此亦無所修하야사 能見大牟尼하리다

법에 대한 생각을 멀리 떠나
일체법을 좋아하지 않지만
이것도 또한 닦을 바가 없어야
능히 대모니를 볼 것입니다.

疏

三은 觀成利益이라

세 번째 게송은 관찰하는 것이 이익을 이루는 것이다.

경(經)

如德慧所說하야 此名見佛者니
所有一切行이　體性皆寂滅하니다

공덕혜보살이 설한 바와 같아서
이 이름이 부처님을 보는 사람이니
소유한 일체 행이
그 자체성이 다 적멸합니다.

소(疏)

第二는 推功이니 文並可知라

제 두 번째 뒤에 한 게송은 공력을 미루는[330] 것이니
문장은 모두 가히 알 수가 있을 것이다.

─────────────

330 공력을 미룬다고 한 것은 덕혜보살에게 미루는 것이다.

經

爾時에 善慧菩薩이 承佛威力하야 普觀十方하고 而說頌言호대

希有大勇健하신 無量諸如來가
離垢心解脫하사 自度能度彼하니다

我見世間燈하니 如實不顚倒가
如於無量劫에 積智者所見하니다

그때에 선혜보살이 부처님의 위신력을 받아 널리 시방을 관찰하고
게송을 설하여 말하기를

희유하고 크게 용맹하신
한량없는 모든 여래가
때를 떠나 마음이 해탈하여
자기도 제도하고 능히 저 중생들도 제도하셨습니다.

내가 세간의 등불을 보니
여실히 전도되지 않는 것이
마치 한량없는 세월(劫)에
지혜를 쌓은 사람이 보는 바와 같습니다.

疏

第六에 東南方善慧菩薩은 成就般若하야 慧鑑不動이니 可謂善
矣라 此頌은 爲顯欲令其心으로 轉復增進하야 得不退轉의 無生法
忍이니 文中에 離垢解脫은 無體性故라 十頌分四리니 初二는 見佛
이요 次三은 見法이요 次三은 觀成利益이요 後二는 推見有依라
今初前偈는 讚所見이니 上半標讚이요 下半釋成이니 智離所知하
고 心脫煩惱하야 兼二利故라 二障難除하고 衆生難度어늘 自強不
息이 爲希有勇健이라

제 여섯 번째 동남방에 선혜보살은 반야를 성취하여 지혜로 비추는
것이 움직이지 않나니 가히 선혜라 말하는 것이다.
이 게송은 그 마음으로 하여금 전전히 다시 증진增進하여 퇴전하지
않는 무생법인을 얻게 하고자 함을 나타낸 것이니
경문 가운데 때를 떠나 마음이 해탈하였다고 한 것은 자체성이
없는 까닭이다.
열 게송을 네 가지로 나누리니
처음에 두 게송은 부처님을 보는 것이요
다음에 세 게송은 법을 보는 것이요
다음에 세 게송은 관찰하는 것이 이익을 이루는 것이요
뒤에 두 게송은 보는 것이 의지하는 곳이 있다고 미루는 것이다.

지금은 처음으로 앞에 게송은 볼 바의 부처님을 찬탄한 것이니

위에 반 게송은 찬탄할 부처님을 표한 것이요

아래 반 게송은 해석하여 성립한 것이니,

지혜는 소지장을 떠났고 마음은 번뇌장을 벗어나 두 가지 이익[331]을 겸한 까닭이다.

두 가지 장애는 제거하여 끊기 어렵고 중생은 제도하기 어렵거늘 스스로 굴세어 쉬지 않고 하신 것이 희유하고 용맹함이 된다는 것이다.

鈔

智離所知等者는 下半初句는 明離二障이라 言離垢者는 離所知障이니 是慧解脫일새 故言智離所知라하니라 言心解脫者는 是離煩惱障이니 是心解脫일새 故云心脫煩惱라하니 解脫之義는 通二解脫이라 言兼二利者는 卽第四句에 自度能度彼니 以自度二障하고 亦令他人으로 脫二障故니 則俱度苦海也니라 二障難除下는 總擧下半하야 釋成初句니 二障難除나 則難斷能斷하며 今難度能度이 爲自强不息이니 是希有勇健義也니라 然自强不息은 卽周易의 乾卦大象이니 象曰天行健하니 君子는 以自强不息이라하니 謂乾者는 剛健之象이니 君子는 當法天剛健이라 故自强進德을 不休息也니라 今借用之는 明佛勇猛하야 自勵策修하사 練磨其心하야 得成正覺이 爲勇健耳니라

---

331 원문에 이리二利란, 자리自利와 이타利他이다.

지혜는 소지장을 떠났다고 한 등[332]은 아래 반 게송에 처음 구절은
두 가지 장애 떠난 것을 밝힌 것이다.

때를 떠났다고 말한 것은 소지장을 떠난 것이니,

이것은 혜해탈[333]이기에 그런 까닭으로 말하기를 지혜는 소지장을
떠났다고 하였다.

마음이 해탈하였다고 말한 것은 번뇌장을 떠난 것이니,

이것은 심해탈이기에 그런 까닭으로 말하기를 마음은 번뇌장을
벗어났다고 하였으니,

해탈의 뜻은 두 가지 해탈에 통한다.

두 가지 이익을 겸하였다고 말한 것은 곧 제 네 번째 구절에 자기도
제도하고 능히 저 중생들도 제도하셨다고 한 것이니

스스로 두 가지 장애를 도탈하고 또한 다른 사람으로 하여금 두
가지 장애를 도탈케 하고자 하는 까닭이니 곧 함께 고해를 도탈하려
는 것이다.

두 가지 장애는 제거하여 끊기 어렵다고 한 아래는 모두 아래 반
게송[334]을 들어 처음 구절을 해석하여 성립한 것이니,

두 가지 장애는 제거하여 끊기 어렵지만 곧 끊기 어려운 것을 능히
끊으며, 지금[335]에 제도하기 어려운 것을 능히 제도하는 것이 스스로

굳세어 쉬지 않고 하신 것이 되나니 이것이 희유하고 용맹한 뜻이다.
그러나 스스로 굳세어 쉬지 않았다고 한 것은 곧 『주역』의 건괘에
대상大象[336]이니,
대상에 말하기를 하늘의 운행이 강건하니 군자는 스스로 굳세어
쉬지 말라 하였으니,
말하자면 건乾이라고 하는 것은 강건한 형상이니 군자는 법천法天의
강건함을 감당하는 것이다.
그런 까닭으로 스스로 굳세어 공덕에 나아가기를 쉬지 않는 것이다.
지금에 이 말을 빌려 쓴 것은 부처님이 용맹하여 스스로 힘쓰고
채찍하고 수행하여 그 마음을 연마하여 정각을 이루신 것이 용맹함
이 됨을 밝힌 것이다.

疏

後偈는 明能見이니 謂我如實見이 如大菩薩見하니라

뒤에 게송은 능히 보는 것을 밝힌 것이니,
말하자면 내가 여실하게 보는 것이 마치 대보살이 보는 것과 같다는
것이다.

---

335 수은 又 자로 본 古人도 있다.
336 대상大象은 『주역周易』의 상을 풀이한 말이다.

鈔

如大菩薩見者는 大菩薩은 卽於無量劫에 積智之者니라

마치 대보살이 보는 것과 같다고 한 것은 대보살은 곧 한량없는
세월에 지혜를 쌓은 사람이다.

經

一切凡夫行은　莫不速歸盡이나
其性如虛空일새 故說無有盡이다

智者說無盡이나 此亦無所說이니
自性無盡故로　得有難思盡이다

所說無盡中에　無衆生可得이니
知衆生性爾인댄 則見大名稱이리다

일체 범부의 행은
속히 돌아가 다하지 아니함이 없지만
그 자성은 허공과 같기에
그런 까닭으로 말하기를 다함이 없다 합니다.

지혜로운 사람은 다함이 없다 말하지만
이것도 또한 말할 바가 없나니
자성은 다함이 없는 까닭으로
사의하기 어려운 다함이 있음을 얻을 것입니다.

다함이 없다고 설한 바 가운데는
중생도 가히 얻을 것이 없나니
중생의 자성이 그러한 줄 안다면

곧 큰 명칭자를 볼 것입니다.

疏

次三은 見法中에 約衆生說이니 初偈正顯이라 盡卽有爲니 諸行無常하야 速起滅故요 有爲之性이 湛若虛空은 便是無爲니 體常遍故니라

다음에 세 게송은 법을 보는 가운데 중생을 잡아 설한 것이니
처음에 게송은 바로 나타낸 것이다.
다한다는 것은 곧 유위이니
모든 행이 무상하여 속히 일어났다 사라지는 까닭이요
유위의 자성이 담담하여 허공과 같은 것은 곧 무위이니
자체가 항상 두루한 까닭이다.

鈔

盡卽有爲者는 淨名第三에 香積世界의 諸菩薩이 欲還本土호려함에 以求少法하야 當念如來어늘 佛告諸菩薩하사대 有盡無盡法門을 汝等當學이니 何謂有盡고 謂有爲法이라 何謂無盡고 謂無爲法이라 如菩薩者는 不盡有爲하고 不住無爲이니 何謂不盡有爲고 謂不離大慈하고 不捨大悲等이라 何謂不住無爲고 謂修學空이나 不以空爲證하고 修學無相無作이나 不以無相無作爲證等이라 諸行無常者는 釋成盡是有爲之義니 故涅槃云호대 諸行無常하야 是生滅法이라하니라

速起滅者는 刹那不住故니라

다한다는 것은 곧 유위라고 한 것은 『정명경』 제삼권[337]에 향적세계의
모든 보살이[338] 본토에 돌아가려 함에 적은 법이라도 구하여 마땅히
여래를 생각하고자 하거늘, 부처님이 모든 보살에게 말씀하시기를
유진과 무진의 법문을 그대 등은 마땅히 배울지니, 어떤 것을 일러
유진법문有盡法門이라 하는가 하면 유위법을 말하는 것이다.
어떤 것을 일러 무진법문無盡法門이라고 하는가 하면 무위법을 말하
는 것이다.
저 보살은 유위법을 다하지도 않고 무위법에 머물지도 않나니,
무엇을 일러 유위법을 다하지도 않는다 하는가 하면 대자를 버리지
않고 대비를 버리지 않는 것이다고 말한 등[339]이다.
무엇을 일러 무위법에 머물지도 않는다 하는가 하면 공을 닦아
배우지만 공으로써 증득함을 삼지 않고, 무상과 무작을 닦아 배우지

---

337 『정명경淨名經』 제삼권은 보살행품菩薩行品이니 보살품菩薩行品에는 세존世
  尊이시여 원사소법願賜少法하소서 환어피토還於彼土하야 당념여래當念如來
  라 하였다. 즉 바로 아래 주석이 이 해석이다.

338 『잡화기』에는 모든 보살 운운은 저 『정명경』에 말하기를 모든 보살이 부처님
  께 여쭈어 말하기를 세존이시여, 원컨대 적은 법이라도 설하여 주소서.
  저 향적국토에 돌아가서 마땅히 석가여래를 생각호리다 하였다고 하였다.

339 등等이란, 불사대비不捨大悲 下에 심발일체지심深發一切智心호대 이불홀망
  而不忽忘하고 교화중생敎化衆生호대 종불피염終不疲厭하며 어사섭법於四攝
  法에 상념순행常念順行하고 호지정법護持正法호대 불석신명不惜軀命 운운하
  였다.

만 무상과 무작으로써 증득함을 삼지 않는 것이다고 말한 등[340]이다.

모든 행이 무상하다고 한 것은 다한다는 것은 곧 유위라는 뜻을
해석하여 성립한 것이니,
그런 까닭으로 『열반경』에 말하기를 모든 행이 무상하여 생기하였다
가 사라지는 법이다 하였다.
속히 일어났다 사라지는 것이라고 한 것은 찰나에도 머물지 않는
까닭이라는 것이다.

有爲之性者는 釋其性如虛空일새 故說無有盡이니 其性은 即上有爲
性故니라 其性之言은 略有二義하니 一은 但約無性之性이니 以有爲
法은 緣生性空이요 緣生性空은 即同無爲니라 竪窮三際曰常이요 橫
無不周曰遍이니 故是無爲니라 則上淨名엔 但明不盡有爲하고 不住
無爲니 二相猶別이라 未能顯爲가 即無爲矣어니와 今明即性之相이
是名有爲요 即相之性이 便是無爲일새 故是玄矣니라 二者는 其性如
虛空은 即如來藏性이 體離斷常일새 故如虛空이라 故勝鬘云호대 邊
見者는 凡夫가 於五受陰에 我見妄想으로 計著生二見이 是名邊見이
니 所謂常見斷見이라 見諸行無常은 是斷見非正見이요 見涅槃常은
是常見非正見이니 妄想見故로 作如是見하니라 於身諸根을 分別思
惟호대 現法見壞하고 於有相續을 不見일새 起於斷見하나니 妄想見

---

340 등等이란, 불이무상무작위증不以無相無作爲證 下에 수학무기修學無起호대 불
이무기위증不以無起爲證하며 관어무상觀於無常호대 이불염선본而不厭善本
운운하였다.

故요 於心相續을 愚暗不解하고 不知刹那間에 意識境界일새 起於常見하나니 妄想見故라하니라 又云死者는 諸根壞요 生者는 諸根起어니와 非如來藏이 有生有死니라 如來藏은 離有爲相이며 如來藏은 常住不變일새 是故로 如來藏은 是依며 是持며 是建立이라하니라 釋曰據上經文인댄 以盡卽無盡이니 是故로 雙非常無常見이라 故次文云호대 智者說無盡이나 此亦無所說이라하니라

유위의 자성이라고 한 것은 그 자성이 허공과 같기에 그런 까닭으로 말하기를 다함이 없다고 한 것을 해석한 것이니,
그 자성은 곧 위에 유위의 자성인 까닭이다.
그 자성이라고 말한 것은 간략하게 두 가지 뜻이 있나니
첫 번째는 다만 무성의 자성만을 잡은 것이니, 유위법은 연생으로 자성이 공한 것이요 연생으로 자성이 공한 것은 곧 무위와 같다. 수竪로 삼제를 다하는 것을 영원하다 말하고, 횡橫으로 두루하지 아니함이 없는 것을 두루하다 말하는 것이니 그런 까닭으로 무위인 것이다.
곧 위의 『정명경』에는 다만 유위법을 다하지도 않고 무위법에 머물지도 않는다고 한 것만 밝혔으니, 두 가지 모습이 오히려 다른지라 능히 유위법이 곧 무위법임을 나타내지 못하였거니와 지금에는 자성에 즉한 모습이 이 이름이 유위요, 모습에 즉한 자성이 곧 이 무위임을 밝혔기에 그런 까닭으로 현묘한 것이다.
두 번째는 그 자성이 허공과 같다고 한 것은 곧 여래장의 자성이 자체가 단견과 상견을 떠났기에 그런 까닭으로 허공과 같다는 것

이다.

그런 까닭으로『승만경』에 말하기를 변견이라고 한 것은 범부가
오수음五受陰에 아견의 망상으로 헤아리고 집착하여 두 가지 소견을
내는 것이 이 이름이 변견이니, 말하자면 상견과 단견이다.

모든 행이 무상하다고 보는 것은 이 단견이라 정견이 아니요
열반이 영원하다고 보는 것은 이 상견이라 정견이 아니니,
망상의 소견인 까닭으로 이와 같은 소견을 짓는 것이다.

저 몸의 제근諸根을[341] 분별하고 사유하되 나타나 있는[342] 법에 무너지
는 것만 보고 나타나 있는 법이 상속하는 것을 보지 못하였기에
단견을 일으키나니 망상의 소견인 까닭이요

마음이 상속함을 어리석어 알지 못하고 찰나 간에 의식의 경계를
알지 못하였기에[343] 상견을 일으키나니 망상의 소견인 까닭이다
하였다.

또 말하기를 죽었다고 한 것은 제근이 무너진 것이요

살았다고 한 것은 제근이 일어난 것이어니와 여래장이 산 것이
있고 죽은 것이 있는 것은 아니다.

---

341 저 몸의 제근諸根이라고 한 등은 이 위에는 생사와 열반을 잡아 단견과
　　상견을 내고 지금에는 오온에 이견二見을 내는 것이다.『잡화기』에 말하기를
　　저 몸에 운운은 이 위에는 생사에 단견을 내고 열반의 상견을 내거니와
　　지금에는 오온에 두 가지 소견을 낸다 하였다.

342 원문에 유有란, 곧 전제, 후제에 있는 것이다. 역시『잡화기』의 말이다.

343 원문에 부지찰나不知刹那 운운은 마음(心)에도 또한 찰나생멸刹那生滅이 있거
　　늘 알지 못한 까닭으로 상견常見을 일으킨다는 것이다.

여래장은 유위의 모습을 떠났으며 여래장은 상주하여 변하지 않기에
이런 까닭으로 여래장은 의지하는 것이며 호지하는 것이며 건립하는
것이다 하였다.
해석하여 말하면 위에 경문[344]을 의지하건대 다한다는 것은 곧 다함이
없다는 것이니
이런 까닭으로 영원하다, 무상하다는 소견이 함께 아니라는 것이다.
그런 까닭으로 다음 경문에 말하기를 지혜로운 사람은 다함이 없다
말하지만 이것도 또한 말할 바가 없다 하였다.

疏

次二偈는 拂迹入玄이라 上半은 拂前無爲니 謂旣如虛空인댄 何有
無爲之相이리요 次四句는 拂前有爲니 謂旣約自性하야 論無盡인
댄 則不壞於盡일새 故曰難思요 盡卽無盡일새 故無衆生也라 後二
句는 觀成利益이니 見法身也라

다음에 두 게송은 자취를 떨치고 현묘함에 들어가는 것이다.
위에 반 게송은 앞에 무위를 떨치는 것이니,
말하자면 이미 허공과 같다고[345] 하였다면 어찌 무위의 모습이 있겠
는가.
다음에 네 구절은 앞에 유위를 떨치는 것이니,

344 위에 경문이란, 今經의 初偈니 즉 영인본 화엄 5책, p.529, 8행이다.
345 원문에 기여허공旣如虛空은 初偈의 第三句이다.

말하자면 이미 자성을 잡아[346] 다함이 없음을 논하였다면[347] 곧 다함을
무너뜨리지 아니한 것이기에 그런 까닭으로 말하기를 사의하기
어렵다[348] 한 것이요

다한다는 것은 곧 다함이 없다는 것이기에 그런 까닭으로 중생도
없다는 것이다.

뒤에 두 구절은 관찰하는 것이 이익을 이루는 것이니,
법신을 보는 것이다.

鈔

謂旣如虛空者는 體無可盡일새 故如虛空이언정 非謂有於一物하야
若高山之出雲하야 用之無盡也니라 故云智者說無盡이나 此亦無所
說이라하니 由盡卽無盡일새 卽非盡이며 非無常矣요 無盡旣如虛空
인댄 則非無盡이며 非是常矣니 是爲雙非常無常이며 雙離盡不盡이
며 亦雙非爲無爲니라 故中論云호대 若有有爲法인댄 則有無爲法이
어니와 旣無有爲法인댄 何得有無爲리요하니라 則不壞於盡者는 此有
二意하니 一者는 拂上有爲요 二者는 上來雙遣일새 今則雙存이니 自
性無盡은 則有無盡이요 有難思盡은 則有盡矣니 以泯不礙存일새 故

---

346 원문에 기약자성旣約自性 운운은 初偈의 下半에 기성여허공旣性如虛空하야
　　고설무유진故說無有盡이라 한 것을 말함이다.
347 논무論無 사이에 소본엔 기其 자가 있다. 『잡화기』의 말이다.
348 원문에 난사難思는 難思盡이라 해야 할 듯. 왜냐하면 불괴어진不壞於盡이라
　　했기에 말이다. 곧 사의하기 어려운 다함이라는 뜻이다. 『잡화기』엔 사진思盡
　　사이에 진盡 자가 있다 하였다.

로 存亡無二하야사 方曰難思라하니라 而向言拂上有爲者는 謂盡則
無盡일새 故非盡矣니라 上來에 盡卽無盡은 意雖暗拂이나 而以其性
如空으로 別示無爲일새 故今方說호대 拂有爲耳니라

말하자면 이미 허공과 같다고 한 것은 자체가 가히 다함이 없기에
허공과 같다고 한 것일지언정 한 물건이 있어서 마치 높은 산이
구름을 내듯이 사용함에 다함이 없음을 말한 것은 아니다.
그런 까닭으로 말하기를 지혜로운 사람은 다함이 없다 말하지만
이것도 또한 설할 바가 없다 하였으니,
다한다는 것은 곧 다함이 없다는 것을 인유하기에 곧 다한다는
것도 아니며 무상하다는 것도 아니요
다함이 없다는 것은 이미 허공과 같다고 하였다면 곧 다함이 없다는
것도 아니며 영원하다는 것도 아니니
이것은 영원하다, 무상하다는 것이 함께 아니라는 것이며, 다하고
다하지 않는 것을 함께 떠났다는 것이며, 또한 유위와 무위가 함께
아니라는 것이다.
그런 까닭으로 『중론』에 말하기를
만약 유위법이 있다고 한다면
곧 무위법도 있을 것이어니와,
이미 유위법이 없었다면
어찌 무위법이 있음을 얻겠는가 하였다.

곧 다함을 무너뜨리지 아니한 것이라고 한 것은 여기에 두 가지

뜻이 있나니

첫 번째는 위에 유위를 떨친 것이요[349]

두 번째는 상래[350]에서는 함께 보냈기에 지금에는 곧 함께 두는 것이니

자성이 다함이[351] 없다고 한 것은 곧 다함이 없음이 있다는 것이요 사의하기 어려운 다함이 있다고 한 것은 곧 다함이 있다는 것이니, 없애는 것이 두는 것에 걸리지 않기에 그런 까닭으로 있고 없는 것이 둘이 없어야 바야흐로 사의하기 어렵다 말하는 것이다.

향래[352]에 위에 유위를 떨친 것이라고 말한 것은 말하자면 다한다는 것은 곧 다함이 없다는 것이기에 그런 까닭으로 다한다는 것도 아니라는 것이다.

상래[353]에 다한다는 것은 곧 다함이 없다고 한 것은 그 뜻이 비록

---

349 위에 유위를 떨친다고 한 것은 이미 다함을 무너뜨리지 않고 다함이 없음을 성립하였기에 그런 까닭으로 말하기를 다한다는 것은 곧 다함이 없다는 것이라 하였거니와, 만약 저 다함 밖에 따로 다함이 없다는 것이 있다면 곧 이것은 다함이 곧 다함이 없다는 것이 아닌 까닭이다. 역시 『잡화기』의 말이다.

350 상래上來라는 글자는 앞의 처음 게송에 아래 반과 제 두 번째 게송에 위에 반을 가리키는 것이다.

351 자성이 운운한 것은 만약 소문 가운데 다한다는 것은 곧 다함이 없다는 것이라고 한 등 두 구절은 경문 가운데 끝 게송의 위에 반을 해석한 것이니, 또한 다함이 없다는 것이 있다는 것이다.

352 향래란, 영인본 화엄 5책, p.532, 말행이다.

그윽이 떨치는 것이지만, 그 자성이 허공과 같음으로써 따로 무위를
보인 것이기에 그런 까닭으로 지금에 바야흐로 말하기를 유위를
떨친다 하였다.

---

353 상래란, 영인본 화엄 5책, p.533, 초행初行이다.

經

無見說爲見이요 無生說衆生이니
若見若衆生이　了知無體性하리다

能見及所見과　見者悉除遣호대
不壞於眞法인댄 此人了知佛하리다

若人了知佛과　及佛所說法인댄
則能照世間을　如佛盧舍那하리다

보는 것이 없지만 본다고 말하고
중생이 없지만 중생이라 말하나니
이에[354] 보는 것과 이에 중생이
자체성이 없는 줄 알아야 할 것입니다.

능히 보는 것과 그리고 볼 바와
보는 사람을 다 제거하여 보내되
진실한 법을 무너뜨리지 않는다면
이 사람은 부처님을 알 수 있을 것입니다.

만약 사람이 부처님과

─────────────

354 약若 자는 '이에 약' 자로, 또는 혹이라 번역할 것이다.

그리고 부처님께서 설하신 바 법을 안다면
곧 능히 세간을 비추기를
부처님 노사나와 같이 할 것입니다.

疏

次三은 觀成이라 於中에 初偈는 顯法空이니 由下半에 了能所見이
緣成無性일새 故上半에 能所之見을 自亡이라 次二句는 顯我空이
니 能所之法도 尙空거니 誰爲能見之者리요 後二句는 顯實이니
但除上病이언정 不除眞法이니 二空之體와 及所顯圓成이 卽眞佛
也니라

다음에 세 게송은 관찰하는 것이 이익을 이루는 것이다.
그 가운데 처음에 게송은 법공을 나타낸 것이니,
아래 반 게송에 능견과 소견이 인연으로 이루어져 자성이 없다는
것을 인유하기에 그런 까닭으로 위에 반 게송에 능견과 소견을
스스로 잊는 것이다.
다음에 두 구절[355]은 아공을 나타낸 것이니,
능법과 소법도 오히려 공하거니 누가 능히 볼 자가 되겠는가.
뒤에 두 구절[356]은 진실을 나타낸 것이니,
다만 위에 병[357]만 제거할지언정 진실한 법을 제거하는 것은 아니니

355 다음에 두 구절이란, 第二偈의 初二句이다.
356 뒤에 두 구절이란, 第二偈의 後二句이다.

이공二空의 자체와 그리고 나타낼 바 원성실성이 곧 진실한 부처님인
것이다.

鈔

但除上病者는 卽側用淨名第二에 但除其病이언정 而不除法이라 二
空之體者는 以法性宗엔 二空卽眞如라하고 及所顯圓成者는 以法相
宗엔 二空非眞如라하니 二空所顯으로 爲眞如故니라 眞如卽是圓成
이나 然空有無礙일새 故로 雙存兩宗이라

다만 위에 병만 제거한다고 한 것은 곧 『정명경』 제이권에 다만
그 병만 제거할지언정 법을 제거하는 것은 아니다 한 것을 옆으로
인용한 것이다.

이공의 자체라고 한 것은 법성종에서는 이공이 곧 진여라 하고
그리고 나타낼 바 원성실성이라고 한 것은 법상종에서는 이공이
진여가 아니라 하니,
이공이 나타낼 바로써 진여를 삼는 까닭이다.
진여가 곧 원성실성이지만 그러나 공하고 있는 것이 걸림이 없기에
그런 까닭으로 두 종파를 함께 두었다.

---

357 원문에 상병上病이란, 능견能見과 소견所見과 견자見者이다.

疏

三에 一偈는 雙結이니 知佛法益은 文顯可知라

세 번째 한 게송은 함께 맺는 것[358]이니,
불법을 아는 이익은 문장에 나타났으니 가히 알 수가 있을 것이다.

---

358 원문에 쌍결雙結이란, 불佛, 법法의 이익을 함께 맺는다는 것이다.

經

正覺善開示　一法淸淨道하시고
精進慧大士가 演說無量法하니다

若有若無有의 彼想皆除滅하면
如是能見佛이 安住於實際하리다

정각이 잘
한 법의 청정한 도를 열어 보이시고
정진혜대사가
한량없는 법을 연설하였습니다.

혹 있기도 하고 혹 없기도 하다는
저 생각을 다 제멸한다면
이와 같이 능히 부처님께서
실상에 안주하심을 볼 것입니다.

疏

四에 有二偈는 推見有依者는 謂佛說一道淸淨일새 故能遣有이요
進慧演無量門일새 復能遣無니 想滅理現하야사 方知如來가 乃住
無有無之際也리라 又智論云호대 法性爲實이요 證實爲際니 凡夫
有實이나 未能證也라하니라

네 번째 두 게송이 있는 것은 보는 것이 의지하는 곳이 있다고 미루는 것은 말하자면 부처님이 한 법의 도가 청정하다고 설하셨기에 그런 까닭으로 능히 있다는 것을 보내는 것이요

정진혜대사가 한량없는 법문을 설하였기에 다시 능히 없다는 것을 보내는 것이니,

생각이 사라지고 진리가 나타나야 바야흐로 여래가 이에 있고 없음이 없는 실제에 안주함을 알 것이다.

또 『지도론』에 말하기를 법성은 진실(實)이 되고 진실을 증득하는 것은 제際가 되나니,

범부는 진실이 있지만 아직 능히 증득하지는 못했다 하였다.

經

爾時에 智慧菩薩이 承佛威力하야 普觀十方하고 而說頌言호대

我聞最勝敎하고 卽生智慧光하야
普照十方界하야 悉見一切佛하니다

그때에 지혜보살이 부처님의 위신력을 받아 널리 시방을 관찰하고
게송을 설하여 말하기를

나는 가장 수승한 가르침을 듣고
곧 지혜의 광명을 놓아
널리 시방의 세계를 비추어
다 일체 부처님을 보았습니다.

疏

第七에 西南方智慧者는 決斷不動일새 所以名智니라 頌意는 爲顯
於一切法에 皆能出離니라 文中에 生死涅槃皆善離故라하니라 十
頌分二리니 初一은 引己勵衆이라

제 일곱 번째 서남방에 지혜보살은 결단코 움직이지 않기에 그런
까닭으로 지혜라 이름한 것이다.
게송의 뜻은 일체법에서 다 능히 벗어남을 나타내기 위한 것이니

경문 가운데[359] 생사와 열반을 다 잘 벗어난 까닭이다 한 것이다.

열 게송을 두 가지로 나누리니
처음에 한 게송은 자기를 이끌어 대중을 힘쓰게 하는 것이다.

---

[359] 원문에 문중文中 운운은, 아래 영인본 화엄 5책, p.537, 6행에 생사급열반生死
及涅槃을 이구불가득二俱不可得이라 한 것이다.

經

此中無少物하고 但有假名字하니
若計有我人인댄 則爲入險道하리다

이 가운데는 작은 물건조차 없고
다만 거짓 이름만 있을 뿐이니
만약 나와 남이 있다고 헤아린다면
곧 험난한 길[360]에 들어갈 것입니다.

疏

餘偈는 希衆同己라 於中亦二니 前六示迷요 後三啓悟라 前中亦
二니 初一人執이니 理實無人거늘 橫計成險이라

나머지 게송은 대중이 자기와 같기를 희망하는 것이다.
그 가운데 또한 두 가지가 있나니
앞에 여섯 게송은 미혹한 것을 보인 것이요
뒤에 세 게송은 깨달음을 연 것이다.
앞에 미혹함을 보인 가운데 또한 두 가지가 있나니
처음에 한 게송은 사람에 집착하는 것이니,
진리에는 실로 사람이 없거늘 횡으로 헤아려 험난한 길을 이루는
것이다.

---

360 원문에 험도險道는 삼악도三惡道이다.

經

諸取著凡夫는　計身爲實有나
如來非所取하야　彼終不得見하니다

此人無慧眼하야　不能得見佛일새
於無量劫中에　流轉生死海하니다

모든 취착하는 범부는
몸을 헤아려 실로 있다 하지만
여래는 취착할 바가 아니어서
저 범부가 마침내 봄을 얻을 수 없습니다.

이 사람은 혜안이 없어서
능히 부처님 봄을 얻을 수 없기에
한량없는 세월 가운데
생사의 바다에 유전합니다.

疏

餘皆法執이니 於中初二는 執世法이요 後三은 雙執世出世라 今初
에 初二句는 明執이니 謂計蘊爲實이라하야 不能觀身實相이라 餘
皆明過니 初二句는 執實乖理하야 不見佛이요 次二句는 無慧不見
佛이요 後二句는 但益流轉이라

나머지는 다 법에 집착하는 것이니

그 가운데 처음에 두 게송은 세간의 법에 집착하는 것이요

뒤에 세 게송은 세간과 출세간의 법에 함께 집착하는 것이다.

지금은 처음으로 처음에 두 구절은 집착한 것을 밝힌 것이니,

말하자면 오온을 헤아려 진실하다 하여 능히 몸의 실상을 관찰하지

못하는 것이다.

나머지는[361] 다 허물을 밝힌 것이니

다음에 두 구절은 진실에 집착하여 진리를 어기어 부처님을 보지

못하는 것이요

다음에 두 구절[362]은 지혜가 없어서 부처님을 보지 못하는 것이요

뒤에 두 구절은 다만 생사에 유전함만 더하는 것이다.

---

361 나머지란, 바로 밑에 말하고 있는 여섯 구절이다.

362 원문에 차이구次二句는 第二偈의 初二句이다.

經

有諍說生死요　無諍卽涅槃이나
生死及涅槃을　二俱不可得이니다

若逐假名字하야 取著此二法인댄
此人不如實하야 不知聖妙道리이다

다툼이 있으면 생사라 말하고
다툼이 없으면 곧 열반이라 하지만
생사와 그리고 열반을
둘 다 함께 가히 얻을 수 없습니다.

만약 거짓 이름을 좇아
이 두 가지 법[363]에 취착한다면
이 사람은 여실하지 못하여
성인의 묘한 도를 알지 못할 것입니다.

疏

後三은 雙執이라 於中에 亦分爲二리니 初二執法이요 後一執佛이
라 前中亦二니 一은 효理요 二는 起執이라 初中上半은 假立이니

---

363 원문에 차이법此二法이란, 생사生死와 열반涅槃이다.

謂待前流轉生死하야 以立涅槃이라 煩惱名諍이니 觸動善品하며
損害自他일새 故名爲諍이요 此有漏法에 諍隨增故로 名爲有諍이
니 有彼諍故니라 故生死者는 有漏爲體어니와 無彼煩惱일새 故稱
涅槃이라 下半은 雙非니 謂生死涅槃이 俱因煩惱하야 假立其名거
니 何有眞實이리요 又二互相待故로 俱空이요 二互相奪故로 皆寂
이라

뒤에 세 게송은 함께 집착하는 것이다.
그 가운데 또한 나누어 두 가지로 하리니
처음에 두 게송은 법에 집착하는 것이요
뒤에 한 게송은 부처님께 집착하는 것이다.
앞의 법에 집착하는 가운데 또한 두 가지가 있나니
처음에 게송은 진리를 세운 것이요
두 번째 게송은 집착을 일으키는 것이다.
처음 게송 가운데 위에 반 게송은 거짓 이름을 세운 것이니,
말하자면 앞에 생사에 유전함을 대비하여 열반을 세운 것이다.
번뇌는 이름이 다툼이니 선품善品을 범하여 움직이게 하며[364]
자기와 다른 사람을 손해케 하기에 그런 까닭으로 이름을 다툼이라
하는 것이요

---

[364] 선품善品"하며" 토이니, 본 『구사론』에는 곧 여기에 고故 자가 있어서 스스로
세 가지 뜻을 이루거늘 여기에 이 두 가지 뜻이 있고, 다음 줄에 이 유루법이라
한 아래는 이 제 세 번째 뜻이다. 역시 『잡화기』의 말이다. 원문에 촉동觸動이
라 한 촉觸 자는 여기서는 범하다, 더럽히다의 뜻이다.

이 유루법에 다름이 증승함을 따르는 까닭으로 이름을 다름이 있다
하는 것이니 저 다름이 있는 까닭이다.

그런 까닭으로 생사는 유루로 자체를 삼거니와 저 번뇌가 없기에
그런 까닭으로 열반이라 이름하는 것이다.

아래 반 게송은 함께 아니라는 것이니,

말하자면 생사와 열반이 함께 번뇌를 인하여 거짓으로 그 이름을
세웠거니 어찌 진실이 있겠는가.

또 이 둘이 서로 상대하는 까닭으로 함께 공한 것이요

이 둘이 서로 상대하여 빼앗는[365] 까닭으로 다 적정(寂)한 것이다.

鈔

煩惱名諍者는 卽俱舍界品頌云호대 有漏名取蘊이며 亦說爲有諍이
며 及苦集世間이며 見處三有等이라하니 今用第二句니라 從煩惱名
諍下로 至有彼諍故는 全是彼文이요 從故生死者有漏爲體는 卽是
前段後義니 彼疏後云호대 猶如前說하야 有彼漏故로 名爲有漏라하
니라 釋曰此는 證成有彼諍故니라 下文結云호대 如是等類가 是有漏
法의 差別衆名이라할새 故今結云호대 故生死者는 有漏爲體라하니
所以論初에 名爲有漏無漏法也라하니라 又二互相待等者는 謂上約

---

365 원문에 상탈相奪이라고 한 相은 卽 자가 아닌지 의심한다. 영인본 화엄
5책, p.539, 7행 鈔에 차언이호즉탈고次言二互卽奪故라 하고, 一은 상즉문相卽
門이요 二는 호상탈互相奪이라 하였으니 말이다. 『잡화기』는 다만 아래
상相 자는 즉卽 자의 잘못이라고만 하였다.

因緣이니 因他立稱일새 故無眞實하야 不融二體어니와 今明雙融이라
此有三意하니 一은 相待요 二는 相卽이요 三은 相奪이라 今初에 相待
俱空은 卽相待門이니 謂因涅槃하야 方說生死하고 要因生死하야 方
說涅槃호미 若高下相形이나 若無有高면 則無有下하나니 若離涅槃
하면 則生死不存하며 若離生死하면 則涅槃不立일새 故俱空也니라
次에 言二互卽奪故皆寂者는 此有二意하니 一者는 相卽門이니 生死
實性이 卽是涅槃일새 則涅槃之相을 假說生死호미 如波與水가 擧一
全收하나니 故로 生死卽涅槃이요 涅槃卽生死니라 二는 由相卽故로
便互相奪이니 生死卽涅槃일새 卽無生死요 涅槃卽生死일새 則無涅
槃이라 故로 涅槃非寂靜이요 生死亦非喧일새 故皆寂也니라

번뇌는 이름이 다툼이라 한 것은 곧 『구사론』의 계품[366] 게송에
말하기를
유루는 이름이 취온이며[367]

---

366 계품界品이란, 『구사론俱舍論』 구품九品 가운데 초계품初界品이다. 구품九品
　　은 계품界品, 근품根品, 세간품世間品, 업품業品, 수면품隨眠品, 현성품賢聖品,
　　지품智品, 정품定品, 파계품破戒品이다.

367 유루는 이름이 취온이라고 한 것은 저 『구사론』 장행문에 세 가지 뜻이
　　있다고 해석하였으니, 첫 번째는 말하기를 번뇌를 취取라 이름하나니 오온이
　　취로 좇아 생기하는 까닭으로 취온이라 이름하는 것이니 초당화草糖火와
　　같고, 두 번째는 말하기를 오온이 취에 속하는 까닭으로 취온이라 이름하는
　　것이니 제왕帝王의 신臣과 같은 것이고, 세 번째는 말하자면 오온이 취를
　　생기하는 까닭으로 취온이라 이름하는 것이니 화과수花果樹와 같다 하였다.
　　역시 『잡화기』의 말이다.

또한 말하기를 유쟁有諍[368]이며

그리고 고苦이며[369] 집集이며 세간世間이며

견처見處[370]며 삼유三有 등이다 하였으니,

지금[371] 소문에서는 제 두 번째 구절만 인용하였을 뿐이다.

번뇌는 이름이 다툼이라고 한 것으로 좇아 아래로 저 다툼이 있는
까닭이라고 함에 이르기까지는 온전히 저 『구사론』의 문장이요
그런 까닭으로 생사는 유루로 자체를 삼는다고 한 것으로 좇아
아래는 곧 이 전단前段[372]의 뒤에 뜻[373]이니

---

368 유쟁有諍에 세 가지 뜻은 지금 소문에 인용한 바와(영인본 화엄 5책, p.537,
   10행 번뇌는 이름이 다툼이니 한 이하) 같지만 그러나 다만 끝에 유피쟁고有彼諍
   故(영인본 화엄 5책, p.538, 1행)라는 네 글자가 없고 유여유류猶如有漏라는
   네 글자가 있다. 역시 『잡화기』의 말이다.

369 그리고 고苦이며라고 한 아래 두 구절은 저 『구사론』 장행문에 말하기를
   또한 이름을 고苦라 하나니 성인의 마음을 어기는 까닭이며, 또한 이름을
   집集이라 하나니 능히 고통을 초래하는 까닭이며, 또한 이름을 세간이라
   하나니 가히 훼손되고 무너지는 까닭이며 가히 상대하여 다스리는 까닭이다.
   또한 이름을 견처見處라 하나니 소견이 그 가운데 머물러 수면을 따라 증승하
   는 까닭이며, 또한 이름을 삼유三有라 하나니 원인이 있고 무너지는 것이
   있는 것이 삼유에 섭속하는 까닭이다. 이와 같은 등의 유형이 이 유루법의
   차별한 수많은 이름이라 하였다. 역시 『잡화기』의 말이다.

370 견처見處란, 신견, 변견, 견취견, 계금취견 등 잘못된 견해를 내는 처소處所라
   는 것이다.

371 지금 운운은, 지금 소문에서는 제 두 번째 구절의 장행문을 인용하여 해석하였
   다고 말하는 것이다. 역시 『잡화기』의 말이다.

저『구사론』소문의 뒤에 뜻[374]에 말하기를 오히려 앞에 설한 것과 같아서 저 누수가 있는 까닭으로 이름을 유루라 한다 하였다. 해석하여 말하면 이것은 저 다툼이 있다고 한 것을 증거하여 성립한 까닭이다.

『구사론』소 이 하문下文에 맺어 말하기를 이와 같은 등의 유형이 이 유루법의 차별한 수많은 이름이라 하였기에 그런 까닭으로 지금 소문에 맺어 말하기를 그런 까닭으로 생사는 유루로 자체를 삼는다 하였으니,

그런 까닭으로『구사론』초두에서 이름을 유루무루[375]의 법이라 하였다.

또 이 둘이 서로 상대한다고 한 등은 말하자면 위[376]에서는 인연을

---

372 전단前段이라고 한 것은 소문 가운데 인용한 바를 모두 가리킨 것이요, 뒤에 뜻이라고 한 것은 곧 제 세 번째 뜻이다. 이 가운데 그런 까닭으로 생사 운운한 두 구절이 곧 저 가운데 제 세 번째 뜻에 말한 바 이 유루법에 다툼이 증승함을 따른다 운운한 말(영인본 화엄 5책, p.538, 1행)을 취하여 맺는 것을 말하는 것이다. 역시『잡화기』의 말이다.

373 원문에 후의後義는 영인본 화엄 5책, p.538, 1행에 차유루법此有漏法 운운 이다.

374 저『구사론』소문의 뒤에 뜻이라고 한 것은 곧 저『구사론』에 제 세 번째 뜻을 해석한 소문의 뒤에 문장이니, 곧 장행문에 오히려 유루와 같다고 한 구절을 해석한 것이다. 역시『잡화기』의 말이다.

375 유루有漏는 생사生死이고, 무루無漏는 열반涅槃이다.

376 위(上)란, 前偈의 上半이다.

잡은 것이니,

저를 인하여 거짓 이름을 세운[377] 것이기에 그런 까닭으로 진실이 없어 두 가지 체성이 융합하지 않거니와 지금에는 함께 융합함을 밝힌 것이다.[378]

여기에 세 가지 뜻이 있나니

첫 번째는 서로 기다리는 것이요

두 번째는 서로 즉하는 것이요

세 번째는 서로 빼앗는 것이다.

지금은 처음으로 서로 기다리는 까닭으로 함께 공한 것이라고 한 것은 곧 서로 기다리는 문門이니,

말하자면 열반을 인하여 바야흐로 생사를 설하고 반드시 생사를 인하여 바야흐로 열반을 설하는 것이 마치 높고 낮은 것이 서로 나타내지만 만약 높은 것이 없으면 곧 낮은 것이 없는 것과 같나니, 만약 열반을 떠나면 곧 생사가 있지 아니하며 만약 생사를 떠나면 곧 열반이 성립하지 않기에 그런 까닭으로 함께 공하다는 것이다.

다음에 이 둘이 서로 즉[379]하고 빼앗는 까닭으로 다 적정한 것이라고 말한 것은 여기에 두 가지 뜻이 있나니

첫 번째는 서로 즉하는 문이니,

---

377 원문에 인타입칭因他立稱은 영인본 화엄 5책, p.537, 9행에 上半은 가립假立이
니 위대전유전생사謂待前流轉生死하야 이입열반以立涅槃이라 하였다.

378 원문에 금명쌍융수明雙融은 初偈의 下半이다.

379 卽 자는 소문疏文에는 相 자이다.

생사의 실성이 곧 이 열반이기에 곧 열반의 모습을 거짓으로 생사라
말하는 것이 마치 파도와 더불어 물이 하나를 듦에 전체를 거두는
것과 같나니

그런 까닭으로 생사가 곧 열반이요 열반이 곧 생사인 것이다.
두 번째는 서로 즉함을 인유한 까닭으로 문득 서로 상대하여 빼앗는
것이니,

생사가 곧 열반이기에 곧 생사가 없는 것이요 열반이 곧 생사이기에
곧 열반이 없는 것이다.

그런 까닭으로 열반이 고요한(寂靜) 것도 아니고 생사가 또한 시끄러
운 것도 아니기에 그런 까닭으로 다 적정하다는 것이다.

疏

後偈起執이니 上半執이요 下半損이라

뒤에 게송은 집착을 일으키는 것이니
위에 반 게송은 집착이요
아래 반 게송은 손해이다.

經

若生如是想호대 此佛此最勝인댄
顚倒非實義니　不能見正覺이리다

만약 이와 같은 생각을 내되
이 부처님이 이에 가장 수승하다 하면
전도요 진실한 뜻이 아니니
능히 정각을 보지 못할 것입니다.

疏

後一은 執佛이라 於中에 亦上半執이요 下半損이라 執有三義하니
一은 佛佛相望이요 二는 三身等相望이요 三은 心佛相望이라

뒤에 한 게송은 부처님께 집착하는 것이다.
그 가운데 또한 위에 반 게송은 집착이요
아래 반 게송은 손해이다.
집착에 세 가지 뜻이 있나니
첫 번째는 부처님과 부처님이 서로 바라본다고 집착하는 것이요
두 번째는 삼신불 등이 서로 바라본다고 집착하는 것이요
세 번째는 마음과 부처가 서로 바라본다고 집착하는 것이다.

鈔

一에 佛佛相望者는 如云호대 阿彌陀佛은 有四十八願하야 能攝衆生거니와 餘則不能하니 禮於此佛하면 滅罪則多하고 禮於餘佛하면 滅罪卽少라하고 不知諸佛의 行願功德이 無不平等이나 隨根隨緣하야 說有優劣일새 故爲顚倒니라 二에 三身等相望者는 謂念化身은 功德則少하고 乃至法身은 功德則勝等이라 而言三身等者는 等取四身과 五身十身과 無量身故니라 以不知三身體融하며 十身無礙하고 謂有優劣일새 故爲顚倒니라 三에 心佛相望者는 謂佛已成道하야 功德難思어니와 我心妄惑하야 則名爲劣이라하면 雖無叨濫이나 不了眞源에 心佛衆生의 三無差別일새 故爲顚倒耳니라

첫 번째 부처님과 부처님이 서로 바라본다고 집착하는 것이라고 한 것은 저가 말하기를 아미타불은 사십팔원이 있어 능히 중생을 섭수하거니와 나머지 부처님은 곧 능치 못하나니, 이 부처님께 예경하면 죄업을 소멸하는 것이 곧 많고 저 나머지 부처님께 예경하면 죄업을 소멸하는 것이 적다 하고, 모든 부처님의 행원의 공덕이 평등치 아니함이 없으시지만 근기를 따르고 인연을 따라 우·열이 있다고 설하는 줄 알지 못하기에 그런 까닭으로 전도라 하는 것이다.

두 번째 삼신 등이 서로 바라본다고 한 것은 말하자면 화신을 생각하는 것은 공덕이 곧 적고 내지 법신을 생각하는 것은 공덕이 곧 수승하다는 등이다.

삼신 등이라고 말한 것은 사신四身³⁸⁰과 오신五身³⁸¹과 십신과 무량신을 등취한 까닭이다.

삼신의 자체가 원융하며 십신이 걸림이 없는 줄 알지 못하고 우·열이 있다고 말하기에 그런 까닭으로 전도라 하는 것이다.

세 번째 마음과 부처가 서로 바라본다고 한 것은 말하자면 부처님은 이미 성도하여 공덕이 사의하기 어렵거니와 나는 마음이 허망하게 미혹하여 곧 이름을 열劣하다 한다면, 비록 외람되게 혼돈한³⁸² 것은 없지만 참다운 근원에는 마음과 부처와 중생의 셋이 차별이 없는 줄 알지 못하였기에 그런 까닭으로 전도라 하는 것이다.

---

380 사신四身이란, 자성自性, 자수용自受用, 타수용他受用, 변화신變化身이다.

381 오신五身이란, 오분법신五分法身이다.

382 원문에 도람叨濫은 외람되게 혼돈하는 것, 외람되게 넘치는 것이다. 叨는 '외람될 도' 자이다.

經

能知此實體의　寂滅眞如相인댄
則見正覺尊이　超出語言道리이다

言語說諸法인댄 不能顯實相하고
平等乃能見이니 如法佛亦然하니다

능히 이 실체의
적멸한 진여의 모습을 안다면
곧 정각세존이
언어의 길에서 뛰어났음을 볼 것입니다.

언어로 모든 법을 말한다면
능히 실상을 나타낼 수 없고
평등하면 이에 능히 볼 것이니
법과 같아서 부처님도 또한 그러합니다.

疏

後三은 啓悟라 於中亦二니 初二는 順理之得이요 後一은 擧佛釋
成이라 前中亦二니 半偈는 明順理而知요 餘는 顯順知之益이라
益中亦二니 半偈는 標요 一偈는 釋이라 云何超言고 若取知能知
寂인댄 未免於言이니 有所緣故요 以自知知라도 亦非無緣일새 故

須能所平等하고 等不失照리라 故無知之知는 不同木石일새 故云
能見이라하니라

뒤에 세 게송은 깨달음을 연 것이다.
그 가운데 또한 두 가지가 있나니
처음에 두 게송은 진리를 순하여 얻는 것이요
뒤에 한 게송은 부처님을 들어 해석하여 성립한 것이다.
앞의 진리를 순하여 얻는 가운데 또한 두 가지가 있나니
반 게송[383]은 진리를 순하여 아는 것을 밝힌 것이요
나머지는 아는 것을 순하여 이익함을 나타낸 것이다.
이익함을 나타낸 가운데 또한 두 가지가 있나니
반 게송[384]은 표한 것이요
한 게송[385]은 해석한 것이다.
어떤 것이 말을 뛰어난 것인가.[386]
만약 아는 것을 취하여 능히 적멸을 알려고 한다면 말을 면할 수
없나니 반연할 바가 있는 까닭이요,

---

383 원문에 半偈는 前偈의 上半이다.

384 원문에 半偈는 前偈의 下半이다.

385 원문에 一偈는 後偈이다.

386 어떤 것이 말을 뛰어난 것인가 한 등은 이 가운데 뜻은 곧 대게 만약 능연能緣과
   소연所緣이 있다면 곧 이것은 말을 끊는 경계가 아닌 까닭으로 반드시 능연과
   소연이 함께 적멸하여야 바야흐로 말을 뛰어남을 얻는 것이다. 비록 능연과
   소연이 함께 적멸하지만 그 비춤을 잃지 않는 것이다. 역시 『잡화기』의
   말이다. 원문에 초언超言이란, 경문에 초출언어도超出言語道의 준말이다.

스스로 아는[387] 것으로써 알려고 할지라도 또한 반연할 바가 없지 않기에 그런 까닭으로 반드시 능소가 평등하고 평등하되[388] 항상 비춤을 잃지 않아야 할 것이다.

그런 까닭으로 앎이 없이 아는 것은 목석과는 같지 않기에 그런 까닭으로 말하기를 능히 볼 것이다 하였다.

鈔

若取知能知寂者는 此卽用於禪宗에 知識之偈라 偈中具云호대 若以知知寂인댄 此非無緣知니 如手執如意에 非無如意手니라 若以自知知라도 亦非無緣知니 如手作於拳에 非是不拳手니라 亦不知知寂하고 亦不自知知라도 不可謂無知니 自性了然故로 不同於木石이니라 手不執如意하고 亦不自作拳이라도 不可謂無手니 以手安然故로 不同於木石이라하니 斯爲禪宗之妙니라 故今用之나 而復小異니 以彼但顯無緣眞智로 以爲眞道어니와 若奪之者인댄 但顯本心이 不隨妄心이요 未有智慧로 照了心源이라 故云故須能所平等하고 等不失照가 爲無知之知라하니 此는 知로 知於空寂無生한 如來藏性하야사 方爲妙耳니라

만약 아는 것을 취하여 능히 적멸을 알려고 한다면이라고 한 것은 이것은 곧 선종에 선지식의 게송을 인용한 것[389]이다.

---

387 원문에 知自의 知 자는 以 자가 좋다.
388 원문에 능소평등등能所平等等은 적적寂이고, 조照는 상조常照이다.

그 게송 가운데 갖추어 말하기를

만약 아는 것으로써 적멸을 알려고 한다면[390]

이것은 반연 없이 아는 것이 아니니

마치 손으로 여의주를 잡음에

여의주 없는 손이 아닌 것과 같은 것이다.[391]

만약 스스로 아는 것으로써 알려고 할지라도[392]

또한 반연 없이 아는 것이 아니니

마치 손이 스스로 주먹을 지음에

주먹 아닌 손이 아닌 것과 같은 것이다.[393]

또 아는 것으로 적멸을 알지 못하고

또 스스로 아는 것으로 알지 못한다 할지라도

---

389 원문에 선종지식지게禪宗知識之偈는 『영가집永嘉集』 사마타송奢摩他頌, 제사
권第四卷에서 말한 것이다.

390 만약 아는 것으로써 적멸을 알려고 한다면 운운한 것은 능히 아는 마음으로써
적멸한 바 경계를 알려고 한다면 이것은 반연 없이 아는 것이 아니다.
역시 『잡화기』의 말이다.

391 一偈이다.

392 만약 스스로 아는 것으로써 알려고 할지라도 운운한 것은 도리어 능히
아는 것으로써 그 스스로의 마음을 알려고 한다면 곧 앞의 경계는 비록
벗어났지만 또한 반연 없이 아는 것이 아니니, 그 본주(사마타송 본주)를
볼 것이다. 역시 『잡화기』의 말이다.

393 二偈이다.

가히 아는 것이 없다 말할 수 없나니
자성이 분명한 까닭으로 목석과는 같지 않는 것이다.[394]

손으로 여의주를 잡지 않고
또한 스스로 주먹을 짓지 않는다 할지라도
가히 손이 없다 말할 수 없나니
손이 안연安然한 까닭으로 목석과는 같지 않는 것이다[395] 하였으니
이것이 선종의 묘가 되는 것이다.

그런 까닭으로 지금 소문에서 인용하였지만 다시 조금은 다르나니[396]
저기에서는 다만 반연 없는 진실한 지혜로써 진실한 도를 삼는
것을 나타내었거니와, 만약 그 말을 빼앗아 본다면[397] 다만 본심이
망심을 따르지 않는 것만 나타내었을 뿐이고 지혜로써 마음의 근원
을 비추어 아는 것은 있지 않는 것이다.

그런 까닭으로 말하기를 그런 까닭으로 반드시 능소가 평등하고
평등하되 항상 비춤을 잃지 않는 것이 앎이 없이 아는 것이 된다

---

394 三偈이다.

395 四偈이다.

396 다시 조금은 다르다고 한 것은 저 게송은 다만 능소가 함께 없는 뜻만
나타낸 것이고, 지금 소문은 능소가 함께 적멸한 분상에 능소가 있음이
방해롭지 않은 까닭을 말한 것이다. 역시 『잡화기』의 말이다.

397 만약 그 말을 빼앗아 본다면이라고 한 것은 저 게송은 한결같이 빼앗는
까닭으로 지혜로 마음의 근원을 비추는 뜻이 있지 아니함을 가리킨 것이다.
혹 말하기를 저 선종의 게송을 빼앗는 것이다 하였다. 역시 『잡화기』의
말이다.

한 것이니,

이것은 아는 것으로 공적하여 생기함이 없는 여래장의 자성을 알아
야 바야흐로 묘함이 된다는 것이다.

經

正覺過去世와　未來及現在하사
永斷分別根일새 是故說名佛이니다

과거 세상과
미래 세상과 그리고 현재 세상을 바로 깨달아
영원히 분별의 뿌리를 끊었기에
이런 까닭으로 말하기를 부처님이라 이름하는 것입니다.

疏

後偈는 擧佛釋者는 上云佛然이라하니 佛云何然고 釋云호대 覺於
三世하야 離分別故라 種習斯亡이 爲斷根也며 又亦無心으로 捨於
分別이 名爲斷根이라

뒤에 게송은 부처님을 들어 해석하여 성립한 것은 위에서 말하기를
부처님도 또한 그러하다 하였으니
부처님이 어떻게 그러한가.
해석하여 말하기를 삼세를 깨달아 분별을 떠난 까닭이다.
종자습기가 없는 것이 뿌리를 끊은 것이 되며
또 무심으로 분별을 버린 것이 이름이 뿌리를 끊은 것이 되는 것이다.

經

爾時에 眞實慧菩薩이 承佛威力하야 普觀十方하고 而說頌言
호대

寧受地獄苦하고 得聞諸佛名이언정
不受無量樂하고 而不聞佛名하니다

所以於往昔에　無數劫受苦하고
流轉生死中은　不聞佛名故니이다

그때에 진실혜보살이 부처님의 위신력을 받아 널리 시방을 관찰하
고 게송을 설하여 말하기를

차라리 지옥의 고통을 받고
모든 부처님의 이름을 얻어 들을지언정
한량없는 즐거움을 받고
부처님의 이름을 듣지 않으려 하지 않습니다.

그 까닭은 지나간 옛날
수없는 세월에 고통을 받고
생사 가운데 유전한 것은
부처님의 이름을 듣지 못한 까닭입니다.

疏

第八에 西北方眞實慧菩薩은 心不顚倒일새 是眞實慧니라 頌意는
爲顯欲令增進하야 於一切法에 皆得善巧니라 文言호대 於法不顚
倒하고 如實覺了라호미 是善巧義니라 十頌分二리니 前二는 明依
實立名이니 名能益物이요 後八은 顯名下之實하야 辨益所由라 今
初前頌은 明損益이니 受苦聞名하면 速解脫故요 受樂不聞하면 反
沈淪故니라 後頌은 敍昔하야 以成今說이라

제 여덟 번째 서북방에 진실혜보살은 마음이 전도되지 않기에 진실
혜라 하는 것이다.
게송의 뜻은 하여금 증진增進하여 일체법에 다 선교善巧를 얻게
하고자 함을 나타내기 위한 것이니,
경문에 말하기를 법에 전도되지 않고 여실하게 깨달아 안다 한
것이 이 선교의 뜻이다.
열 게송을 두 가지로 나누리니
앞에 두 게송은 진실을 의지하여 이름을 세운 것이니 이름이 능히
중생을 이익케 하는 것이요
뒤에 여덟 게송은 이름 아래 진실을 나타내어 이익이 인유하는
바를 분별한 것이다.

지금은 처음으로 앞에 게송은 손해와 이익을 밝힌 것이니
고통을 받을지라도 부처님의 이름을 들으면 속히 해탈하는 까닭이요

즐거움을 받을지라도 부처님의 이름을 듣지 못하면 도리어 지옥에
빠지는 까닭이다.
뒤에 게송은 옛날의 말을 서술하여[398] 지금의 말을 성립한 것이다.

鈔

後頌叙昔等者는 偈中엔 但是叙昔이나 偈意는 乃成今說이니 旣執我
受苦인댄 明說無我가 爲正說也니라

뒤에 게송은 옛날의 말을 서술하여라고 한 등은 게송 가운데는
다만 옛날의 말만 서술하였을 뿐이지만 게송의 뜻은 이에 지금의
말도 성립한 것이니
이미 아我에 집착하여[399] 고통을 받았다면 무아無我를 설하는 것이
정설이 됨을 밝힌 것이다.

---

398 원문에 서석叙昔이란, 옛날에 고통苦痛 받은 이야기를 말한다.
399 이미 아我에 집착하여 운운한 것은 부처님의 이름을 듣지 못함을 인유한
　　까닭으로 아에 집착하고, 아에 집착함을 인유한 까닭으로 고통을 받는 것이
　　다. 역시 『잡화기』의 말이다.

經

於法不顚倒하고 如實而現證하야
離諸和合相이   是名無上覺이니다

現在非和合이면 去來亦復然하야
一切法無相이   是則佛眞體이니다

若能如是觀   諸法甚深義인댄
則見一切佛의   法身眞實相이리다

법에 전도되지 않고
여실하게 현재 증득하여
모든 화합의 모습을 떠난 것이
이것이 이름이 더 이상 없는 깨달음입니다.

현재 화합의 모습이 아니라면
과거와 미래도 또한 다시 그러하여
일체법이 모습이 없는 것이
이것이 곧 부처님의 참다운 몸입니다.

만약 능히 이와 같이
모든 법의 깊고도 깊은 뜻을 관찰한다면
곧 일체 부처님의

법신의 진실한 모습을 볼 것입니다.

疏

後八中에 分三하리니 初三은 覺妄證實이니 是覺察義요 次一은
雙覺二諦니 是覺照義요 後四는 非覺而覺이니 是妙覺義니라

뒤에 여덟 게송 가운데 세 가지로 나누리니
처음에 세 게송은 허망한 줄 깨달아 진실을 증득하는 것이니
이것은 깨달아 살피는⁴⁰⁰ 뜻이요
다음에 한 게송은 이제二諦를 함께 깨닫는 것이니
이것은 깨달아 비추는⁴⁰¹ 뜻이요
뒤에 네 게송은 깨달을 수 없지만 깨닫는 것이니
이것은 묘각의 뜻이다.

鈔

初三은 覺妄證實等者는 顯其三覺이니 一에 覺察者는 如睡夢覺하며
亦如人覺賊에 賊無能爲니 妄卽賊也라 二에 覺照者는 卽照理事也며

---

400 깨달아 살핀다고 한 것은, 이것은 허망한 줄 깨닫는 것이다. 역시 『잡화기』의
말이다.
401 깨달아 비춘다고 한 것은, 이것은 진실을 깨닫는 것이니, 곧 『원각경』 초문
가운데 자각自覺 각타覺他로 더불어 서로 혼동하지는 말 것이다. 역시 『잡화
기』의 말이다.

亦如蓮華開하야 照見自心에 一眞法界의 恒沙性德이며 如其勝義하
야 覺諸法故니라 三에 妙覺者는 卽上二覺이 離覺所覺일새 故爲妙耳
요 非更別覺이라 故楞伽云호대 一切無涅槃하며 無有涅槃佛하며 無
有佛涅槃하야 遠離覺所覺과 若有若無有라하니 故爲妙覺이라 故起
信云호대 又心起者에 無有初相可知나 而言知初相者는 卽謂無念이
라하니 此明非覺而覺也니라

처음에[402] 세 게송은 허망한 줄 깨달아 진실을 증득하는 것이라고
한 등은 그 세 가지 깨달음을 나타낸 것이니
첫 번째 관찰이라고 한 것은 마치 잠 꿈을 깨는 것과 같으며,
또한 마치 어떤 사람이 도적임을 깨달음에 도적이 능히 도적질을
할 수 없는 것과 같나니
허망이 곧 도적이다.
두 번째 깨달아 비춘다고 한 것은 곧 진리와 사실을 비추는 것이며,
또한 마치 연꽃이 피는 것과 같아서 자기 마음에 일진법계의 항하사
성덕을 비추어 보는 것이며
그 승의勝義와 같아서 모든 법을 깨닫는 까닭이다.
세 번째 묘각이라고 한 것은 곧 위에 이각二覺이 능각과 소각을
떠났기에 그런 까닭으로 묘각이라고 하였을 뿐 다시 다른 깨달음이
있는 것은 아니다.
그런 까닭으로 『능가경』에 말하기를

---

402 初 자 아래에 三 자가 있는 것이 좋다.

일체가 열반이 없으며

열반할 부처님도 없으며

부처님이 열반한 적도 없어서

능각과 소각과

혹 있음과 혹 없음을 멀리 떠났다[403] 하였으니,

그런 까닭으로 묘각이라 하는 것이다.

그런 까닭으로 『기신론』에 말하기를 마음이 일어남[404]에 처음 모습(初相)을 가히 알 수 없지만 그러나 처음 모습을 안다고 말한 것은 곧 무념無念을 말한 것이다 하였으니,

이것은 깨달을 수 없지만 깨달은 것을 밝힌 것이다.

疏

今初也니 初偈는 證實立名이라 初句는 揀似比量이니 無常計常하고 常計無常等이 是顚倒法일새 名似比量이라 次句는 證眞現量이니 如眼見故라 次句는 揀似現量하야 顯眞現量이니 謂男女天地等에 見一合相이 名似現量이니 一合相相도 不可得故니라 故名爲離이니 非唯所覺離合이라 亦無如外之智도 與如合也니라 下句는 結名이라

---

403 원문에 약유약무若有若無란, 의인義引이다, 具云하면 약유약무유若有若無有를 이구실원리二俱悉遠離라 할 것이다.

404 원문에 심기心起란, 각심초기覺心初起이다.

지금은 처음이니,

처음 게송은 진실을 증득한 것으로 이름을 세운 것이다.

처음 구절은 사비량似比量을 가린 것이니,

무상한 것을 영원하다고 헤아리고 영원한 것을 무상하다고 헤아리는 등이 이 전도된 법이기에 사비량이라 이름하는 것이다.

다음 구절은 진현량眞現量을 증거한 것이니,

눈으로 보는 것과 같은 까닭이다.

다음 구절은 사현량을 가려서 진현량을 나타낸 것이니,

말하자면 남자와 여자와 하늘과 땅 등에 일합상一合相으로 보는 것이 이름이 사현량似現量이니 일합상의 상相도 가히 얻을 수 없는 까닭이다.

그런 까닭으로 이름을 떠난다 한 것이니,

오직 소각이 일합상을 떠났을[405] 뿐만 아니라 또한 진여 밖에 지혜도 진여로 더불어 합상合相이 없는 것이다.

아래 구절은 이름을 맺는 것이다.

鈔

初句揀似比量者는 然準因明인댄 總有八義어니와 今此有四故니라 彼論云호대 能立與能破와 及似唯悟他요 現量與比量과 及似唯自悟라하니 謂能立能破와 現量比量의 此之四義가 各有眞似일새 故成

---

405 원문의 이합離合이라는 글자는 소본에 이일합상離一合相이라 하였다. 역시 『잡화기』의 말이다.

八耳니라 言八義者는 一은 對敵申量에 三分圓明하야 開曉於賓일새
故名能立이요 二는 斥量非圓하며 彈支有謬하야 示悟於主일새 故名
能破요 三은 對敵申量에 三支闕謬하야 非曉於敵일새 故名似立이요
四는 妄斥非圓하며 彈支有謬하야 不悟於主일새 故名似破요 五는 於
色等義에 有正智生하야 自相處轉일새 故名現量이요 六은 謂籍衆相
하야 而觀於義에 相應智起일새 故名比量이요 七은 有分別智로 於義
異轉하야 了缾衣等일새 名似現量이요 八은 以似因智로 於似所比에
相違解起일새 名似比量이라하니 廣如彼說하니라 今疏云호대 無常計
常은 卽是第八이니 如色是無常은 知從緣生하야 刹那滅故라 故是無
常이니 此籍因緣하야 相應智起일새 是眞比量이어니와 今엔 以相續覆
故로 卽似因智起하고 計之爲常에 卽相違解起일새 名似比量이니 故
爲顚倒니라 今云於法에 不顚倒라할새 故是揀似比量이니라

처음 구절은 사비량을 가린 것이라고 한 것은 그러나 『인명론』을
기준한다면 모두 여덟 가지 뜻이 있거니와, 지금 여기에는 네 가지
뜻만 있는[406] 까닭이다.
저 『인명론』에 말하기를
능입能立과 더불어 능파能破와
그리고 사능입과 사능파는 오직 다른 사람을 깨닫게 하는[407] 것이요

---

[406] 네 가지 뜻만 있다고 한 것은 소문 가운데 이미 사비량을 가린다고 말하였다면
(영인본 화엄 5책, p.546, 2행 소문) 곧 이것은 진비량을 나타낸 것이다. 그런
까닭으로 네 가지 뜻만 있다고 말한 것이다. 역시 『잡화기』의 말이다.
[407] 원문에 타오他悟는 자기自己가 세운 논리를 다른 사람에게 이해를 시키는

현량과 더불어 비량과

그리고 사현량과 사비량은 오직 스스로 깨닫는[408] 것이다 하였으니,
말하자면 능입과 능파와 현량과 비량의 이 네 가지 뜻이 각각 진실한
것과 유사한 것이 있기에 그런 까닭으로 여덟 가지 뜻을 이루는
것이다.

여덟 가지 뜻이라고 한 것은 첫 번째는 적을 상대하여 헤아림을
폄에 삼분三分[409]이 원만하게 밝아 손님에게 열어 깨닫게 하기에[410]
그런 까닭으로 이름을 능입이라 하는 것이요

두 번째는 헤아림이 원만하지 못하다고 배척하며 삼지三支[411]가 잘못
이 있다고 지탄하여 주인에게 보여 깨닫게 하기에[412] 그런 까닭으로
이름을 능파라 하는 것이요

세 번째는 적을 상대하여 헤아림을 폄에 삼지가 빠지고 잘못되어
적을 깨닫지 못하게 하기에 그런 까닭으로 이름을 사능입이라 하는
것이요

네 번째는 허망하여 원만하지 못하다고 배척하며 삼지가 잘못이
있다고 지탄하여 주인에게 깨닫게 하지 못하기에 그런 까닭으로
이름을 사능파라 하는 것이요

것이다.

408 원문에 자오自悟는 자기가 세운 논리를 확신하는 것이다.

409 삼분三分이란, 종宗·인因·유喩이다.

410 원문에 개효어빈開曉於賓이란, 타오他悟이다.

411 삼지三支란, 삼분三分이다.

412 원문에 시오어주示悟於主란, 자오自悟이다.

다섯 번째는 색色 등의 뜻에 바른 지혜가 생겨남이 있어서 자상自相[413]
의 처소에 유전하기에 그런 까닭으로 이름을 현량이라 하는 것이요
여섯 번째는 말하자면 수많은 모습[414]을 빙자하여 뜻을 관찰함에
상응하는 지혜가 일어나기에 그런 까닭으로 이름을 비량이라 하는
것이요

일곱 번째는 유분별 지혜로 뜻에 달리 유전하여 병과 옷 등을 알기
에[415] 이름을 사현량이라 하는 것이요

여덟 번째는 사인似因의 지혜로써 유사[416]하게 비량하는 바에 서로
어기는 지해(解)가 일어나기에 이름을 사비량이라 한다 하였으니,
널리는 저 『인명론』에 설한 것과 같다.

지금 소문에 말하기를 무상한 것을 영원하다고 헤아린다고 한 것은
곧 제 여덟 번째 뜻[417]이니,
색과 같이 이에 무상한 것은 인연으로 좇아 생겨나 찰나 간에 사라지

---

413 자상自相의 반대는 공상共相이다.

414 원문에 중상衆相은 二義가 있다. 一은 宗·因·喩 三相이고, 二는 자상自相과
   공상共相이니 自相은 제법諸法의 당체當體니 現相은 諸法의 自相을 보는
   것이요, 共相은 諸法의 무상無常·무아無我 등이니 比量은 諸法의 共相을
   아는 것이다.

415 원문에 요병의등了餠衣等이란, 병餠과 의衣가 무상無常하지만 그러나 지금에
   는 이것이 항상함을 아는 까닭으로 달리 유전하여 사현량似現量이라 하는
   것이다.

416 사소似所라 한 사似 자는 『인명론』 본주에는 없다. 역시 『잡화기』의 말이다.

417 제 여덟 번째 뜻(第八義)은 곧 사비량似比量이다.

는 줄 아는 까닭이다.

그런 까닭으로 무상하다는 것이니, 이것은 인연을 빙자하여 상응하는 지혜가 일어나기에 이에 진비량이라 하거니와, 지금에는 인연이 상속하여 덮은[418] 까닭으로 곧 사인似因의 지혜가 일어나고 영원하다고 헤아림에 곧 서로 어기는 지해(解)가 일어나기에 이름을 사비량이라 하는 것이니,

그런 까닭으로 전도가 되는 것이다.

지금에는 말하기를 법에 전도되지 않는다 하였기에 그런 까닭으로 이것은 사비량을 가린 것이다.

謂男女天地等者는 此卽第七이라 一合相者는 衆緣和合故니 如攬衆微하야 以成於色하고 合五陰等하야 以成於人이 名一合相이니 如是見者는 是有分別智로 於義異轉일새 故名似現이니라 一合相相下는 顯眞現量이라 不可得者는 卽金剛經云호대 如來說一合相은 卽非一合相이라하니 以從緣合하야 卽無性故니라 無性之性은 是所證理니 如是知者는 是正智生이며 是自相處轉일새 名眞現量이니라 上來엔 離於所覺이 和合之相으로 已爲現量하니라 非唯已下는 又拂能所證跡으로 爲眞現量이니 謂若有如外之智가 與如合者인댄 猶有所得일새 非眞實證이요 能所兩亡하야사 方爲眞現이니라 故唯識云호대 若時於所緣에 智都無所得이면 爾時住唯識하나니 離二取相故라하니

상속하여 덮는다고 한 것은 두 가지 상속이 영원한 것 같다 하여 나의 정지正智를 덮는 것이다. 역시 『잡화기』의 말이다.

라 故下經云호대 無有智外如가 爲智所入하고 亦無如外智가 能證於
如라하니 如是라야 方爲眞現量也니라 是故經云호대 離諸和合相이라
하니라

말하자면 남자와 여자와 하늘과 땅[419]이라고 한 등[420]은 이것은 곧
제 일곱 번째 뜻이다.
일합상이라고 한 것은 수많은 인연이 화합한 까닭이니,
수많은 작은 인연을 잡아 색을 이루고 오음 등이 화합하여 사람을
이루는 것이 이름이 일합상이니,
이와 같이 보는 것은 이것은 유분별 지혜로 저 뜻에 달리 유전하기에
그런 까닭으로 이름을 사현량이라 하는 것이다.
일합상의 상[421]이라고 한 아래는 진현량을 나타낸 것이다.
가히 얻을 수 없다고 한 것은 곧 『금강경』에 말하기를 여래가 말씀하
신 일합상이라고 하는 것은 곧 일합상이 아니다 하였으니,
인연으로 좇아 화합하여 곧 자성이 없는 까닭이다.
자성이 없는 자성은 증득할 바 진리이니,
이와 같이 아는 것은 이것은 바른 지혜가 생겨난 것이며 이것은
자상의 처소에 유전한 것이기에 이름을 진현량[422]이라 하는 것이다.
상래에는 소각所覺이 화합의 모습을 떠난 것으로 이미 현량을 삼은

---

419 원문에 위남녀천지謂男女天地는 初偈의 第三句이다.
420 地 자 아래에 等 자가 있는 것이 좋다.
421 相 자 아래 相 자가 하나 더 있어야 한다.
422 원문에 명진현량名眞現量이란, 제오의第五義이다.

것이다.

오직 소각이 일합상을 떠났을 뿐만 아니라고 한 아래는 또 능증과
소증의 자취를 떨치므로 진현량을 삼은 것이니,
말하자면 만약 진여 밖에 지혜가 진여로 더불어 합상이 있다고
한다면 오히려 얻은 바가 있기에 진실로 증득한 것이 아니요, 능·소
를 둘 다 잊어야 바야흐로 진현량이 되는 것이다.
그런 까닭으로 『유식론』에 말하기를
만약 그때[423]에 반연할 바에
지혜[424]도 다 얻을 바가 없다면
그때 유식성에 머무나니,
이취二取의 모습을 떠난 까닭이다 하였다.
그런 까닭으로 아래 경[425]에서 말하기를 지혜 밖에 진여가 지혜의
소입所入이 될 수 없고 또한 진여 밖에 지혜가 능히 진여를 증득할
수 없다 하였으니, 이와 같아야 바야흐로 진현량이 되는 것이다.
이런 까닭으로 경에 말하기를 모든 화합의 모습을 떠났다 하였다.

---

423 원문에 약시若時란, 견도지시見道之時이다.
424 원문에 어소연지於所緣智란, 소연所緣의 경계境界에 능연能緣의 지혜를 도무
지 얻을 수 없다는 것이다.
425 아래 경이란, 십회향품이니 수진 역주『현담』1권, p.154, 5행과 같은 책
『현담』5권, p.208, 1행에도 이미 나온 바 있다.

疏

次偈는 例去來라

다음에 게송은 과거와 미래에 비례한 것이다.

疏

後偈는 成現觀이라

뒤에 게송은 현재 관찰하는 것을 성립한 것이다.

鈔

後偈는 成現觀者는 卽前眞現量也라 現觀은 有六하니 十地當釋하리
라 今通前三이라

뒤에 게송은 현재 관찰하는 것을 성립한 것이라고 한 것은 곧 앞에
진현량이다.
현재 관찰한다고 한 것은 여섯 가지가 있나니,[426]

---

426 원문에 현관現觀은 여섯 가지가 있다(有六者)고 한 것은 1. 견현관見現觀,
2. 연현관緣現觀, 3. 사현관事現觀, 4. 현관지제현관現觀智諦現觀, 5. 현관변지
제현관現觀邊智諦現觀, 6. 구경현관究竟現觀이다. 운허『불교사전』, p.93 참조
하라.

십지품에서 마땅히 해석하겠다.[427]

지금에는 앞에 삼현관에만 통한다 하겠다.

---

427 원문에 십지당석十地當釋이란, 옥자권玉字卷 32장, 下四行 이하에 1. 사현관思
現觀, 2. 신현관信現觀, 3. 계현관戒現觀, 4. 지제현관智諦現觀, 5. 변지제현관邊
智諦現觀, 6. 구경현관究竟現觀이라 하였다.

經

於實見眞實하고 非實見不實하야
如是究竟解일새 是故名爲佛이니다

진실을 진실로 보고
진실 아닌 것을 진실 아닌 것으로 보아
이와 같이 구경에 알기에
이런 까닭으로 이름을 부처님이라 하는 것입니다.

疏

次一覺照者는 眞諦名實이니 無和合故요 俗諦非實이니 假和合
故요 互融無雜은 名究竟解라 夫實見者는 尙不見實거든 何況非
實이리요 見非實者는 知其卽實이라 故中論云호대 一切法眞實이
며 一切法非實이며 亦實亦非實이며 非實非非實이 是名諸佛法이
라하니라

다음에 한 게송은 깨달아 비춘다고 한 것은 진제는 이름이 진실이니
화합이 없는 까닭이요
속제는 진실이 아니니 화합을 가자하는 까닭이요
서로 융합하여 잡됨이 없는 것은 이름이 구경에 아는 것이다.
대저 진실로 본다고 한 것은 오히려 진실도 보지 않거든 어찌 하물며
진실 아닌 것이겠는가.

진실 아닌 것으로 본다고 한 것은 그것이 곧 진실인 줄 아는 것이다.

그런 까닭으로 『중론』[428]에 말하기를

일체법이 진실이기도 하며

일체법이 진실이 아니기도 하며

또한 진실이기도 하고 또한 진실이 아니기도 하며

진실이 아니기도 하고 진실이 아닌 것이 아니기도 한 것이

이것이 이름이 모든 불법이다 하였다.

鈔

夫見實者는 卽淨名經의 入不二法門品에 樂實菩薩曰호대 實不實
爲二니 見實者는 尙不見實거든 何況非實이리요 所以者何오 非肉眼
所見이니 慧眼乃能見이라 而此慧眼은 無見無不見이니 是爲入不二
法門이라하니라 此明實者는 眞實之理요 非實者는 緣生假合이니 今
尙不得所證之如어든 豈況如外假有之法이리요 見非實者는 卽諸經
意云호대 若見非實卽眞인댄 名見非實이라하니라 下引中論은 卽是
法品이니 前光明覺品에 已廣引竟하니라 然이나 實有二意나 且就一
相이니 理實爲實이요 事相非實이니 卽眞俗二諦니라 俗則一切皆俗
이니 佛亦隨俗立名이요 眞則一切皆眞이니 知妄本自眞故니라 雙照
爲俱有요 互奪卽雙寂이라

---

428 『중론中論』은 第十八 관법품觀法品이니, 관법품엔 일체실비실一切實非實이며
역실역비실亦實亦非實이며 비실비비실非實非非實이 시명제불법是名諸佛法
이라 하여 사구四句로 되어 있다.

대저 진실로 본다고 한 것이라 한 것은 곧 『정명경』 입불이법문품에 낙실보살[429]이 말하기를 진실로 보고 진실로 보지 않는 것이 둘이 되나니,

진실로 본다고 한 것은 오히려 진실도 보지 않거든 어찌 하물며 진실이 아닌 것이겠는가.

무슨 까닭인가.

육안으로 볼 바가 아니니 혜안이라야 이에 능히 보는 것이다.

그러나 이 혜안은 보는 것도 없고 보지 않는 것도 없나니,

이것이 불이법문에 들어가는 것이 된다 하였다.

이것은 진실로 본다고 한 것은 진실한 진리요

진실로 보지 않는다고 한 것은 인연으로 생겨나 거짓으로 화합한 것임을 밝힌 것이니,

지금에는 오히려 증득할 바 진여도 얻을 수 없거든 어찌 하물며 진여 밖에 거짓으로 있는 법이겠는가.

진실 아닌 것으로 본다고 한 것이라 한 것은 곧 모든 경의 뜻에 말하기를 만약 진실 아닌 것이 곧 진실인 것으로 보면 이름이 진실 아닌 것을 볼 것이다 하였다.

아래의 『중론』을 인용한 것은 곧 이것은 관법품이니,

앞의 광명각품에 이미 폭넓게 인용하여 마쳤다.

그러나 진실에 두 가지 뜻이 있지만[430] 또한 한 모습에 나아갈 뿐이니,

---

429 낙실보살이란, 31번째 등장하는 보살菩薩이니 그 뒤에 문수文殊가 등장한다.

진리의 진실한 것은 진실이 되고 사실의 모습은 진실이 아닌 것이
되나니, 곧 진·속의 이제이다.

속제로는 곧 일체가 다 속제이니, 부처도 또한 속제를 따라[431] 이름을
세운 것이요

진제로는 곧 일체가 다 진제이니, 허망한 것이 본래 스스로 진실한
것인 줄 아는 까닭이다.

함께 비추면 함께 있는[432] 것이 되고, 서로 빼앗으면 곧 함께 고요한
것이 되는 것이다.

---

430 원문에 실유이의實有二意란, 이실理實과 사실事實이 두 가지 뜻이다. 그러나
　　지금에는 일상一相에 나아가 이理로써 진실을 삼고 사事로써 진실이 아님을
　　삼는 것이다. 『잡화기』에는 진실에 두 가지가 있다고 한 것은 그 진실은
　　이실과 사실에 통하는 까닭이다 하였다.

431 원문에 불역수속佛亦隨俗이란, 진제眞諦 가운데는 부처님의 이름이 없는
　　까닭이다.

432 원문에 구유俱有는 실實과 비실非實이 구유俱有이다.

經

佛法不可覺나　了此名覺法이니
諸佛如是修일새　一法不可得이니다

불법은 깨달을 수 없지만
이것을 깨달으면 이름이 불법을 깨달은 것이니
모든 부처님은 이와 같이 수행하셨기에
한 법도 가히 얻을 수 없는 것입니다.

疏

後四는 非覺而覺者는 初偈는 正顯이니 如智相離일새 名不可覺이
요 寂無遺照일새 故名了此요 要不可得일새 方是眞修니라

뒤에 네 게송은 깨달을 수 없지만 깨달은 것이라고 한 것은 처음에
게송은 바로 나타낸 것이니
진여와 지혜가 서로 떠나기에 가히 깨달을 수 없다고 이름하는
것이요
적정하지만 항상 비춤을 버리지 않기에 그런 까닭으로 이것을 깨닫
는다 이름하는 것이요
반드시 가히 얻을 수 없기에 바야흐로 참다운 수행이라 하는 것이다.

經

知以一故衆이며 知以衆故一이니
諸法無所依하야 但從和合起니이다

無能作所作하고 唯從業想生하나니
云何知如是고　異此無有故니이다

하나인 까닭으로 많은 것을 알며
많은 까닭으로 하나인 줄 아나니
모든 법이 의지할 바가 없어서
다만 화합을 좇아 일어나는 것입니다.

능작과 소작이 없고
오직 업의 생각만을 좇아 생기하나니
어떻게 이와 같은[433] 줄 아는가.
이 업의 생각과 다른 것은 있을 수 없는 까닭입니다.

疏

次二偈는 展轉釋成이라 初偈는 釋無一之義니 上半은 相待而有니
通同異體요 下半은 緣生故空이니 則一多相盡矣라 後偈上半은

---

433 원문에 여시如是란, 무능소작無能所作을 말한다.

釋前偈下半이니 無能所作일새 故無所依요 從業想生일새 故是和
合이라 下半은 釋成上半이니 云何知無能所고 異業想外에 無我所
故니라

다음에 두 게송은 전전히 해석하여 성립한 것이다.
처음 게송은 하나조차 없는 뜻을 해석한 것이니
위에 반 게송은 서로 기다려서 있는 것이니 동체同體와 이체異體에
통하는[434] 것이요
아래 반 게송은 인연으로 생기하는 까닭으로 공이니 곧 하나와
많음의 모습이 다한 것이다.

뒤의 게송에 위에 반 게송은 앞의 게송에 아래 반 게송을 해석한
것이니,
능작과 소작이 없기에 그런 까닭으로 의지할 바가 없다 한 것이요
업의 생각을 좇아 생기하기에 그런 까닭으로 화합이라 한 것이다.
아래 반 게송은 위의 반 게송을 해석하여 성립한 것이니,
어떻게 능작과 소작이 없는 줄 아는가.
업의 생각과 다른 밖에는 아소我所가 없는 까닭이다.

---

434 원문에 통동이체通同異體는 一과 多에 동체同體와 이체異體가 있는 것이다.
『잡화기』에 말하기를 동체와 이체라고 한 것은 세자歲字 하권 16장 초문에
말하기를 낱낱 세계가 각각 그 자체가 있는 것은 이체이고, 차별한 계체戒體가
동일한 자체는 동체이다 하였다.

經

一切法無住하야 定處不可得이니
諸佛住於此하야 究竟不動搖하니다

일체법은 머무름이 없어
일정한 곳을 가히 얻을 수 없나니
모든 부처님이 여기에 머물러
구경에 동요하지 않습니다.

疏

後有一偈는 結成妙義니 上半所住요 下半能住라 由無住故로 無
所不住니 謂不住有니 以卽空故라 故能住有니 契有實故며 亦不
住無니 無卽有故며 不住俱有無니 無二體故며 不住雙非니 不壞
二相故라

뒤에 한 게송이 있는 것은 묘한 뜻을 맺어 성립한 것이니,
위에 반 게송은 머무를 바요
아래 반 게송은 능히 머무는 것이다.
머무를 바가 없음을 인유한 까닭으로 머물지 않는 바가 없나니
말하자면 유에 머물지 않나니 곧 공인 까닭이다.
그런 까닭으로 능히 유에 머무나니 유의 진실[435]에 계합한 까닭이며,
또한 무에 머물지 않나니 무가 곧 유인 까닭이며,

함께 유에도 무에도 머물지 않나니 이체二體가 없는 까닭이며,
함께 아니라고 함에도 머물지 않나니 이상二相을 무너뜨리지 않는
까닭이다.

⬤ 鈔

由無住故者는 卽般若中意니 彼前에 更反釋云호대 若有所住인댄 則
有所不住라하니라 謂不住有下는 疏釋上文에 由無住故로 無不住義
니라

머무를 바가 없음을 인유한 까닭이라고 한 것은 곧 『반야경』 가운데
뜻이니,
저 말 앞에 다시 반대로 해석하여 말하기를 만약 머무를 바가 있다고
한다면 곧 머물지 않는 바가 있다는 것이다 하였다.
말하자면 유에 머물지 않는다고 한 아래는 소가疏家가 위에 문장에서
머무를 바가 없음을 인유한 까닭으로 머물지 않는 바가 없다고
한 뜻을 해석한 것이다.

⬤ 疏

能住例知니 旣以無住爲住인댄 則心絶動搖하야 方契本覺하야 湛

---

435 유실有實이라고 한 것은 유의 진실이니, 무등無等도 또한 그러한 것이다.
『잡화기』의 말이다.

然常住니라

능히 머문다(能住)⁴³⁶고 한 것은⁴³⁷ 비례하면 알 수 있을 것이니
이미 머무름이 없음으로써 머무름을 삼았다면 곧 마음이 동요함을
끊어 바야흐로 본각에 계합하여 담연히 항상 머물 것이다.

能住例知者는 上辨四句에 唯住有句에 具住不住義하고 下三皆略하
니라 若具인댄 住無應云호대 亦不住無니 無卽有故라 故能住無니 契
無實故라하리며 俱句云호대 故能住有無니 契二實故라하리며 俱非句
云호대 故能住非有無니 契非有無實故라하리라 旣以無住爲住下는
釋第四의 究竟不動搖句니 卽大般若曼殊室利分이니 亦前已引하니
라 方契已下는 是疏釋義니 結歸諸佛이 住於此義니라

능히 머문다고 한 것은 비례하면 가히 알 수 있을 것이라고 한
것은 위에서는 사구四句에 오직 유에 머문다는 구절에 머물고 머물지
않는다는 뜻을 갖춘 것만 분별하였고 아래 세 구절은 다 생략하였다.

---

436 원문에 능주能住는 上半은 소주所住요, 下半은 능주能住라고 위(上)에 소문疏
文에서 이미 말하였다.

437 능히 머문다고 운운한 것은 위의 네 구절 가운데 오직 처음 구절만 머물지
않는 것이 능히 머무름을 갖추고 있고, 뒤에 세 구절은 머물지 아니함도
있고 능히 머무름도 있는 까닭으로 여기에 말하기를 비례하면 알 수 있을
것이라 하였으니, 초문에 자연스레 나타나 있다. 역시 『잡화기』의 말이다.

만약 갖추어 말한다면 무에 머문다는 구절에 응당 말하기를 또한
무에도 머물지 않나니 무가 곧 유인 까닭이다. 그런 까닭으로 능히
무에 머무나니 무의 진실에 계합한 까닭이라 해야 할 것이며
구구俱句에 말하기를 그런 까닭으로 능히 유에도 무에도 머무나니
두 가지 진실[438]에 계합한 까닭이라 해야 할 것이며
구비구俱非句에 말하기를 그런 까닭으로 능히 비유비무에도 머무나
니 비유비무의 진실에 계합한 까닭이라 해야 할 것이다.

이미 머무름이 없음으로써 머무름을 삼는다고 한 아래는 제 네
번째 구[439]경에 동요하지 않는다고 한 구절을 해석한 것이니,
곧 대반야만수실리분이니 또한 앞에서 이미 인용하였다.
바야흐로 본각에 계합하였다고 한 아래는 이것은 소가가 해석한
뜻이니,
모든 부처님이 여기에 머문다고 한 뜻에 귀결한 것이다.

---

438 원문에 이실二實이란, 유有와 무無의 이실二實이다.
439 畢 자는 경문에는 究 자이다. 따라서 고쳤다.

經

爾時에 無上慧菩薩이 承佛威力하야 普觀十方하고 而說頌言
호대

無上摩訶薩이　　遠離衆生想은
無有能過者일새 故號爲無上이니다

그때에 무상혜보살이 부처님의 위신력을 받아 널리 시방을 관찰하
고 게송을 설하여 말하기를

무상혜마하살이
중생의 생각을 멀리 떠난 것은
능히 지날 사람이 없기에
그런 까닭으로 이름을 무상이라 합니다.

疏

第九에 下方無上慧는 名如初頌하니라 又從法王敎하야 生當紹佛
位일새 故名無上이라 頌意는 爲顯欲令增進하야 心無障礙니 文云
호대 無著無念不住法故라하니라 十頌分三하리니 初一은 釋已名
義요 次八은 顯佛勝德이요 後一은 推功結益이라

제 아홉 번째 하방에 무상혜보살은 이름이 처음 게송의[440] 뜻과

같다.

또 법왕의 가르침을 좇아 태어나 마땅히 부처님의 지위를 잇기에 그런 까닭으로 무상이라 이름하는 것이다.

게송의 뜻은 하여금 증진하여 마음에 장애가 없게 하고자 함을 나타내기 위한 것이니,

경문[441]에 말하기를 집착도 없으며 생각도 없으며 법에 머무름도 없는[442] 까닭이다 하였다.

열 게송을 세 가지로 나누리니

처음에 한 게송은 자기 이름에 대한 뜻을 해석한 것이요

다음에 여덟 게송은 부처님의 수승한 공덕을 나타낸 것이요

뒤에 한 게송은 공력을 미루어 이익을 맺는 것이다.

---

440 처음 게송이란, 지금 여기에서 읊은 것이다.

441 경문經文이란, 영인본 화엄 5책, p.558, 2행이다.

442 원문에 무착無著은 제일구第一句이고, 무념無念은 제이구第二句이고, 부주법 不住法은 제삼구第三句이다.

經

諸佛所得處는   無作無分別하며
麁者無所有하고 微細亦復然하니다

모든 부처님이 얻은 바 처소[443]는
조작도 없고 분별도 없으며
큰 번뇌도 있는 바가 없고
작은 번뇌도 또한 그러합니다.

疏

次八中에 分二리니 前六은 內證德이요 後二는 外化德이라 前中亦
二니 前偈는 正明證入이요 後五는 照境顯理라 今初는 卽菩提涅
槃이니 以無所得으로 得菩提故요 處卽涅槃이라 本覺自然일새 故
非造作이요 悟亦冥符일새 則智無分別이라 三細已盡인댄 六麁居
然하니라 又不可以識識일새 故無麁者요 不可以智知일새 故無細
者니라 又有能所證은 名之爲麁요 無能所證은 目之爲細니 皆言
語道일새 故並無之니 菩提涅槃은 絶心行故니라

다음에 여덟 게송 가운데 두 가지로 나누리니
앞에 여섯 게송은 안으로 증득한 공덕이요

---

443 원문에 제불소득처諸佛所得處는 소문疏文에서 열반涅槃이라 하였다.

뒤에 두 게송은 밖으로 교화하는 공덕이다.

앞의 가운데 또한 두 가지가 있나니

앞에 게송은 바로 증득하여 들어가는 것을 밝힌 것이요

뒤에 다섯 게송은 경계를 비추어 진리를 나타낸 것이다.

지금은 처음으로 곧 보리 열반이니

얻을 바가 없는 것으로써 보리를 얻는 까닭이요

처소라고 한 것은 곧 열반이다.

본각은 자연이기에 그런 까닭으로 조작이 아니요

깨달음[444]도 또한 그윽이 부합하기에 곧 지혜가 분별이 없는 것이다.

삼세三細가 이미 다 하여 없다면 육추도 또한 그러한 것이다.

또 가히 식으로써 알 것이 아니기에 그런 까닭으로 큰 번뇌도 없다 하고, 가히 지혜로써 알 것이 아니기에 그런 까닭으로 작은 번뇌도 없다 하였다.

또 능증과 소증이 있는 것은 이름하여 큰 번뇌라 하고, 능증과 소증이 없는 것은 지목하여 작은 번뇌라 하나니

다 언어의 길[445]이기에 그런 까닭으로 아울러 없다 한 것이니, 보리 열반은 마음에 갈 곳[446]조차 끊어진 까닭이다.

444 깨달음(悟)이란, 시각始覺을 말하는 것이다.

445 원문 도道 자 아래에 단斷 자가 있기도 하나니, 즉 언어도단言語道斷이라는 것이다.

446 마음에 갈 곳 운운은 심행처멸心行處滅이라는 것이다.

鈔

本覺自然者는 卽將第二句의 無作字하야 釋初句處字요 悟亦冥符
下는 將第二句의 無分別字하야 囑初句의 所得字라 三細以下는 釋三
四二句니 卽起信論이라 然由無明爲因하야 生三細하고 境界爲緣하
야 生六麤일새 故彼論云호대 復次依不覺故로 生三種相하야 與彼本
覺으로 相應不離하나니 云何爲三고 一者는 無明業相이니 以依不覺
故로 心動일새 說名爲業이라 覺則不動하고 動則有苦하나니 果不離
因故니라 二는 能見相이니 以依動故로 能見하고 不動則無見이라 三
者는 境界相이니 以依能見故로 境界妄現하나니 離見則無境界니라
以有境界緣故로 復生六種麤相하나니 云何爲六고 一者는 智相이니
依於境界하야 心起分別하야 愛與不愛故요 二者는 相續相이니 依於
智故로 生其苦樂하야 不覺起念하야 相續不斷故요 三者는 執取相이
니 依於相續하야 緣念境界하야 住持苦樂하야 心起著故요 四者는 計
名字相이니 依於妄執하야 分別虛假의 名言相故요 五者는 起業相이
니 依於名字하야 尋名取著하야 造種種業故요 六者는 業繫苦相이니
以依業受果하야 不自在故니라 當知無明이 能生一切染法이니 以一
切染法이 皆是不覺相故라하니라 釋曰據此인댄 則六麤는 遠亦從無
明生이어니와 就顯著하야 說境界耳니라 故楞伽中云호대 境界風所
動이라하며 起信亦云호대 因無明風動이라하니라 又不可以識識等者
는 卽取淨名의 見阿閦佛品하야 釋此麤細니라 又有能所下는 此中三
重으로 釋此麤細니 此當第三이라 初는 約迷眞起妄說이요 後二는 約
反本還源說이니 而二는 約識智對論이요 三者는 理智對辨이라

본각은 자연이라고 한 것은 곧 제 두 번째 구절에 무작無作이라
한 글자를 가져 처음 구절에 처處라 한 글자를 해석한 것이요
깨달음도 그윽이 부합한다고 한 아래는 제 두 번째 구절에 무분별無分
別이라 한 글자를 가져 처음 구절에 소득所得이라 한 글자에 배속한
것이다.

삼세가 이미 다하여 없다고 한 아래는 제 세 번째 구절과 제 네
번째 구절을 해석한 것이니, 곧 『기신론』의 말이다.

그러나 무명이 원인이 되어 삼세가 생기하고, 경계가 조연이 되어
육추가 생기함을 인유하기에 그런 까닭으로 저 『기신론』에 말하기를
다시 불각不覺을 의지한 까닭으로 세 가지 모습을 생기하여 저 본각本
覺[447]으로 더불어 상응하여 떠나지 않나니, 어떤 것이 세 가지가
되는가.

첫 번째는 무명업상無明業相이니,

불각을 의지한 까닭으로 마음이 움직이기에 이름을 설하여 업이라
하는 것이다.

깨달으면 곧 움직이지 않고 움직이면 고통이 있나니 과보가 원인을
떠나지 않는 까닭이다.

두 번째는 능견상能見相이니,

움직임을 의지한 까닭으로 능히 보고 움직이지 아니하면 볼 수
없는 것이다.

세 번째는 경계상境界相이니,

---

447 본각本覺이란, 『기신론起信論』 원문에는 불각不覺으로 되어 있다.

능견[448]을 의지한 까닭으로 경계가 허망하게 나타나나니 능견을 떠나면 곧 경계가 없는 것이다.

경계의 반연이 있는 까닭으로 다시 여섯 가지 큰 번뇌의 모습이 생기하나니, 어떤 것이 여섯 가지가 되는가.

첫 번째는 지상智相이니,

경계를 의지하여 마음이 분별을 일으켜 사랑하기도 하고 사랑하지 않기도 하는 까닭이요

두 번째는 상속상相續相이니,

지상을 의지한 까닭으로 그 괴로움과 즐거움을 생기하여 불각에 생각을 일으켜 상속하여 끊어지지 않는 까닭이요

세 번째는 집취상執取相이니,

상속상을 의지하여 생각의 경계를 반연하여 괴로움과 즐거움을 머물러 가져 마음에 집착을 일으키는 까닭이요

네 번째는 계명자상計名字相이니,

허망한 집착(執取相)을 의지하여 허망하고 거짓인 명언名言의 모습을 분별하는 까닭이요

다섯 번째는 기업상起業相이니,

명자상을 의지하여 명자를 찾아 취착하여 가지가지 업을 짓는 까닭이요

여섯 번째는 업계고상業繫苦相이니,

업을 의지하여 과보를 받아 자재하지 못하는 까닭이다.

---

448 원문에 견능見能은 능견能見으로 바꿔야 한다.

마땅히 알아라. 무명이 능히 일체 염법을 생기하나니,

일체 염법이 다 불각의 모습인 까닭이다 하였다.

해석하여 말하면 이『기신론』을 의거한다면 곧 여섯 가지 큰 번뇌는

멀리[449] 또한 무명으로 좇아 생기하거니와, 집착함을 나타냄에 나아

가 경계의 반연으로 있다고 설하였을 뿐이다.[450]

그런 까닭으로『능가경』에 말하기를 경계의 바람으로 움직이는

바다 하였으며

『기신론』에 또한 말하기를 무명의 바람을 인하여 움직인다 하였다.

또 가히 식으로써 알 것이 아니라고 한 등은 곧『정명경』견아촉불품

을 취하여 이 육추와 삼세를 해석한 것이다.

또 능증과 소증이 있는 것이라고 한 아래는 이 가운데 삼중으로

이 육추와 삼세를 해석한 것이니 이것은 제삼중에 해당한다.

처음에 일중은 진심을 미혹하여 망심을 일으키는 것을 잡아 설한

것이요

뒤에 이중은 근본을 돌이켜 근원에 돌아가는 것을 잡아 설한 것이니

제이중은 식과 지혜가 상대함을 잡아 논한 것이요

제삼중은 진리와 지혜가 상대함을 잡아 분별한 것이다.

---

449 멀리란, 최초最初 무명업상無明業相을 말함이다. 無明生生이라 한 아래 生
   자는 연자衍字이다.

450 원문에 설경계이說境界耳라고 한 것은 上에 유경계연고有境界緣故로 부생육추
   상복생육추六麤相이라 하였다. 즉 제삼第三에 경계상境界相에 육추상六麤相이 있
   다는 것이다.

經

諸佛所行境은 於中無有數며
正覺遠離數니 此是佛眞法이니다

모든 부처님이 행하신 바 경계는
그 가운데 수數가 없으며
정각도 멀리 수를 떠났으니
이것이 부처님의 참다운 법입니다.

疏

後五中에 初偈는 正明照境이라 境卽俗境이니 有能所故니라 卽俗
而眞일새 故云無數라하고 心同無爲일새 故云遠離라하니라 是佛
眞法雙結能所니라

뒤에 다섯 게송 가운데 처음에 한 게송은 바로 경계를 비춤을 밝힌
것이다.
경계라고 한 것은 곧 속제의 경계이니 능소가 없는 까닭이다.
속제에 즉한 진제이기에 그런 까닭으로 말하기를 수가 없다 한
것이요
마음이 무위와 같기에 그런 까닭으로 말하기를 멀리 떠났다 한
것이다.
이것이 부처님의 참다운 법이라고 한 것은 능소를 함께 맺는 것이다.

經

如來光普照하사 滅除衆暗冥하시나
是光非有照며　亦復非無照니이다

여래의 광명이 널리 비추어
수많은 어둠을 멸제하시지만
이 광명이 비춤이 있는 것도 아니며
또한 다시 비춤이 없는 것도 아닙니다.

疏

後四는 遣相顯理호대 皆躡迹遣滯라 初偈는 雙非顯中호대 照理滅
障이니 菩提涅槃은 離有無故니라

뒤에 네 게송은 모습을 보내고 진리를 나타내되 다 자취를 밟아
막힌 것을 보내는 것이다.
처음에 한 게송은 함께 아닌 것으로 중도를 나타내되 진리를 비추어
장애를 멸제하는 것이니,
보리[451] 열반은 있고 없음을 떠난 까닭이다.

---

451 보리 운운한 것은 이 가운데 조照 자(경문에 보조普照)가 능소에 다 통하는
것이니, 능조를 잡아 말한다면 이 열반은 있고 없음을 떠났다는 것이다.
역시 『잡화기』의 말이다.

經

於法無所著하며 無念亦無染하며
無住無處所나 不壞於法性하니다

此中無有二하며 亦復無有一하니
大智善見者는 如理巧安住하니다

저 법에 집착한 바도 없으며
생각한 바도 없고 또한 물든 바도 없으며
머문 바도 없고 머무를 처소도 없지만
법성⁴⁵²을 무너뜨리지 않았습니다.

이 가운데는 둘도 없으며
또한 다시 하나도 없나니
큰 지혜로 잘 보는 사람은
진리와 같이 선교로 편안히 머무십니다.

疏

次二偈는 釋前雙非라 一偈半은 釋非照義니 初句는 是總이요 次
句는 能照無著이니 故云無念이며 亦不染此無念이요 次句는 所照

---

452 법성이라고 한 것은 차별한 법의 자성이다. 역시 『잡화기』의 말이다.

無著이니 以無處所로 爲所住故요 次句는 不壞能所요 次二句는
雙遣性相이요 次二句는 釋非無照니 稱理照故니라

다음에 두 게송은 앞에 함께 아니라고 한 것을 해석한 것이다.
한 게송 반은 비춤이 없다고[453] 한 뜻을 해석한 것이니
처음 구절은 한꺼번에 해석한 것이요
다음 구절은 능히 비추는 것에 집착이 없는 것이니
그런 까닭으로 말하기를 생각한 바도 없고, 또한 이 생각한[454] 바도
없다고 함에 물들지도 않는다 한 것이요
다음 구절은 비출 바에 집착이 없는 것이니
처소가 없는 것으로써 머무를 바를 삼는 까닭이요
다음 구절은 능소를 무너뜨리지 않는 까닭이요
다음에 두 구절은 자성과 모습을 함께 보내는 것이요
다음에 두 구절은 비춤이 없는 것도 아니라고 한 뜻을 해석한 것이니
진리에 칭합하여 비추는 까닭이다.

鈔

次二句는 雙遣性相者는 二卽是相이니 相差別故요 一卽是性이니 性
不並眞故니라 今云無二는 卽遣相也요 亦復無一은 卽遣性也니라

___

453 원문에 비조非照는 직전 게송에 시광비유조是光非有照라 한 것이다.
454 또한 이 생각한 운운은 경문 제이구에 역무염亦無染이라 한 말을 뜻으로
   해석한 것이다.

다음에 두 구절은 자성과 모습을 함께 보내는 것이라고 한 것은
둘이라고 한 것은 곧 이 모습이니 모습이 차별한 까닭이요
하나라고 한 것은 곧 이 자성이니 자성도 참다운 법에는 함께할
수 없는 까닭이다.
지금에 말하기를 둘도 없다고 한 것은 곧 모습을 보내는 것이요
또한 다시 하나도 없다고 한 것은 곧 자성을 보내는 것이다.

経

無中無有二하며 無二亦復無하야
三界一切空이니 是則諸佛見이니다

없다고 한 가운데는 둘도 없으며
둘도 없다고 한 것도 또한 다시 없어서
삼계의 일체가 공이니
이것이 곧 모든 부처님이 보시는 것입니다.

疏

後偈는 拂前無二之迹이라 言無二者는 但言無有二요 非謂有無
二니라 若存無二之見인댄 則還成二리니 以無二가 必對二故니라
遣之又遣之하야 以至於無遣일새 故云三界一切空이라하니 空謂
第一義空이니 諸佛同見이라

뒤에 게송은 앞에 둘이 없다고 한 자취마저 떨치는 것이다.
둘도 없다고 말한 것은 다만 둘이 없는 것만을 말하였을 뿐 있고
없음의 둘을 말한 것은 아니다.
만약 둘이 없다는 소견을 둔다면 곧 도리어 두 가지를 이룰 것이니
둘이 없는 것이 반드시 둘을 상대하는 까닭이다.
보내고 또 보내어 보낼 것이 없는 곳에 이르기에 그런 까닭으로
말하기를 삼계의 일체가 공이다 하였으니,

공이라고 한 것은 제일의공을 말한 것이니 모든 부처님이 다 같이 보는 것이다.

鈔

後偈는 拂前無二之迹者는 卽無中無有二偈니 初句는 牒前無二之迹이요 次句는 遣之니 言無二者는 牒初句也라 非謂有無二下는 正釋第二句로대 而是反釋이니 若謂有無二인댄 卽執藥成病이라 若存無二下는 出謂有無二之過니라 遣之又遣之下는 拂迹이니 若不得意인댄 千重遣之라도 未免於二니라 何者고 謂有人이 聞無二亦無하고 復謂호대 無無二爲是인댄 亦有所著이라 故中論云호대 諸佛說空法은 爲離諸有見이어늘 若復見有空인댄 諸佛所不化라하니라 以楔出楔하며 以賊逐賊인댄 無有已時어니와 心無所著인댄 當法卽絶故니 故至於無遣이니라 若以無遣으로 爲是인댄 亦有著矣니라 此는 亦借老子의 損之又損之하야 以至於無爲之言이라

뒤에 게송은[455] 앞에 둘이 없다고 한 자취마저 떨친다고 한 것은 곧 없다고 한 가운데는 둘도 없다고 한 게송이니,
처음 구절은 앞에 둘이 없다고 한 자취를 첩석한 것이요
다음 구절은 보내는 것이니,
둘이 없다고 한 것은 처음 구절을 첩석한 것이다.
있고 없음의 둘을 말한 것은 아니라고 한 아래는 제 두 번째 구절을

---

455 三은 소문疏文에 後偈라 하였다. 따라서 고쳐 번역하였다.

해석하되 반대로 해석[456]한 것이니,

만약 있고 없음의 둘을 말한다면 곧 약에 집착하여 병을 이루는 것이다.

만약 둘이 없다는 소견을 둔다면이라고 한 아래는 있고 없음의 둘을 말하는 허물을 설출한 것이다.

보내고 또 보낸다고 한 아래는 자취마저 떨치는 것이니,

만약 뜻을 얻지 못하였다면 천중千重으로 보낸다 할지라도 둘을 면할 수 없을 것이다. 무엇 때문인가.

말하자면 어떤 사람이 둘도 없다고 한 것도 또한 없다고 함을 듣고 다시 말하기를 둘도 없다고 한 것도 없는 것이 옳다 한다면 또한 집착하는 바가 있는 것이다.

그런 까닭으로 『중론』에 말하기를

모든 부처님이 공한 법을 설하신 것은

모든 있다는 소견을 버리게 하기 위한 것이어늘

만약 다시 있고 공함을 본다면

모든 부처님이 교화할 바가 아니다 하였다.

쐐기로써 쐐기를 쫓으며[457] 도적으로써 도적을 쫓으면 마칠 때가 없을 것이어니와, 마음에 집착하는 바가 없으면 당면한 법이 곧 끊어지는 까닭이니 그런 까닭으로 보낼 것이 없는 곳에 이르는

---

456 원문에 반석反釋이란, 차전遮詮이다. 그러나 경문經文은 순석順釋이니 표전表詮이다.

457 원문에 출설出楔이라 한 출出 자는 축출逐出의 뜻이니, 뽑아낸다는 의미가 있다.

것이다

만약 보낼 것이 없는 것으로써 옳다 한다면 또한 집착함이 되는 것이다.

이 말은 또한 노자가 덜고 또한 덜어서[458] 무위자연에 이른다 한 말을 빌려온 것이다.

---

458 원문에 노자손지老子損之 운운은 『노자老子』 제48장에 爲學日益이요 爲道日 損이니 損之又損하야 以至於無爲라 한 것이다. 즉 학문이라는 것은 날마다 더하는 것이고, 도라는 것은 날마다 덜어내는 것이니 덜어내고 또 덜어내어 무위자연에 이른다는 것이다. 『노자』전체를 통틀어 내가 가장 좋아하는 문장이다.

經

凡夫無覺解일새　　佛令住正法하사
諸法無所住케하시니　悟此見自身하리다

非身而說身하며　　非起而現起하시니
無身亦無見이　　　是佛無上身이니다

범부는 깨달아 알 수가 없기에
부처님이 하여금 정법에 머물러
모든 법에 머무는 바가 없게 하시니
이것을 깨달으면 자신을 볼 것입니다.

몸이 없지만 몸을 말하며
생기한 적이 없지만 생기함을 나타내시니
몸도 없고 또한 보는 것도 없는 것이
이 부처님의 더 이상 없는 몸입니다.

疏

後二는 外化德이라 於中에 前偈는 正顯이니 令住無住之覺이요
後偈는 釋成이니 身卽非身일새 故無可悟요 悟身見起하면 此見如
身이니 身見兩亡이 眞法身也라 觀身實相인달하야 觀佛亦然일새
故就佛結이라

뒤에 두 게송은 밖으로 교화하는 공덕이다.

그 가운데 앞에 게송은 바로 나타낸 것이니 하여금 머무는 바 없는 깨달음에 머물게 하는 것이요

뒤에 게송은 해석하여 성립한 것이니 몸이 곧 몸이 아니기에 그런 까닭으로 가히 깨달을 것이 없는 것이요

몸인 줄 깨달을 소견이 생기하면 이 소견은 몸과 같은 것이니 몸과 소견을 함께 잃는 것이 참다운 법신인 것이다.

몸의 실상을 관찰하는 것과 같아서, 부처님을 관찰하는 것도 또한 그러하기에 그런 까닭으로 부처님께 나아가 맺는 것이다.

鈔

悟身見起者는 前엔 釋非身而說身이요 此엔 釋非起而現起니 由悟非身하야 又生非身之見이라 此見若有인댄 執復隨生거니와 身旣非身일새 見亦非見이니 故云此見如身이라하니라 身見兩亡下는 釋下半이니 身見兩亡하면 則法界一相일새 爲眞法身也니라 觀身實相下는 通妨이니 妨云호대 向來觀身은 是菩薩觀이어늘 那言是佛의 無上身耶아 通意可知라 卽是淨名觀阿閦佛品이라

몸인 줄 깨달을 소견이 생기한다고 한 것은 앞에서는 몸이 없지만 몸을 말한다고 한 것을 해석한 것이요

여기에서는 생기한 적이 없지만 생기함을 나타낸다고 한 것을 해석한 것이니,

몸이 없는 줄 깨달음을 인유하여 또한 몸이 없다는 소견을 생기하는 것이다.

이 소견이 만약 있다면 집착이 다시 따라 생기하거니와 몸이 이미 몸이 없기에 보는 것도 또한 볼 것이 없나니, 그런 까닭으로 말하기를 이 소견은 몸과 같은 것이다 하였다.

몸과 소견을 함께 잃는다고 한 아래는 아래 반 게송을 해석한 것이니, 몸과 소견을 함께 잃으면 곧 법계의 한 모습이기에 참다운 법신이 되는 것이다.

몸의 실상을 관찰한다고 한 아래는 방해함을 통석한 것이니, 방해하여 말하기를 향래에 몸을 관찰한다고 한 것은 이 보살의 몸을 관찰한다는 것이거늘 어찌 부처님의 더 이상 없는 몸을 말하는가.

통석한 뜻은 가히 알 수가 있을 것이다.

곧 이것은 『정명경』[459] 아촉불품이다.

---

459 『정명경淨名經』은 앞에서 이미 인용한 것과 같다. 즉 p.557, 1행이다.

經

如是實慧說　　諸佛妙法性하니
若聞此法者인댄 當得淸淨眼하리다

이와 같이 진실혜보살이
모든 부처님의 묘한 법성을 설하였으니
만약 이 법문을 듣는 사람이라면
마땅히 청정한 눈을 얻을 것입니다.

疏

推功可知라

공력을 미룬 것은[460] 가히 알 수가 있을 것이다.

---

460 공력을 미룬 것이란, 여기 제구 무상혜보살이 앞의 제팔 진실혜보살이
　　부처님의 묘한 법성을 설하였다고 그 공력을 미룬다는 것이다.

經

爾時에 堅固慧菩薩이 承佛威力하야 普觀十方하고 而說頌言
호대

偉哉大光明이시여 　勇健無上士이시여
爲利群迷故로 　　而興於世間하시니다

그때에 견고혜보살이 부처님의 위신력을 받아 널리 시방을 관찰하
고 게송을 설하여 말하기를

위대하십니다, 큰 광명이시여
용건하십니다, 무상사이시여
군생의 미혹한 사람을 이익케 하기 위한 까닭으로
세간에 출흥하셨습니다.

疏

第十에 上方堅固慧者는 智力成就하야 不可壞故니라 頌意는 爲顯
欲令增長一切種智니 文云得淨慧眼하야 了佛境故라하니라 十頌
分四리니 初偈는 總歎爲物興世니 智光遍照하고 大悲勇健하니라

제 열 번째 상방에 견고혜보살은 지혜의 힘을 성취하여 가히 무너뜨
릴 수 없는 까닭이다.

게송의 뜻은 하여금 일체종지를 증장케 하고자 함을 나타내기 위한
것이니,
경문에 말하기를[461] 청정한 지혜의 눈을 얻어 부처님의 경계를 요달한
까닭이다 하였다.
열 게송을 네 가지로 나누리니
처음 게송은 증생을 위하여 세간에 출흥하신 것을 한꺼번에 찬탄한
것이니,
지혜의 광명이 두루 비치고 대비가 용건한 것이다.

鈔

第十菩薩은 智力成就者는 智力成就는 卽十住中에 第十住에 智慧
增故로 得佛十種智故니라 不可壞는 卽就今文의 堅固之名이라 頌意
已下는 卽彼勝進經文이요 文云已下는 卽今偈意라

제 열 번째 보살은 지혜의 힘을 성취하였다고 한 것은 지혜의 힘을
성취하였다고 한 것은 곧 십주 가운데 제십주에 지혜가 증장한
까닭으로 부처님의 열 가지 지혜[462]를 얻은 까닭이다
가히 무너뜨릴 수 없다고 한 것은 곧 지금 경문에 견고혜보살의
이름에 나아가 말한 것이다.

---

461 경문에 말하였다고 한 것은 영인본 화엄 5책, P.563, 6행에 아래 二句를
    뜻으로 인용한 것이다.
462 원문에 십종지十種智는 영인본 화엄 5책, p.708, 1행이다.

게송의 뜻이라고 한 이하는 곧 저 제십주[463]의 승진勝進 가운데 경문이요

경문에 말하였다고 한 아래는 곧 지금 게송의 뜻이다.[464]

---

463 제십주는 第十에 관정주灌頂住니 영인본 화엄 5책, p.708, 8행에 있다.

464 지금 게송의 뜻이란, 앞서 말한 영인본 화엄 5책, P.563, 6행에 아래 二句의
   뜻이다.

經

佛以大悲心으로 普觀諸衆生이
見在三有中에　輪廻受衆苦하니다

唯除正等覺의　具德尊導師하고
一切諸天人은　無能救護者니이다

若佛菩薩等이　不出於世間인댄
無有一衆生도　而能得安樂이니다

如來等正覺과　及諸賢聖衆이
出現於世間하사 能與衆生樂하니다

부처님이 대비심으로써
널리 모든 중생이
현재⁴⁶⁵ 삼유 가운데
윤회하여 수많은 고통을 받는 것을 관찰하십니다.

오직 정등각의
공덕을 갖춘 높은 도사는 제외하고
일체 모든 하늘과 사람은

---

465 원문에 見在는 現在라 발음할 것이다.

능히 구호할 자가 없습니다.

만약 부처님과 보살 등이
세간에 출연하시지 않았다면
한 중생도
능히 안락을 얻을 수 없었을 것입니다.

여래 등정각과
그리고 모든 현인과 성인의 무리가
세간에 출현하여
능히 중생에게 즐거움을 주셨습니다.

疏

次四는 別示悲相이니 初偈는 觀機요 次二는 反以釋成이요 後一은
正明이니 兼顯僧寶라

다음에 네 게송은 따로 대비의 모습을 시현한 것이니,
처음 게송은 근기를 관찰한 것이요
다음에 두 게송은 반대로 해석하여 성립한 것이요
뒤에 한 게송은 바로 밝힌 것이니 승보도 겸하여 나타낸 것이다

經

若見如來者인댄 爲得大善利하리며
聞佛名生信인댄 則是世間塔하리다

我等見世尊인댄 爲得大利益하리며
聞如是妙法인댄 悉當成佛道하리다

諸菩薩過去에　以佛威神力으로
得淸淨慧眼하야 了諸佛境界일새

今見盧舍那하사 重增淸淨信하니다

만약 여래를 보는 사람이라면
크고 좋은 이익을 얻게 될 것이며
부처님의 이름을 듣고 믿음을 낸다면
곧 이 사람은 세간의 탑이 될 것[466]입니다.

우리 등이 세존을 친견한다면
큰 이익을 얻게 될 것이며
이와 같이 묘한 법문을 듣는다면

---

466 세간의 탑이 된다고 한 것은 이 사람은 이미 부처님의 이름을 듣고 믿음을
낸 까닭으로 세간에서 높이 우러러보기를 탑과 같이 할 것이다. 역시『잡화
기』의 말이다.

다 마땅히 불도를 성취하게 될 것입니다.

모든 보살은 과거에
부처님의 위신력으로써
청정한 지혜의 눈을 얻어
모든 부처님의 경계를 요달하였기에

지금에 노사나 부처님을 친견하여
더욱 청정한 믿음을 증장하였습니다.

疏

次三頌半은 見聞利益이라

다음에 세 게송 반은 보고 들은 이익이다.

經

佛智無邊際하사 演說不可盡이니

勝慧等菩薩과　 及我堅固慧가
無數億劫中에　 說亦不能盡이니다

부처님의 지혜는 끝이 없어서
연설하여도 가히 다 설할 수 없나니

승혜[467] 등 보살과
그리고 나 견고혜가
수없는 억세월 가운데
설하여도 또한 가히 다 설할 수 없습니다.

---

[467] 승혜勝慧는 第三에 서방승혜보살西方勝慧菩薩이니 영인본 화엄 5책, p.481,
7행이다.

疏

後一頌半은 結德無盡이니 此爲終極일새 故總擧前十이라

뒤에 한 게송 반은 공덕이 끝이 없음을 맺는 것이니,
이것이 종극終極이 되기에 그런 까닭으로 앞에 열 보살을 모두 거론
한[468] 것이다.

---

[468] 원문에 총거전십總擧前十이라고 한 것은 경문經文엔 승혜 등勝慧等이라
하여 팔보살八菩薩을 등취等取하였다.

청량 징관(淸凉 澄觀, 738~839)

중국 화엄종의 제4조.

절강성浙江省 월주越州 산음山陰 사람으로, 속성은 하후夏侯, 자는 대휴大休, 탑호는 묘각妙覺이다.

11세에 출가하여 계율, 삼론, 화엄, 천태, 선 등을 비롯, 내외전을 두루 수학하였다. 40세(777년) 이후 오대산 대화엄사에 머물면서 『화엄경』을 여러 차례 강설하였으며, 이를 토대로 『대방광불화엄경소』 60권, 『대방광불화엄경수소연의초』 90권을 저술하고 강의하였다. 796년에는 반야삼장의 『40권 화엄경』 번역에 참여하였고, 덕종에게 내전에서 화엄의 종지를 펼쳤다. 덕종에게 청량국사淸凉國師, 헌종에게 승통청량국사僧統淸凉國師라는 호를 받는 등 일곱 황제의 국사를 지냈다.

저서로 『화엄경주소華嚴經註疏』, 『화엄경수소연의초華嚴經隨疏演義鈔』, 『화엄경강요華嚴經綱要』, 『화엄경략의華嚴經略義』, 『법계현경法界玄鏡』, 『삼성원융관문三聖圓融觀門』 등 400여 권이 있다.

관허 수진貫虛 守眞

1971년 문성 스님을 은사로 출가, 1974년 수계, 해인사 강원과 금산사 화엄학림을 졸업하고, 운성, 운기 등 당대 강백 열 분에게 10년간 참문수학하였다.

1984년부터 수선안거 10년을 성만하고, 1993년부터 7년간 해인사 강원 강주로 학인들을 지도하였다.

대한불교조계종 교육위원, 역경위원, 교재편찬위원, 중앙종회의원, 범어사 율학승가대학원장 및 율주를 역임하였다.

현재 부산 승학산 해인정사에 주석하면서, 대한불교조계종 고시위원장, 단일계단 계단위원・존증아사리, 동명대학교 석좌교수, 동명대학교 세계선센터 선원장 등의 소임을 맡고 있다.

청량국사화엄경소초 34
– 승수미산정품 · 수미정상게찬품

초판 1쇄 인쇄 2023년 7월 10일 | 초판 1쇄 발행 2023년 7월 24일
청량 징관 **찬술** | 관허 수진 **현토역주** | **펴낸이** 김시열
펴낸곳 도서출판 운주사

(02832) 서울시 성북구 동소문로 67-1 성심빌딩 3층

전화 (02) 926-8361 | 팩스 0505-115-8361

ISBN 978-89-5746-742-8 94220
ISBN 978-89-5746-592-9 (총서) 값 27,000원

http://cafe.daum.net/unjubooks 〈다음카페: 도서출판 운주사〉